高等学校教材

Wu Liu Xue

物流学

（第二版）

张连富 主编

人民交通出版社

内 容 提 要

本书主要内容包括：物流基本概念及术语；物流系统及其组成；供应物流与生产物流；销售物流与废弃物物流；逆向物流与供应链简介；配送与配送中心；物流技术；物流管理；库存管理；物流系统规划与设计及物流标准化。书中各章均附有思考题供学习时参考。

本教材可供高等教育物流工程及物流管理专业学生使用，也可供相关工程技术人员参考。

图书在版编目(CIP)数据

物流学/张连富主编．—2版．—北京：人民交通出版社，2009．4

ISBN 978-7-114-07596-4

Ⅰ．物…　Ⅱ．张…　Ⅲ．物流－高等学校－教材　Ⅳ．F252

中国版本图书馆CIP数据核字(2009)第016402号

书　　名：物流学（第二版）
著 作 者：张连富
责任编辑：林宇峰
出版发行：人民交通出版社
地　　址：(100011) 北京市朝阳区安定门外外馆斜街3号
网　　址：http://www.ccpress.com.cn
销售电话：(010)59757973
总 经 销：人民交通出版社发行部
经　　销：各地新华书店
印　　刷：北京鑫正大印刷有限公司
开　　本：787×980　1/16
印　　张：14
字　　数：259千
版　　次：2005年6月第1版
印　　次：2014年1月第2版第2次印刷总计第5次印刷
书　　号：ISBN 978-7-114-07596-4
定　　价：22.00元

第二版前言

物流科学以物体的动态流转过程为主要研究对象，揭示了物流活动中运输、储存、装卸、搬运、包装、流通加工、配送及信息处理等环节的内在联系，使物流系统在经济活动中从潜隐状态显现出来，成为独立的研究领域和学科范围。物流科学是管理工程与技术工程相结合的综合学科，是当今最具影响力的新兴学科之一。物流科学的产生和应用，给人类社会的生产经营带来了巨大的经济效益，因此它引起了各界的高度重视，从而得到了迅速的发展和普及。

《物流学》教材自2005年出版发行以来，受到了许多高等院校师生的好评，2007年被评为吉林大学本科优秀教材二等奖，吉林省普通高等学校优秀教材三等奖，已累计发行8000册，缓解了物流及相关专业基础课教材的需求矛盾。根据几年的使用情况和行业的发展，本次再版对教材部分内容进行了调整、修订和补充。物流概念术语全部采用最新国标《物流术语》（GB/T 18354—2006）；按照物流活动过程调整了“销售物流”与“生产物流”内容的顺序；增加了逆向物流、物流系统规划设计基础知识等内容。进一步丰富了教材的知识内容。全书共分11章，主要内容包括：物流基本概念及术语；物流系统组成分析与评价；供应物流与生产物流；销售物流与废弃物物流；逆向物流与供应链简介；配送与配送中心；物流技术；物流管理；库存管理；物流系统规划与设计及物流标准化。

本书具有以下特点：

(1) 关注物流科学发展的前沿领域，注重物流科学基础的研究与发展，充分体现物流科学的最新理论方法。

(2) 注重教材内容体系的完整性和新颖性，物流科学基础知识系统，覆盖面宽。物流学是物流及相关专业的第一门专业基础课程，力求使学生全面了解物流学科的基础知识和理论，掌握物流各个作业环节的功能及要领，将学生带入物流领域，为进一步学习物流专业课程打下基础。

(3) 重点突出，通俗易懂，以深入浅出的方式进行内容表述，注重教材的可读性。

(4) 本教材各章附有针对性的思考题，以便帮助读者学习时使用。

《物流学（第二版）》由吉林大学交通学院张连富教授担任主编，参加本书编写的还有吉林大学交通学院贾洪飞教授、佳木斯大学机械工程学院郈万江副教授、沈阳理工大学汽车与交通学院王敏讲师。具体分工为：第1章~第6章及第7章的7.1和7.2节由张连富教授撰写；第7章的7.3和7.4节、第8章及第9章由郈万江副教授撰写；第10章由王敏撰写；第11章由贾洪飞教授撰写。张连富教授负责本教材的大纲编撰和全部统稿工作。

《物流学》教材的再版发行将进一步促进高等教育的教材建设，为物流行业人才培养提供必要的物质条件。本教材在修订编写过程中，不仅融进了笔者在物流教学中所积累的经验与研究成果，而且参考了大量文献资料，在此谨向相关文献的作者表示深深的谢意。同时敬请各位专家、读者提出宝贵意见并能及时反馈，以便重印时修正和完善，更好地服务于高等教育，为我国物流行业的发展做出积极贡献。

编　者

前　言

FOREWORD

随着国民经济的不断发展，物流学作为一门新兴的综合学科受到了各级政府、企业及学术界的高度重视，得以不断发展与完善。物流业已成为国民经济的一大支柱产业，为经济的发展作出了巨大贡献。

根据21世纪高等教育的新趋势和物流专业学科建设的要求，结合目前众多高等院校的教学计划，人民交通出版社组织全国十几所高等院校的多年从事一线教学、实践能力强且具有丰富教材编写经验的教授，编写了这套“21世纪交通版物流本科教材”，共12本（书目附后），涵盖了高等教育物流专业本科的主要课程。

本套教材既注重基础知识的讲解，又注重从实际应用出发，满足社会对物流专业人才的需求，突出以能力为本位的高等教育的特色。

《物流学》全书共九章。张连富（吉林大学交通学院）编写第1~6章及第7.1、7.2节；邬万江（佳木斯大学）编写第7.3、7.4节及第8章；贾洪飞（吉林大学交通学院）编写第9章。全书由张连富主编、统稿。隽志才教授、赵淑芝教授及张树山老师对本书的编写给予了无私的帮助，研究生宋洁、高跃峰参与了部分文字工作，在此对他们表示衷心的感谢。

本套教材的出版，将促进高等教育的教材建设，对我国高等教育的发展产生积极影响。同时我们也希望在今后的使用中不断改进、完善此套教材，更好的为高等教育服务。

编　者

目　录

CONTENTS

第 1 章　绪论 ……………………………………………… 1
1.1　物流基本概念 ……………………………………… 1
1.2　物流的分类 ………………………………………… 3
1.3　物流的发展过程 …………………………………… 6
1.4　物流在国民经济中的地位与作用 ………………… 8
第 2 章　物流系统 ………………………………………… 11
2.1　概述 ………………………………………………… 11
2.2　物流系统分析 ……………………………………… 31
2.3　物流系统评价 ……………………………………… 35
第 3 章　供应物流与生产物流 …………………………… 44
3.1　供应物流 …………………………………………… 44
3.2　生产物流 …………………………………………… 50
第 4 章　销售物流与废弃物物流 ………………………… 63
4.1　销售物流 …………………………………………… 63
4.2　废弃物物流 ………………………………………… 67
第 5 章　逆向物流与供应链简介 ………………………… 70
5.1　逆向物流 …………………………………………… 70
5.2　供应链简介 ………………………………………… 77
第 6 章　配送与配送中心 ………………………………… 81
6.1　配送概述 …………………………………………… 81
6.2　配送类型 …………………………………………… 82
6.3　配送中心概述 ……………………………………… 84
6.4　配送路线的优化 …………………………………… 86
6.5　提高配送经济效益的方法 ………………………… 91
第 7 章　物流技术 ………………………………………… 96
7.1　基本概念 …………………………………………… 96
7.2　物流机械技术 ……………………………………… 96

7.3　物流仓储技术 …… 109
7.4　物流信息技术 …… 120
第8章　物流管理 …… 128
8.1　物流管理机制 …… 128
8.2　物流管理组织 …… 131
8.3　物流成本管理 …… 134
8.4　物流质量管理 …… 143
第9章　库存管理 …… 151
9.1　库存管理概述 …… 151
9.2　库存量预测 …… 160
9.3　库存控制 …… 168
第10章　物流系统规划与设计 …… 177
10.1　概述 …… 177
10.2　物流系统规划设计步骤 …… 181
10.3　物流网络节点选址方法 …… 185
10.4　运输线路的规划设计 …… 193
第11章　物流标准化 …… 201
11.1　概述 …… 201
11.2　物流标准化的内容 …… 204
11.3　物流标准化的方法 …… 206
11.4　物流标准目录节选 …… 208
参考文献 …… 212

第 1 章　绪论

1.1　物流基本概念

物流科学是当今最有影响的新兴学科之一。它以物体的动态流转过程为主要研究对象，揭示了物流活动（运输、储存、装卸、搬运、包装、流通加工、配送及物流信息处理等）的内在联系，使物流系统在经济活动中从潜隐状态显现出来，成为独立的研究领域和学科范围。物流科学是管理工程与技术工程相结合的综合学科，应用了系统工程的科学成果，提高了物流系统的效率，从而更好地实现了物流的时间效益和空间效益。物流科学的产生和应用将给整个国民经济和企业的生产经营带来巨大的经济效益。因此，物流科学引起了政界、学术界和企业界的高度重视，从而得到了迅速的发展和普及。

物流是对原材料、中间产品、最终产品以及相关信息从生产地到消费地的流动和存储进行规划、实施和控制的全过程。通过这个全过程使这些材料和产品的流动和存储达到最高的效率和最低的成本。

物流是物质实体从供给者到需求者的物理移动，它由一系列创造时间价值和空间价值的经济活动组成，包括运输、储存、装卸、搬运、包装、流通加工、配送及物流信息处理等多项基本活动，是这些活动的统一。

物流是物质资料从供给者到需求者的物理性运动，主要是创造时间价值和空间价值，有时也创造一定加工价值的活动。

物流的概念是在发展中形成的。1935 年，美国销售协会阐述了实物分配（physical distribution，简称 PD）的概念："实物分配是包含于销售之中的物质资料和服务在从生产场所到消费场所的流动过程中所伴随的种种经济活动"。

第二次世界大战期间，美国军事部门所发展的"后勤管理"（logistics management）方法对军需物资的采购、运输、储存、分发进行统筹安排和全面管理，取得了显著的效果。战后引入经济部门，应用于流通领域和生产经营管理全过程中所有与物品获取、运送、存储、分配有关的活动。

第二次世界大战以后，西方经济进入大批量生产与销售的时期，降低流通成本的

问题已经引起人们的注意,实物分配(PD)的概念更为系统化。20世纪50年代PD的概念在日本被译为“物的流通”,被称为物流之父的日本著名学者平原直就用“物流”这一更为简捷的表达方式代替“物的流通”,从此“物流”一词被广泛使用。我国许多文献中也是按PD的概念来阐述物流的。

另一位日本学者林周二对物流定义的描述是比较详细的:“物流是包含物质资材的废弃与还原,联结供给主体与需求主体,克服空间与时间距离,并且创造一部分形质效果的物理性经济活动。具体包括运输、保管、包装、装卸、搬运、流通加工等活动以及有关的信息活动。”

近20年来,“logistics”逐渐取代“Physical Distribution”,成为物流科学的代名词,这是物流科学走向成熟的标志。日本物流界用“logistics”读音构成的外来语表示“物流”,以此和汉字表达的“物流”相区别。起初我国有人译为后勤学,但现在已经将其译为物流或物流学。

德国的R・尤尼曼曾经对此给出了比较完整的定义:“物流学(logistics)是研究对系统(企业、地区、国家、国际)的物料流(material flow)及有关的信息流(information flow)进行规划与管理的科学理论。”

物流进入中国以后,人们对物流给出了许多定义,经过多年的研究与探索,2001年4月颁布了《物流术语》(GB/T 18354—2001),于同年8月1日实施;经过2年的修改,2006年12月颁布了《物流术语》(GB/T 18354—2006),已于2007年5月1日实施,其物流定义为:“物品从供应地向接收地的实体流动过程。根据实际需要,将运输、储存、装卸、搬运、包装、流通加工、配送、信息处理等基本功能实施有机结合。”

物流活动(logistics activity)“物流过程中的运输、储存、装卸、搬运、包装、流通加工、配送等功能的具体运作”(GB/T 18354—2006)。

第三方物流(third party logistics(TPL,3PL))是“独立于供需双方,为客户提供专项或全面的物流系统设计或系统运营的物流服务模式”(GB/T 18354—2006)。第三方就是指物流交易双方的部分或全部物流功能的外部提供者。第三方物流具有信息化、自动化、网络化、智能化、柔性化的特征。

综上所述,对物流学的概念描述有以下要点:

①物流学的研究对象是贯穿流通领域和生产领域的一切物料流以及有关的信息流,研究目的是对其进行科学规划、管理与控制。

②物流的作用是将物品由供给主体向需求主体转移(包含物品的废弃与还原),创造时间价值和空间价值,并且创造部分形质效果。

③物流活动包括运输、储存、装卸、搬运、包装、流通加工、配送以及相关的信息处理等活动。物流科学由于涉及范围广,经过多年的发展,已经成为跨越管理学科和工程技术学科领域,具有多个分支的新兴综合学科。

1.2 物流的分类

按照物流系统的作用、属性及作用的空间范围，可以从不同角度对物流进行分类，以便于对物流进行研究。

1. 按照物流的作用分类

按照物流在社会经济活动中所起的作用不同，可以将物流分为以下几种：

①供应物流（supply logistics）。"提供原材料、零部件或其他物料时所发生的物流活动"（GB/T 18354—2006）。即指对工厂生产活动所需要的原材料、备品、备件等物资的采购、供应所产生的物流活动。

企业的流动资金大部分被购入的物资材料及半成品等所占用。供应物流的科学管理及合理化对于降低企业的生产成本有着重要的影响。

②生产物流（production logistics）。"企业生产过程中发生的涉及原材料、在制品、半成品、产成品等所进行的物流活动"（GB/T 18354—2006）。生产物流即指从工厂的原材料购进入库起，直到工厂成品库的成品发送这一全过程的物流活动。生产物流是制造产品的工厂、企业所特有的，它和生产流程同步。原材料、半成品等按照工艺流程在各个工序之间不停顿地移动、流转形成了生产物流。如果生产物流中断，生产过程也将随之停顿。生产物流合理化对工厂的生产秩序、生产成本有很大影响。生产物流均衡稳定，可以保证在制品的顺畅流转，缩短生产周期。生产物流的管理和控制将直接影响在制品库存的压缩和设备负荷的均衡化。

③销售物流（distribution logistics）。"企业在出售商品过程中所发生的物流活动"（GB/T 18354—2006）。销售物流是指物品从生产者或持有者到用户或消费者之间的物流活动。对于工厂是指售出产品，而对于流通领域是指交易活动中，从卖方角度出发的交易行为中的物流。

通过销售物流，企业得以回收资金，并进行再生产活动。销售物流的效果关系到企业的存在价值是否被社会承认。销售物流的成本在产品及商品的最终价格中占有一定的比例。因此，在市场经济中为了增强企业的竞争力，销售物流的合理化可以收到立竿见影的效果。

④逆向物流（reverse logistics，也称为"反向物流"）。"物品从供应链下游向上游的运动所引发的物流活动"（GB/T 18354—2006）。逆向物流意指物品从消费点（包括最终用户和供应链上客户）到来源点的物理性流动。尽管逆向物流主要是指物品的逆向流动，但同时伴随着信息流、资金流、价值流、商务流，它与常规物流（顺向物流）无缝对接而成为整个物流系统的有机组成部分。逆向物流包括退货逆向物流和回收逆向物流两部分。

退货逆向物流是指不合格产品的召回和退货所形成的物品实体流动。由于种种原因有时会出现部分不合格产品出厂流入市场,一旦发现,生产者就应该主动召回这些产品进行适当处理。

回收逆向物流是指产品的返修、周转使用的包装容器回收、报废产品的再制造或处理等,从需方返回到供方所形成的物品实体流动。在生产及流通活动中有一些资材是要回收并加以利用的,如作为包装容器的纸箱、塑料筐、酒瓶、建筑行业的脚手架等都属于这一类物资。还有可通过回收分类、再生加以利用的废弃物,例如旧报纸、书籍通过回收、分类可以再制成纸浆重新造纸。特别是金属的废弃物,由于金属具有良好的再生性,可以回收并重新熔炼成原材料。目前,我国冶金生产每年有大量废钢铁作为炼钢原料使用,我国钢产量中有30%以上是由回收的废钢铁冶炼而成的。

⑤废弃物物流(waste material logistics)。"将经济活动或人民生活中失去原有使用价值的物品,根据实际需要进行收集、分类、加工、包装、搬运、储存等,并分送到专门处理场所的物流活动"(GB/T 18354—2006)。生产和流通过程中所产生的无用废弃物,如开采矿山时产生的土石、炼钢生产中的炉渣、工业废水以及其他一些无机垃圾等,如果不妥善处理,不但没有再利用价值,还会造成环境污染,就地堆放会占用生产用地以至妨碍生产。对这类废弃物的处理过程产生了废弃物流。废弃物流具有不可忽视的社会效益。为了减少资金消耗,提高效率,更好地保障生活和生产的正常秩序,对废弃物综合利用的研究很有必要。

⑥军事物流(military logistics)。"用于满足平时、战时军事行动物资需求的物流活动"(GB/T 18354—2006)。军事物流是指为军事行动提供服务的物流活动,包括平时和战时的军队后勤保障及物资供应。由于军事物流的特殊性,军队后勤部门有专业人员对军事物流保障体系进行专门研究。

2. 按照物流活动的空间范围分类

①区域物流(regional logistics)。所谓区域物流,有不同的划分原则。首先,按行政区域划分,例如华南地区、东北地区、华北地区等;其次是按经济圈划分,例如东北经济区,苏(州)(无)锡常(州)经济区,黑龙江边境贸易区;按地理位置划分,例如长江三角洲地区、珠江三角洲地区、河套地区等。

区域物流系统对于提高该区域企业物流活动的效率以及保障当地居民的生活福利环境,具有不可或缺的作用。研究区域物流,应根据区域的特点,从本区域的利益出发组织好物流活动。如某城市建设一个大型物流中心,显然这对于当地物流效率的提高、降低物流成本、稳定物价有很大作用。但是,也会引起由于供应点集中、车辆来往频繁所产生的废气噪声、交通事故等消极问题。因此,物流中心的建设不单是物流问题,还要从城市建设规划、区域开发计划出发,统一考虑,妥善安排。

②国内物流(domestic logistics)。是拥有自己领土和领空的主权国家在国内的物

流活动。国家所制定的各项政策法令、计划都应该为其自身的整体利益服务。物流作为国民经济的一个重要方面,也应该纳入国家总体规划的内容。我国的物流事业是国家现代化建设的重要组成部分,全国物流系统的发展必须从全局着眼,对于部门分割、地区分割所造成的物流障碍应该清除。在物流系统的建设投资方面也要从全局考虑,使一些大型物流项目尽早建成,为经济发展服务。

③国际物流(international logistics)。"跨越不同国家(地区)之间的物流活动"(GB/T 18354—2006)。当前世界的发展趋势是国家之间的经济往来越来越频繁,任何国家不投身于国际经济大循环,本国的经济技术就得不到良好的发展。工业生产也走向社会化和国际化,出现了许多跨国公司,一个企业的经济活动范畴可以遍布各大洲。国家之间、洲际之间的原材料与产品的流通越来越发达,因此,国际物流的研究已成为物流研究的一个重要分支。

3. 按照物流活动所属性质分类

①企业物流(enterprise logistics)。"生产和流通企业围绕其经营活动所发生的物流流动"(GB/T 18354—2006)。企业是为社会提供产品或某些服务的一个经济实体。一个工厂要购进原材料,经过若干工序的加工形成产品销售出去。一个运输公司要按客户要求将货物运送到指定地点。在企业经营范围内由生产或服务活动所形成的物流活动即为企业物流。

②行业物流(profession logistics)。是指同一行业中物流企业的物流活动。同一行业中的物流企业可以相互协作、共同促进行业物流系统的合理化。

例如:日本的建设机械行业,提出行业物流系统化的具体内容有:各种运输手段的有效利用;建设共同的零部件仓库,实行共同配送;建立新旧设备及零部件的共同流通中心;建立技术中心,共同培训操作和维修人员;统一规范机械的规格等。又如在大量消费品方面采用统一传票、统一商品规格、统一法规政策、统一托盘规格、统一陈列柜和包装模数化等。

行业物流系统化的结果使参与的各个企业都得到相应的利益。各个行业协会或学会应该把行业物流作为重要的研究课题之一。

③社会物流(social logistics)。社会物流一般是指生产企业以外的流通领域所发生的物流,是全社会物流的整体,所以有人称之为大物流或宏观物流。社会物流的一个标志是:它是伴随商业活动发生的,也就是说物流过程和所有权的更迭是相关的。

就物流科学的整体而言,可以认为其主要研究对象是社会物流。社会物资流通网络是国民经济的命脉,流通网络分布的合理性及渠道是否畅通至关重要。必须进行科学管理和有效控制,采用先进的技术手段,保证高效率、低成本运行,为社会带来巨大的经济效益,使物流成为"第三利润源泉"。

1.3 物流的发展过程

1.3.1 物流科学的产生

物流活动具有悠久的历史,从人类社会开始就存在着初级的物流活动,而物流作为一门科学来研究的时间却很短,是一门新学科。物流学本来的意义可以从物流管理和物料搬运等学科方面去追溯它的历史渊源。但是,以系统观点来研究物流活动是从第二次世界大战末期美国军方后勤部门的科学研究结果开始的。因此,物流学在欧美还广泛使用"后勤学"这样的名称,"后勤学"原文"logistics"的含义是军事用语"兵站",是提供各种军需品的前方机关,它的业务包含军需品的订货、生产、储存、供应、通信等。由于当时前方战线变动很快,如何组织军需品的供给,即军需品的供应基地、中间基地、前线供应点合理配置,各级供应基地合理库存量的确定,由后方向各级供应基地运输的路线和运输工具(飞机、轮船、汽车)的合理使用,这些形成了综合性的研究课题。军需品的供应不足将影响战争的顺利进行,而军需品的过量储存又将造成浪费。为了合理解决上述问题,美国军事部门采用运筹学的方法与当时刚刚问世的电子计算机技术进行科学规划,较好地解决了这一问题。这是物流科学的萌芽阶段。

在20世纪50年代,由于工业生产的发展,产品数量急剧上升,生产成本相对下降,从而刺激了消费,使得市场繁荣、商品丰富,在流通领域出现了超级市场、商业街等大规模的物资集散场所。在这种背景下,出现的问题是流通成本相对于生产成本而言有上升的趋势,也就是说流通费用在商品总销售价格中的比重逐渐增加,影响了商品的竞争力。因而人们不得不对各种物流活动的规律进行认真地研究,试图找出降低流通费用的途径。由于着眼点是流通费用的整体而不是其局部,这就必须确定考察对象的范围,并且对其结构做出分析。流通费用是在运输、保管、装卸、搬运等物流活动中产生的,这些活动具有共同的目的,即是为了实现物资的空间效益或时间效益。它们各环节之间存在着相互联系、相互制约的关系,属于同一个物流大系统,在理论上可以用时间维和空间维的物态变化来揭示这个系统的本质,这样就结束了各种活动处于孤立、分散、从属地位的历史,使得原来在社会经济活动中处于潜隐状态的物流系统显现出来,并且以此为中心开展研究活动,形成了现代物流科学,并且在逐步完善。

1.3.2 中国物流的发展历程

中国物流的发展历程可以分为以下4个阶段。

1. 初期发展阶段(1949—1965年)

这个阶段,新中国刚刚成立,国民经济尚处在恢复性发展时期,工农业生产水平较低,经济基础还比较薄弱,流通问题并不显得重要。物流的发展刚刚起步,只是在一些生产和流通部门开始建立为数不多的储运公司和功能单一的仓库。铁路、公路、水路、航空等运输业都处在恢复和初步发展时期,搬运和储存环节比较落后。

在这一时期随着生产的发展,在计划经济的体制下,国家初步建立了以物资和商业系统为主体的物资流通渠道。在物流管理方面也采取了一些新的措施,实行按经济区域统一多级批发、组织市场定点供应。

2. 停滞阶段(1966—1977年)

1966年开始的十年"无产阶级文化大革命",使国家在经济、政治等方面都受到了严重的破坏,当然物流业也不例外。在此期间流通渠道单一,从整体上看物流基础设施基本上没有发展,甚至连原来的一些设施也遭到了不同程度的破坏,这期间虽然也搞了一些个别项目建设,但对整个物流影响不大,实力没有多大增强,物流理论的研究和物流实践基本处于停滞状态。

3. 较快发展阶段(1978—1990年)

中国共产党十一届三中全会确立了以经济建设为中心的工作方针,开始实行改革开放政策,国民经济得到恢复和快速发展,物流业也得到了较快的发展,取得了显著成绩,尤其是运输业、仓储业、包装业的发展较快,新建了大量的铁路、公路、港口、码头、仓库、机场等,不仅增加了物流设施,而且提高了物流技术装备水平,同时开展了水泥、粮食的散装运输、集装箱运输,开始建设自动化立体仓库。尤其是有关物流学术团体在此期间相继成立,积极有效地组织开展国内、国际物流学术交流活动,了解和学习国外先进的物流管理经验。中国物资流通学会于1989年5月在北京成功地承办了第八届国际物流会议,对我国的物流发展起到了促进作用。物流学作为一门独立的学科正式确立,一些物流学的专著和译著也出版发行。物流学研究开始被人们重视,人们在观念上逐步改变了孤立地对待包装、装卸、运输、保管、信息情报等机能,开始以系统的观点对它们的作用进行研究,在思想认识上提高了一大步。在物流基础设施建设中,以运输为例,截至1990年年底,我国陆、水、空运输网线总长度有了较大增长,其中1/4以上是在这十二年间建成的。尤其是公路建设更为突出,已建成高速公路、汽车专用公路达4000 km。这十多年来新建和改建的高速汽车专用公路超过了前30年建设总和的3倍。铁路、水陆、航空、管道运输也都有了很大的发展。

4. 高速发展阶段(1991年至今)

这个阶段正是我国进入"八五"计划建设时期,也是我国国民经济进入高速发展的时期,1992年国内生产总值增长12.8%,国民经济的高速发展必然要求物流体系现代化,以适应经济的发展。正因为如此,国家为高速发展物流业而采取了一系列重

要措施。在“八五”规划中明确地把发展第三产业,特别是物流业作为重点,在此期间兴建的10项特大型工程中,物流业就占有5项,而且全部是运输方面的。在“九五”和“十五”时期,我国物流业持续快速发展,截至2007年年底,公路里程达358.37万km,高速公路里程达53900 km,港口拥有生产码头泊位35947个;载货营运车辆684.49万辆,运输船舶19.18万艘。2007年公路货运量163.94亿t,公路货物周转量达到11354.69亿t·km,水路货运量28.12亿t,水路货物周转量64284.85亿t·km。我国物流业面临的任务将是十分艰巨的,同时也意味着开展物流研究、提高物流水平的迫切性和重要性一定会被人们所认识,我国物流事业的发展前景是光明的。

在此期间,我国也加快了物流系统的建设,向标准化和国际化方向发展。由于引进不少家用电器生产线和汽车生产线,国外先进的物流技术得到传播与应用,有力地推动了物流技术水平的提高。各种物流机械新产品不断涌现,成为机械工业中引人注目的领域。国家先后颁布了一些有关物流的相关标准。具体为:《包装术语 基础》(GB/T 4122.1—1996),《集装箱运输术语》(GB/T 17271—1998),《物流单元的编制与符号标记》(GB/T 18127—2000),《服务标准化指南》(GB/T 15624.1—2003),《EAN·UCC系统应用标识符》(GB/T 16986—2003),《贸易项目的编码与符号表示导则》(GB/T 19251—2003),《物流企业分类与评估指标》(GB/T 19680—2005),《物流术语》(GB/T 18354—2006)。这些相关物流标准的颁布实施,使物流研究与业务开展有了标准可依。这一切都表明我国物流业正稳步发展,逐步走向现代化。

1.4 物流在国民经济中的地位与作用

物流作为第三利润源泉对国民经济的发展起到了积极的作用,在国民经济建设中占有重要的地位。

1. 物流与国民经济的关系

①物流是国民经济的基础之一。物流是国民经济的动脉,物流通过不断输送各种物质产品,使生产者不断获得原材料及燃料以保证生产过程的顺利进行,同时又不断将产品运送给不同的需求者,使他们的生产、生活得以正常进行,这些相互依赖的存在,是靠物流来维系的,国民经济因此才得以成为一个有内在联系的整体。

物流是国民经济的基础,经济体制的核心问题是资源配置,资源配置不仅要解决生产关系问题,而且必须解决资源的实际运达问题。物流还以本身的宏观效益支持国民经济的运行,改善国民经济的运行方式和结构,使其更加完善。

②物流是企业生产的前提保证。一个企业的正常运转,必须有一个良好的外部物流环境,保证按企业生产计划和生产节奏提供原材料、燃料、零部件,同时将产成品

不断运离企业。企业生产过程的连续性依靠生产工艺中不断的物流活动来实现。企业的发展靠质量、产品和效益,物流作为全面质量的一环,是接近用户阶段的质量保证手段,物流通过降低成本增加企业利润,促进企业的发展。

③在特定条件下,物流是国民经济的支柱。在处于特定地理位置或特定产业结构的国家中,物流在国民经济中起着重要作用,成为财政收入的主要来源。例如荷兰、新加坡、日本。

2. 物流与社会进步的关系

物流的畅通促进了社会经济的发展,从而促进了社会的进步,主要表现在以下几方面:

①通畅的物流会促进人们的思想开放、观念更新。物流是促进交往的重要手段,通畅的物流会使地区经济与外界交往活跃,会增加人员的交往,因而有利于开阔视野,启迪思维,促进观念的更新。

②通畅的物流会促进科学技术的引进、教育的发达,也是科学技术发展的动力。18 世纪以蒸汽机为标志的技术革命和 19 世纪以电力为标志的技术革命都以交通运输为起始环节之一,反过来又促进了物流的发展。许多新技术往往出现在物流发达的地区,通畅的物流促进科学技术的交流,这也是提高科技水平,促进社会进步的原因。

③通畅的物流有利于促进社会分工和生产的集约化、规模化。实际上,许多社会分工受到物流的制约,一些产业也是在物流发展的促进下才得以发展而形成规模生产的。例如煤炭产业,最初由于无法远距离运送煤炭,使煤炭生产受到制约,当铁路出现以后,创造了长距离运送煤炭的物流条件,才促使煤炭行业形成专业化、大批量的生产方式。

3. 物流与企业的关系

物流是企业赖以生存和发展的外部条件,又是企业本身必须从事的重要活动。从外部看,社会物流承担联结社会再生产,联结企业与企业、企业与消费者、企业与供应者的重任,所以物流是社会再生产的构成因素,使企业有机地存在于国民经济总体中。从企业本身看,企业的物流活动可以保证企业生产的连续性,降低生产成本,成为企业的第三利润源泉,是企业生存和发展的重要活动之一。

思考题

1. 什么是物流?
2. 什么是第三方物流?第三方物流具有什么特征?

3. 什么是物流活动?
4. 什么是供应物流?
5. 什么是生产物流?
6. 什么是销售物流?
7. 什么是逆向物流?
8. 什么是废弃物物流?
9. 什么是军事物流?
10. 什么是企业物流?
11. 简述物流的发展过程。
12. 简述物流在国民经济中的作用。

第 2 章　物流系统

2.1　概　　述

2.1.1　系统与系统工程

1. 系统的定义

系统一词来源于古希腊语"System"。现代对系统有不同的定义，一般可以理解为：系统是由两个以上相互区别或相互作用的单元之间有机地结合起来，完成某一功能的综合体。其中的一个单元也可以称为一个子系统。系统与系统的关系是相对的，一个系统可能是另一个更大系统的组成部分；而一个子系统也可以继续分成更小的系统。在现实中一个机组、一个工厂、一个部门、一项计划、一个研究项目、一套制度都可以看成是一个系统。系统的形成应具备下列条件：

①系统是由两个或两个以上要素组成。

②各要素间相互联系，使系统保持相对稳定。

③系统具有一定结构，保持系统的有序性，从而使系统具有特定的功能。

2. 系统的模式

系统是相对外部环境而言的，并且和外部环境的界限往往是模糊过渡的，所以，严格地说系统是一个模糊集合。

外部环境向系统提供劳动力、手段、资源、能量、信息，称为"输入"。系统以自身所具有的特定功能，将"输入"进行必要的转化处理，使之成为有用的产成品，供外部环境使用，称之为系统的输出。输入、处理、输出是系统的三要素。如一个工厂输入原材料经过加工处理，得到一定产品作为输出，这就成为生产系统。

外部环境因资源有限、需求波动、技术进步以及其他各种变化因素的影响，对系统加以约束或影响，称为环境对系统的限制或干扰。此外，输出的结果不一定是理想的，可能偏离预期目标，因此，要将输出结果的信息返回给输入，以便调整和修正系统的活动，这称为反馈。根据以上关系，系统的模式可用图 2-1 表示。

3. 系统的结构与特点

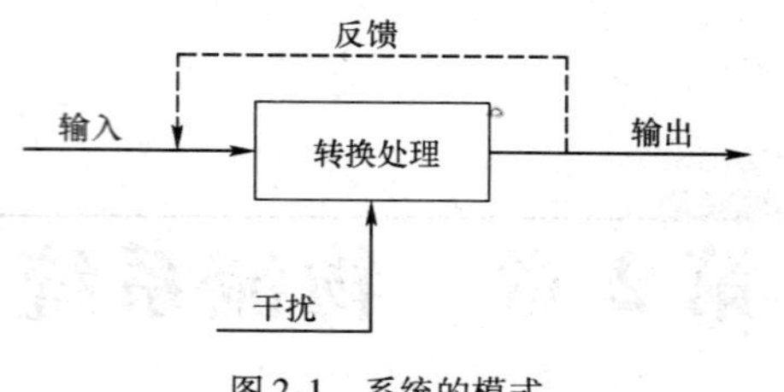

图 2-1　系统的模式

系统是由两个或两个以上元素及元素间形成的特别关系所构成的有机整体。其中元素是形成系统的基础,元素之间的关系是构成系统的不可缺少的条件。系统的变化是系统通过各种关系不断运动变化引起的。系统作为一个整体并具有一定功能,都要通过元素之间相互联系来实现。在一个企业系统中,通过人、财、物、信息等诸元素相互结合而形成的各种联系,进行各种各样的生产经营管理活动。所有元素在各种关系中不断运动,相互作用,表现为企业系统的运行情况。研究各元素之间的关系是研究系统的中心问题,是分析和改善系统的关键。系统一般具有下列特点:

①具有可以判断目标性能好坏的标准。

②为了完成同一目标,可以有几种不同方案。

③有可能应用物理模型、数学模型或模拟模型进行分析验证。

④系统要具有独立性。

系统概念的提出,是科学研究方法的一个发展。系统概念的出现,不再把事物看成是孤立不变的,而是发展的、相互关联的一个整体。当然只有系统的概念还不能解决具体问题,现代科学技术把系统的概念应用具体化,建立了一套逻辑推理、数学运算、定量处理系统内部的关系等一整套分析系统的方法。

4. 系统工程

随着系统分析技术的发展,产生了当代极为重要的一门学科——系统工程科学。

系统工程就是研究系统的工程技术。其目的是要在改造系统工程的过程中,按照要达到的目标,采用最优化方法,以期使目标达到最佳值。也就是说,系统工程是从系统的观点出发,跨学科地考虑问题,运用工程的方法去研究和解决各种关系问题。

系统工程是一门技术,它有一套完整的方法,正是以这套方法处理系统问题,才使系统工程具有广阔的实用范围。系统工程解决的问题涉及自然科学、社会科学以及一切能够形成系统的领域。随着系统思想和定量技术的发展,以及计算机技术的广泛应用,促使系统工程由一般的工程技术向软技术发展。因此,从这种意义上讲,系统工程是一项管理软技术,它运用系统的思想、现代化的科学管理方法和最新手段,将分散的、各自为政的局部利益,巧妙地连接成一个有机整体,使其发挥最大的效益,从而纠正了过去只注意局部的设计,而对总体设计草率处理的现象。它强调运用多学科知识,注重各个部分的组合以及如何组合,以达到整体效益最佳。系统工程一

开始就着眼于新系统的创造和改进,不像一般工程技术那样,常以产品分析为中心而形成某种局限性。

2.1.2 物流系统的组成

物流系统是一个比较复杂的综合系统,它由运输、仓储、装卸、搬运、包装、流通加工、配送及物流信息处理等子系统组成。各子系统的功能及内容分别叙述如下。

1. 运输

运输(transportation)是"用专用运输设备将物品从一个地点向另一地点运送。其中包括集货、分配、搬运、中转、装入、卸下、分散等一系列操作"(GB/T 18354—2006)。运输不同于作业场地内部的搬运作业,通常具有一定的运送距离。运输成本大约占物流总成本的50%,科学安排管理运输对提高物流系统效率具有重要意义。

1)现代运输系统的特征

运输的任务是对物品进行较长距离的空间移动。物流部门通过运输解决物品在生产地和需求地之间的空间距离问题,从而创造商品的空间效益,实现其使用价值,以满足社会需求。运输是物流的中心环节之一,可以说是物流最重要的一个功能。

(1)多样化的运输机能与形态。

在所有的物流环节中,一个最基本的机能是运输,运输虽然从行为上看它表现为货物在空间上的单纯移动,实际经济运行过程中,作为物流基本机能的运输有着多种多样的形态,这一点可以从一般企业物流运输和宅急便运输的发展中清楚地看到。

①企业物流运输系统。通过对与经济活动相关的一般企业运输系统的考察(见表2-1),我们可以看到厂商为了在工厂从事生产活动,必须从事原材料和零部件的调配运输。原材料和零部件的调配常常是大量运输,因此,需要选择与大量运输相适应的运输手段。例如,如果原材料是液体,就需要用罐装运输工具,而其他形态的货物可以采用一般运输工具,另外,还涉及运输方式的选择问题。对于零部件运输来讲,在组装工厂收货的情况下,应采用按一定单位装卸的大型货车运输。

原材料、零部件在工厂进行加工,制成成品以后,就会发生商品从工厂仓库到全国主要物流中心的大规模运输,这种形态的运输常称为"干线运输"或"核心运输",它涉及利用货台、装卸机械等工具,并按一定的标准把商品单元化,进而在工厂和物流中心之间进行长距离的运输。这种长距离的运输既可以利用大型货车,也可以运用能发挥长距离运输优势的铁路(集装箱)运输或水路(集装箱)运输来进行,在后一种情况下,涉及将货物运输业务委托给专业运输商,而前者既可以委托给专业运输商,又可以自行从事运输业务。

企业物流运输系统 表 2-1

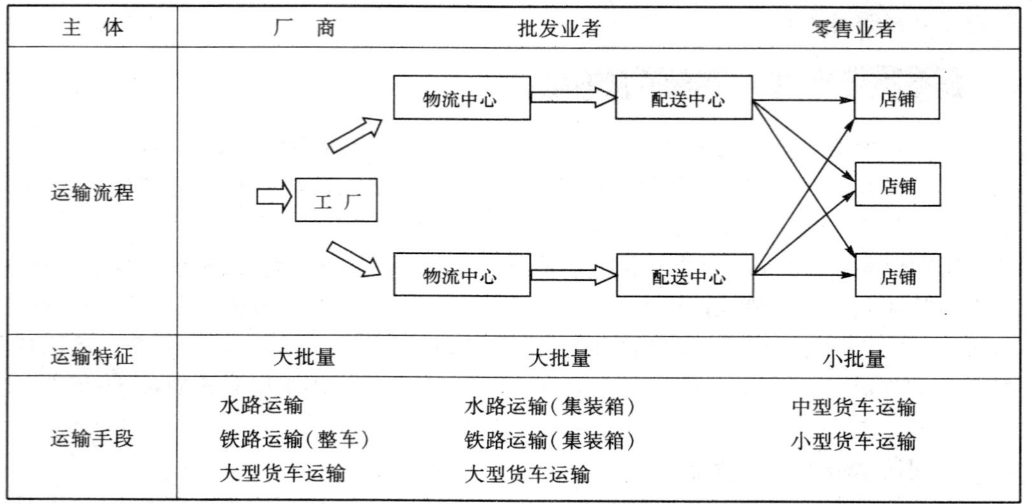

主　体	厂　商	批发业者	零售业者
运输流程	工厂 → 物流中心	物流中心 → 配送中心	配送中心 → 店铺
运输特征	大批量	大批量	小批量
运输手段	水路运输 铁路运输(整车) 大型货车运输	水路运输(集装箱) 铁路运输(集装箱) 大型货车运输	中型货车运输 小型货车运输

商品进入厂商的物流中心后,接下来的运输业务主要是对应顾客的订货而进行的发货,包括将商品向批发业的配送中心或大型零售商的配送中心运输,甚至直接向零售店铺进行商品输送。在实践中,常常把为零售店订货而从事的运输业务称之为"配送"。配送又可以分为城市内配送和地域内配送。配送需要将商品进行分拣,实行小单元化,进而由中型或小型货车运输。在方法上,同样既可以采取委托形式,也可以由批发商或零售商自己运输。在自己承担配送的情况下,其宗旨不仅仅是向零售店铺配送商品,而且还包括与交易对象了解商品销售状况、店铺商品管理等配送以外的内容,正因为如此,目前,企业越来越广泛地采用自己配送的运输形式。

②宅急便的运输系统。另外一种比较典型的运输体系是宅急便运输系统。宅急便是在全国范围内构筑运输网络的基础上,以小型货车为工具的一种从事迅速、便利的高效运输服务。宅急便将多种运输业务有机结合起来进行商品输送(见表 2-2)。从作业流程上看,最初是集货,一般是由宅急便专用小型货车到顾客家中或指定地点巡回收取商品,然后将收集来的货物运到该地区的货物中转站,在那儿进行分拣、调配,实行集中运输,运到指定地域内的中转站后,再重新进行分拣,由小型货车直接配送到顾客指定的目的地。从货物集中配发的中转站到集中收货的中转站之间的运输是宅急便运输系统的干线运输,干线运输有时利用大型货车进行,有时对某些长距离的货物运输也可以利用铁路或飞机集装箱运载。从以上宅急便运输系统的流程可以看出,宅急便运输体系的特点表现为虽然集货、配送等活动使用的小型货车是宅急便业者自己拥有、并从事经营的,但是,干线运输所使用的大型货车绝大部分是从其他企业租借来的。此外,像铁路集装箱、飞机等运输手段,是宅急便自己所不能经营的,

而是利用铁路、航空经营者提供的运输服务来开展宅急便业务。所以，形成全国性输送网络的宅急便，并不是自己拥有全部的运输手段，而是通过灵活积极地利用各方面的力量，来维持一个有效的运输系统。

宅急便运输系统 表2-2

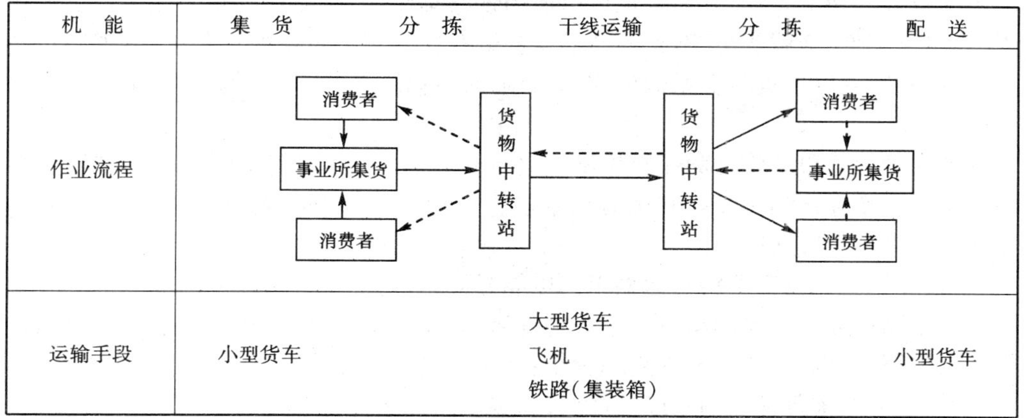

机 能	集 货	分 拣	干线运输	分 拣	配 送
作业流程	消费者 事业所集货 消费者	货物中转站		货物中转站	消费者 事业所集货 消费者
运输手段	小型货车		大型货车 飞机 铁路(集装箱)		小型货车

(2)运输的特征。

从以上企业物流运输和宅急便运输的案例中反映出运输在方法和形态上十分复杂，多种多样，针对不同的目标、需求等情况，具体方法和措施千变万化。与此同时，多样、复杂的运输也具有一定的共性，这主要表现为：

①运输这种服务是可以通过多种运输方式来实现的，不同的运输方式与其技术特性相适应，决定了各自不同的运输服务质量。货物运输方式主要有公路、铁路、航空、水运以及在我国所占比例不大的管道。各种运输方式对应于各自的技术特性，有不同的运输单位、运输时间和运输成本，因而形成了各种运输方式和不同的服务质量。也就是说，运输服务的需求者，可以根据货物的性质、大小、所要求的运输时间、所能支付的运输费用等来选择合适的运输方式，或者合理运用多种运输方式，实行复合运输。

②运输服务分成自用型和营业型两种形态。自用型运输是指企业自己拥有运输工具，并且自己承担运输责任，从事货物的输送活动。如前所述，自用型运输多限于货车运输，水路运输中也有部分这种状况，但数量很少。而航空、铁路这种需要巨大投资的运输方式，自用型运输无法开展。与自用型运输相对应的是营业型运输，即以输送服务作为经营对象，为他人提供运输服务，营业型运输在公路、铁路、水运、航空等运输业者中广泛开展。对于一般企业来讲，可以在自用型和营业型运输中进行选择，最近的趋势是企业逐渐从自用型向营业型运输方向转化。

③运输业者不仅在各自的行业内开展相互的竞争,而且还与运输方式相异的其他运输行业的企业开展竞争。虽然各运输方式都存在着一些与其特性相适应的不同的运输对象,但是,也存在着很多各种运输方式都适合承运的货物,围绕这类货物的运输就形成了不同运输手段,不同运输业者相互的竞争关系。例如,日用品、电器制品不仅可以利用货车运输,而且也可以成为铁路集装箱、水路集装箱运输的对象。此外,像电子部件、新鲜水果、蔬菜等商品运输就存在货车与飞机的竞争,这种不同运输方式、运输业者间的竞争关系的形成,为企业对运输服务和运输业者的自由选择奠定了基础。

④在把运输服务作为商品提供给顾客的运输业中,存在着实际运输和利用运输两种形式。实际运输是实际利用运输手段进行输送,完成商品在空间的移动。利用运输是自己不直接从事商品运输,而是把运输服务再委托给实际运输商进行,也就是说,运输业者就是自己不拥有运输工具也能开展运输业务,这种利用运输业的代表就是代理型物流业者。他们从事广泛的物流活动,通过协调,和多种不同的运输机构来提供运输服务,例如,货车—铁路—货车;货车—航空—货车;货车—水路—货车等运输形式,充分发挥各种运输手段的优点,并实现整体最优。

(3)运输方式选择的要素。

虽然在运输市场中存在着多种不同的运输方式以及多样化的运输业者,但在实践中运输方式的选择究竟是基于什么条件进行的呢?一般来讲,运输方式的选择条件有输送物品的种类、输送量、输送距离、输送时间、输送成本5个方面。当然这些条件不是相互独立的,而是紧密相联、相互影响的。如果要对运输方式选择条件进行具体分析的话,可以分为两种类型。

在上述5个选择条件中,输送物品的种类、输送量和输送距离等3个条件是货物自身的性质和存放地点决定的,因而属于不可变量。事实上,对这几个条件进行大幅度变更,从而改变运输方式的可能性很小。与此相反,运输时间和运输成本是不同运输方式相互竞争的重要条件,运输时间与成本的变化必然带来所选择的运输方式的改变,换句话说,这两个因素作为运输机构竞争要素的重要性日益增强。

运输时间和运输成本之所以如此重要,背景在于企业物流需求发生了改变。运输服务的需求者一般是企业,目前企业对缩短运输时间、降低运输成本的要求越来越强烈,这主要是在当今经营环境较复杂、困难的情况下,只有不断降低各方面的成本,加快商品周转,才能提高企业经营效率,实现竞争优势。所以,在企业的物流体系中,JIT(just in time)运输在急速普及,这种运输方式要求为了实现顾客在库的最小化,对其所需的商品,在必要的时间,以必要的量进行运输,JIT运输方式要求必须削减从订货到进货的时间。正因为如此,从进货方来讲,为了实现迅速的进货,必然会在各种运输方式中选择最为有效的手段来从事物流活动。例如,以缩短运输时间为主要特

征的宅急便就是一个很典型的例子，正因为宅急便能实现第二天在全国范围内进行商品送达的服务，因此，它在国际范围内不断迅速发展，而且目前顾客群体的范围不仅包括一般消费者，也包括很多要求实现迅速运输服务的企业。

此外，削减成本是企业在任何时期都十分强调的战略，尤其是在企业经营面临挑战与困难的时期，运输成本的下降是企业生存发展的重要手段之一，物流成本一直被称作企业经营中的"黑暗大陆"，只有真正高度重视运输成本的减少，选择合适的运输方式，才能使物流成为企业利润的第三大来源。从运输方式的发展来看，不同的运输方式具有不同的成本构成，货车运输能提供低成本的运输服务，如今在不断发展、扩大。

缩短运输时间与降低运输成本是一种此长彼短的关系，如果要利用快速的运输服务方式，就有可能增加运输成本；同样，运输成本下降有可能导致运输速度减缓。所以，如何有效地协调这两者间的关系，使其保持一种均衡状态是企业选择运输方式时必须考虑的重要因素。

2）运输方式及特点

陆地、海洋和天空都可以作为运输活动的空间，运输主要有以下几种方式：

①铁路运输。它是陆地长距离运输的主要方式。由于车辆在固定轨道线路上行驶，可以自成体系，不受其他运输条件的影响，按时刻表运行。同时具有轨道行驶阻力小、不需频繁起动或制动、可重载高速运行及运输单位大等优点，从而使运输成本降低。但由于在专用线路上行驶，而且车站间距较远，缺乏机动性。此外，运输的起点和终点常常需要汽车转运，增加了搬运次数。

铁路及其附属设施的建设需要国家投资。除了少数大型工厂和矿山拥有自己的铁路支线外，一般企业只能利用公有铁路。

铁路运输车辆主要有机车和货车车厢两种，用煤炭为动力的蒸汽机车已属淘汰产品，目前正由内燃机车向电气机车发展。货车车箱随用途而异，也有不同种类，如油罐车、集装箱车、冷藏车等。

②公路运输。它是最普及的一种运输方式，公路运输的载运工具主要为汽车。其最大优点是空间和时间方面具有充分的自由性，不受路线和停车站的约束，只要没有特别的障碍（如壕沟、过窄的通道等），汽车都可以到达。因此，可以实行从发货人到收货人之间的"门到门"直达运输。由于减少了转运环节，货物包装可以简化，货物损伤、丢失和误送的可能性很小。

汽车购置费用较低，一般企业都可以实现。自行运输和委托运输可以同时进行，由于自备车有充分的机动性，使用非常方便。汽车运输的运输单位小，运输量和汽车台数与操作人员数成正比，产生不了大批量输送的效果。动力费和劳务费较高，特别是长距离运输中缺点较为显著。此外，由于在运行中驾驶员自由意志起主要作用，容

易发生交通事故,对人身、货物、汽车本身造成损失。由于汽车数量的增加,产生交通阻塞,使汽车行驶困难,同时产生的废气、噪声,造成了环境污染。高速公路和封闭式公路的建设为汽车的长途运输创造了有利条件。运货汽车种类很多,有卡车、厢式货车、拖车、冷藏车等专用货车,虽然大型化是发展趋势,但是小型货车的适用范围很广,今后仍然会保持大型货车和小型货车相结合的汽车运输体系。

③水路运输。水路运输的载运工具是船舶。有海运和内河航运两种。利用水路运送货物,在大批量和远距离的运输中价格便宜,可以运送超大型和超重货物。运输线路主要利用自然的海洋与河流,不受道路的限制,在隔海的区域之间是代替陆地运输的必要方式。

水上航行的速度比较慢,航行周期长,海上运输有时以几个月为周期。此外,易受天气影响,航期不能保证,建设港口码头也要花费高额费用。

船舶按用途分类有专用船(如油轮、矿石船、冷冻船等),还有混装船、集装箱船;按装卸货物的方式有载货车辆可以直接开到船上的滚装船,还有无自行能力的船舶等。

④航空运输。航空运输的载运工具是飞机,主要优点是速度快。因为时间短,货物损坏少,特别适合一些保鲜物品的输送。但是航空运输的费用高,离机场距离比较远的地方利用价值不大。

客运飞机可以利用下部货仓运送少量货物。但是随着空运货物的增加,出现了专用货机,采用单元装载系统,缩短装卸时间,保证了“快”的特色。

⑤管道运输。自来水和城市煤气的输送是和人们生活最为密切相关的管道运输。它的主要优点是:基本没有运动部件,维修费用低。管道一旦建成,可以连续不断地输送大量物资,不费人力,运输成本低。管道铺设可以不占用土地或占地较少。此外,具有安全、公害少等优点。

管道运输的缺点是在输送地点和输送对象方面具有局限性。一般适用于气体、液体,如天然气、石油等。但是也发展到粉粒体的近距离输送,如粮食、矿粉等,并且还研究了将轻便物体放在特定的密封容器内,利用空气压力进行输送的技术方法。如书籍文件、实验样品的输送。随着技术的进步,输送对象的范围将不断扩大。

管道的铺设有地面、地下和架空安装等方式。必要时,中途要采用保温、加热、加压的措施,以保证管道的畅通。

3)运输合理化

运费成本在物流成本中所占的比重最大。据中国物流与采购联合会的调查统计,2008 年上半年运输费用占社会物流总费用的比重为 53.1%,同比下降 2 个百分点。因此,加强运输管理,实现运输合理化具有重要意义。运输合理化的途径有以下几方面:

①合理配置运输网络。企业应该根据市场经营状况合理规划运输网络，布局运输节点（物流基地、物流中心等），以使总运输里程最短。

②选择最佳运输方式。首先要决定使用5种综合运输方式（铁路、公路、水路、航空、管道）中的哪一种。用自有车还是委托运输公司。如果用公路汽车运输，还要考虑车型（大型、轻小型、专用）的选用。图2-2表示公路、铁路和水路运输的运费比较，其中也包含终端的装卸费用。纵轴上的C_1、C_2、C_3点表示相应的终端费用，当运距小于D_1时，公路运输费用最低，在D_1至D_3的距离内铁路运输最便宜，而长距离运输（距离大于D_3）时，则以水路运输为好。

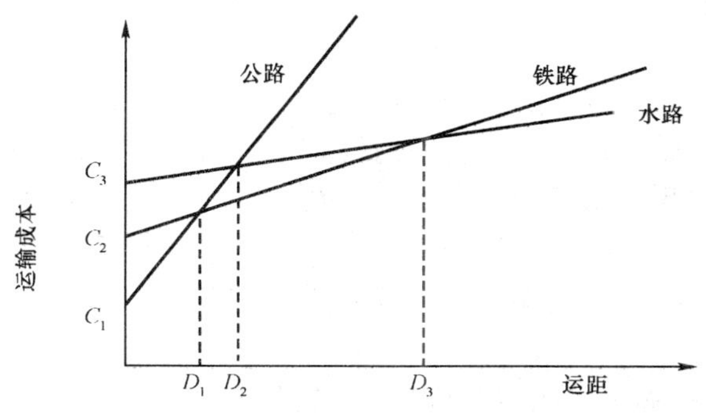

图2-2　公路、铁路、水路运输成本比较

③提高运送效率。努力提高载运工具的运行率、装载率，减少空车行驶，缩短等待时间，降低燃料消耗，提高车辆利用率。

④推进共同运输。提倡部门、集团、行业间的合作，批发、零售、物流中心之间的配合，提高运输工作效率，降低运输成本。当然运输的合理化必须考虑包装、装卸等有关环节的配合及其制约因素。还必须依赖有效的信息系统，实现运输合理化。

运输合理化要考虑输送系统的基本特性。对城市之间、地区之间的长距离运输（干线输送），由于货物的批量大，对时间要求不很苛刻，因此，合理化的着眼点要考虑降低运输成本。对于地区内或城市内的短距离运输（端末输送），以向顾客配送为主要内容，批量小，应及时、准确地将货物运到，这种情况下的合理化目标，应以提高物流的服务质量为主。

2. 仓储

仓储（warehousing）是"利用仓库及相关设施设备进行物品的入库、存储、出库的活动"（GB/T 18354—2006）。仓储是物流系统中较为重要的组成部分，仓储费用占物流总费用的比重仅次于运输，排在第二位。科学管理控制仓储活动对降低物流成本具有重要意义。

1)仓储的作用

仓储在物流系统中起着缓冲、调节和平衡供求矛盾的作用,是物流的另一个中心环节。仓储的目的是克服产品生产与消费在时间上的差异,使物品产生时间上的效益。它的内容包括储存、管理、保养、维护等活动。如:小麦一年收获一次,必须用仓库进行储存以保证平时的需要。又如:水果、水产品在收获时需要在冷藏库进行保管,以保证市场的正常需求,并防止价格大幅度起落。所以,产品从生产领域进入消费领域之前,往往要在流通领域停留一定时间,这就形成了商品储存。在生产过程中,原材料、燃料、备品备件和半成品也需要在相应的生产环节之间有一定的储备,作为生产环节之间的缓冲,以保证生产的连续进行。

2)仓库的功能

自从人类社会生产有剩余产品以来,就有储存活动,而储存物品的建筑物或场所,一般称为仓库。随着社会生产水平的提高,社会化生产方式使产品丰富,商品经济占有重要地位,出现了为商品流通服务的仓库。社会化的大生产又需要有保证生产需要的原材料和零部件的仓库。仓库成为生产和消费领域中物资集散的中心环节,其功能已不单纯是保管、储存。从现代物流系统观点来看,仓库应具有以下的功能:

①储存和保管。这是仓库的最基本的传统功能,因此,仓库应具有必要的空间用于容纳物品。库容量是仓库的基本参数之一。保管过程中应保证物品不丢失、不损坏、不变质。要有完善的保管制度,合理使用搬运机具,采用正确的操作方法,在搬运和堆放时不能碰坏或压坏物品。

根据所储存货物的特性,仓库里应配有相应的设备,以保持储存物品的完好性。例如:对水果、鱼、肉类仓库要控制其温度,使之成为冷藏仓库及冷冻仓库;储存精密仪器的仓库应防潮防尘,保持温度恒定,需要空气调节及恒温设备;一些储存挥发性溶剂的仓库必须有通风设备,以防止空气中挥发性物质含量过高而引起爆炸。

②调节供需。从生产和消费两方面来看,生产节奏和消费节奏不可能完全一致。有的产品生产是均衡的,而消费不是均衡的,如服装等季节性商品;相反,有的产品生产节奏有间隔而消费则是连续的,如粮食。这两种情况都产生了供需不平衡,这就要有仓库的储存作为平衡环节加以调控,使生产和消费协调起来,这也体现出物流系统创造物品时间效用的基本职能。

③调节货物运输能力。各种运输工具的运量相差很大,船舶的运量大,海运船一般是万吨以上,内河船也以百吨或千吨计。火车的运量较小,每节车皮能装50~60 t,一列火车的运量多达数千吨。汽车的运量最小,一般每车只有4~15 t。它们之间进行转运时,运输能力是很不匹配的,这种运力的差异也是通过仓库或货场进行调节和衔接的。

④配送和流通加工。现代仓库除以保管储存为主要任务之外，还向流通仓库的方向发展，仓库形成流通、销售、零部件供应的中心，其中一部分在所属物流系统中起着货物供应的组织协调作用，被称为物流中心。这一类仓库不仅具备储存保管货物的设施，而且增加了分拣、配送、包装、流通加工及信息处理等设施，这样既扩大了仓库的经营范围，又促进了物流合理化，方便了消费者，提高了服务质量。

我国目前保管型仓库占大多数，而具备流通加工功能的仓库还很少，但随着国民经济的发展和物流系统总体水平的提高，仓储业的现代化是指日可待的。

3）仓储合理化

仓储库存创造时间、空间价值，同时占用一定的资金，增加物流成本，因此应对库存量进行合理的控制，以使物流系统最优。实现仓储合理化，可以从以下几点着手：

①应用预测技术。销售额和出库量的估计需要科学预测，这是库存管理的关键。由于库存量和缺货率是相互制约的因素，所以，要在预测的基础上，制订正确的库存方针，使库存量和缺货率协调，取得最好效果。但是，对于预测的数据也不可过分依赖，因为预测总是以过去的数据为基础进行的，预测计算和实际情况有一定差距，为此，在预测时应尽可能依据最新的数据和信息。另外，订货周期和供货延迟期要尽量缩短，这样可以提高预测的可靠性。

②科学管理控制库存。库存控制主要是对库存量进行控制。众所周知，库存量过多将会导致许多问题，如：占压过多的流动资金，并为此付出相应的利息；存货过多则仓库的各种费用，如仓储费、保险金、劳务费也随之增加；此外，还会导致物品变质、过时失效等损失。但是，为了避免以上问题，降低库存又会出现缺货率上升的风险。因此，库存控制应综合考虑各种因素，满足以下3方面要求：

A. 考虑降低采购费和购入价等综合成本。

B. 减少流动资金、降低盘点资产。

C. 提高服务水平、防止缺货。

③实行ABC管理。由于在仓库中一般储存的物资品种非常繁多，在管理过程中必须根据具体情况实行重点管理，才能取得有用的效果，一般采用ABC管理可以达到预期要求。ABC管理就是把物品分为3类，将占总数10%左右的高价值的物品定为A类；占总数70%左右的低价值的物品定为C类；A、C之间的20%物品则为B类。在库存管理中应区别对待各类物品，A类物品应在不发生缺货条件下尽可能减少库存，实行小批量定货，每月盘点；C类物品则可制订安全库存水平；进行一般管理，订货批量大，年终盘点；对B类物品则在两者之间，半年盘点一次。

除按价值分类外，还可以根据销售难易程度、缺货产生的后果（重要性）等因素进行ABC分类或者综合几种因素进行分类。总之，要符合仓库管理的目标和仓库本身

的具体情况。

仓储合理化问题涉及的因素较多,深入研究可以参考有关书籍。

3. 装卸

装卸(loading and unloading)是“物品在指定地点以人力或机械载入或卸出运输工具的作业过程”(GB/T 18354—2006)。装卸是指在同一地点进行的将物品载入或卸出运输工具的作业,包括装上、卸下。装卸作业完成了物品的中转运输,实现了物的流动。

1)装卸的作用

装卸是伴随输送和仓储保管而产生的必要的物流活动,是实现物品流通的作业环节。但和运输产生空间效用、仓储产生时间效用不同,装卸本身不增加任何价值。这并不是说装卸在物流过程中不占有重要地位。物流的主要环节,如运输和仓储等是靠装卸活动联结起来的,物流活动其他各个阶段的转换也要通过装卸联结,由此可见,在物流系统合理化中,装卸环节占有重要地位。装卸次数频繁,它所消耗的费用在物流费用中也占有相当大的比重。据统计,有时装卸费用占运输总费用的20%～30%。装卸活动频繁发生,作业繁多,这也是产品损坏的重要原因之一。

2)装卸作业构成

装卸作业有对输送设备(如辊道、车辆)的装入、装上和取出、卸下作业,也有对固定设备(如保管货架等)的拆垛、码垛作业。

①码垛。码垛(装上、装入)作业是指把货物移动或举升到载运设备或固定设备的指定位置,再按所要求的状态放置的作业。

②拆垛。拆垛(卸下、卸出)作业是指把货物从载运设备或固定设备的指定位置取出卸下的作业。

3)装卸作业合理化

装卸作业在物流各环节中起联结作用,作业频繁,消耗工时较多,所以,应该合理安排装卸作业,降低物流成本。

①合理选用机械。根据实际情况,因地制宜,合理选择装卸机械,可以大大减轻劳动强度,提高生产效率、安全性及服务质量。逐步实现装卸机械化。

②提高装卸灵活性。物品放置时要有利于下次装卸,例如:装于容器内,垫放的物品较直接放于地面的物品易于作业,在装上时要考虑便于卸下,在入库时要考虑便于出库,创造易于装卸的环境和使用易于装卸的包装。

③保持物流的均衡顺畅。物品的处理量波动大时会使装卸作业变得困难,但装卸作业受运输等其他环节的制约,其节奏不能完全自主决定,必须综合各方面因素妥善安排,使物流作业量尽量均衡,避免忙闲不均的现象。

④集装单元化。用专门的器具盛放或捆扎处理物品,使其形成标准规格的单元货件物品,便于装卸作业。这对装卸作业的改善是至关重要的,可以达到以下目的:由于装卸单位变大,可以充分发挥机械的作用,提高作业效率;负载的大小均匀,有利于实行作业标准化;在作业过程中避免物品损伤。

4. 搬运

搬运(handling)是"在同一场所内,对物品进行空间移动的作业过程"(GB/T 18354—2006)。搬运通常伴随着装卸、入出库作业,是指在同一物流场所内对物品进行的移动作业,可以理解为短距离的"运输"。是物流活动中较为频繁的作业。

1)搬运的作用

搬运是伴随装卸和实现物流过程的作业活动,是实现"物流"的作业环节。搬运和装卸作业一样,它本身不产生任何价值。但搬运可以将物流的主要环节——运输和仓储联结起来,物流活动其他各个阶段的转换也要通过搬运联结。搬运不仅发生次数频繁,而且其作业内容复杂,又是劳动密集型的作业,它所消耗的费用在物流费用中也占有较大的比重。

2)搬运作业构成

搬运是配合装卸及入出库作业的活动。主要有以下几种:

①搬送、移送作业。是为了进行装卸、分拣、配送活动而发生的移动物品的作业,包括水平、垂直、斜行搬送以及几种组合的搬送。

②分拣配货作业。分拣是在堆垛作业前后或配送作业之前把货物按品种、出入先后、货流进行分类,再放到指定地点的作业。而配货则是把货物从所定的位置按品种、下步作业种类、发货对象进行分类的作业。

3)搬运作业合理化

搬运作业在物流各环节中起联结作用,作业频繁,消耗工时较多,所以,应该合理安排搬运作业,降低物流成本。

①消除无效搬运。提高搬运纯度,只搬运必要的物品,如有些物品要去除杂质后再搬运比较合理;避免过度包装,减少无效负荷;提高装载效率,充分发挥搬运机械的能力和装载空间;中空的物件可以填装其他小物品再进行搬运;减少倒搬次数,作业次数多不仅浪费人力、物力,还增加物品损坏的几率。

②合理选用机械。根据实际情况,因地制宜,合理选择搬运机械,可以大大减轻劳动强度,提高生产效率、安全性及服务质量。

③利用重力的影响和作用。应减少人体的上下运动,避免反复从地面搬起重物;避免人力抬运或搬送物品;应设法利用重力移动物品,如使物品在倾斜的辊道运输机上借助重力向下移动。

④集装单元化。将零放物体归整为统一格式的集装单元,这对搬运作业的改善

是至关重要的,可以提高搬运作业效率,灵活性好;有利于实行作业标准化;在作业过程中避免物品损伤;保护搬运物品。

5. 包装

包装(packaging)是“为在流通过程中保护产品、方便储运、促进销售,按一定技术方法而采用的容器、材料及辅助物等的总体名称。也指为了达到上述目的而采用容器、材料和辅助物的过程中施加一定技术方法等的操作活动”(GB/T 18354—2006)。包装是物流过程中的重要环节。

1)包装的功能

物品在搬运输送以前都要进行某种程度的包装捆扎或装入适当容器,以保证产品完好地运送到消费者手中,所以包装被称为生产的终点,同时也是社会物流的起点。

包装的作用是保护物品,使物品的形状、性能、品质在物流过程中不受损坏。通过包装还使物品形成一定的单元,作业时便于处置。此外,由于包装使物品醒目、美观,可以促进销售。包装有以下 3 种:

①单个包装。该包装又称为小包装,是物品送到消费者手中的最小单位。用袋或其他容器对物体的一部分或全部包裹起来,并且印有作为商品标记或说明等的信息资料。这种包装一般属于商业包装,应注意美观,能起到促进销售的作用。

②内包装。它是将物品或单个包装,或一至数个归整包装置于中间容器中,为了对物品及单个包装起保护作用,中间容器内有时采用一定的保护措施。

③外包装。基于物品输送的目的,要起到保护作用并且考虑输送搬运作业方便,一般置入箱、袋之中。根据需要,对容器有缓冲防震、固定、保温、防水的技术措施要求。一般外包装具有密封、增加强度的功能,并且有相应的标识说明。

内包装和外包装属于工业包装,更着重于对物品的保护,其包装作业过程可以认为是物流领域内的活动。而单个包装作业一般属于生产领域活动。

2)包装材料

包装材料有容器材料、内包装材料、包装用辅助材料等。

①纸和纸板。运输用大型纸袋可用 3 ~ 6 层牛皮纸多层叠合而成,也可用牛皮纸和塑料薄膜做成复合多层构造。

纸箱的原料是各种规格的白纸板和瓦楞纸板,但要求其强度和耐压能力必须达到一定指标,在选材和尺寸设计时应加以注意。

②塑料制品。塑料包装制品的应用日益广泛,塑料袋及塑料编织袋已成为牛皮纸袋的代用品。塑料制品还用于酒、食用油等液体运输容器的革新,开发了纸袋结合包装,其方法是将折叠塑料袋容器放入瓦楞纸箱中,以代替传统的玻璃瓶、金属罐、木桶等。塑料成型容器也得到广泛的应用,如聚乙烯容器,包括箱、罐等,特别是颜料和

食品业等塑料通用箱发展很快。

③木制容器。木制容器包括木箱、胶合板箱及木桶，为了节省木材，常使用框架箱、栏箱或木条胶合板箱，为了增加强度可以加铁箍。对于重物包装，常在底部加木制垫板。

④金属容器。输送用的金属容器有罐和箱，材料有镀锌铁板等。罐用于食品、化学药品、牛奶、油质类物品，而桶则主要用于以石油为主的非腐蚀性的半流体及粉状固体的包装。

⑤包装用辅助材料。包装用的辅助材料主要有：

A. 黏合剂。用于材料的制造、制袋、制箱及封口作业，黏合剂有水型、溶液型、热融型和压敏型。近年来，由于普遍采用高速制箱及封口的自动包装机，所以，大量使用短时间内能够黏结的热融黏合剂。

B. 黏合带。它有橡胶带、热敏带、黏结带3种。橡胶带结合力强，黏结后完全固化，封口很结实；热敏带一经加热活化便产生黏结力，一旦结合，不好揭开且不易老化；黏结带是在带的一面涂上压敏性结合剂，如纸带、布带、玻璃纸带、乙烯树脂带等，也有两面涂胶的双面胶带，这种带子用手压便可结合，十分方便。

C. 捆扎材料。捆扎的作用是打捆、压缩、缠绕、保持形状、提高强度、封口防盗、便于放置和防止破损等。现代已很少用天然捆扎材料，而多用聚乙烯绳、聚丙烯绳、纸带、聚丙烯带、钢带、尼龙布等。按被捆扎物品的质量可由表2-3中选用。

捆扎材料的性能　　表2-3

包装单元质量(kg)	适用材料	包装单元质量(kg)	适用材料
1 ~ 50	多股细绳、纸带、聚丙烯带、尼龙绳	200 ~ 500	尼龙带、钢带
50 ~ 200	尼龙带、钢带	500 ~ 2000	钢带

3)包装合理化

①包装轻薄化。由于包装只是起保护作用，对产品使用价值没有任何意义，因此，在强度、寿命、成本相同的条件下，更轻、更薄、更短、更小的包装可以提高装卸搬运的效率。而且轻薄短小的包装一般价格比较便宜，如果是一次性包装也可以减少废弃包装材料的数量。

②包装单纯化。为了提高包装作业的效率，包装材料及规格应力求单纯化，包装规格还应标准化，包装形状和种类也应单纯化。

③集装单元化和标准化。包装的规格和托盘、集装箱关系密切，也应考虑与运输车辆、搬运机械的匹配，从系统的观点制订包装的尺寸标准。

④包装机械化。为了提高作业效率和包装现代化水平，应该大力开发和应用各

种包装机械。

6. 流通加工

流通加工(distribution processing)是“根据顾客的需要,在流通过程中对产品实施的简单加工作业活动(如包装、分割、计量、分拣、刷标志、拴标签、组装等)的总称”(GB/T 18354—2006)。流通加工是物流系统中的主要增值作业活动。

1)流通加工的功能

在流通过程中,辅助性的加工活动称为流通加工。流通加工是为了弥补生产过程中的加工不足,更有效地满足用户或本企业的需要,使产需双方更好地衔接,将这些加工活动放在物流过程中完成,而成为物流的一个组成部分。流通加工是生产加工在流通领域中的延伸,是流通领域提高服务水平、扩展服务职能的作业环节。

2)流通加工的类型

①方便运输型。为了运输方便,通常将一些最终加工安排在流通过程中进行,例如:铝制门窗框架、自行车、缝纫机等若在制造厂装配成完整的产品,运输时将耗费很高的运输费用。一般都是把它们的零部件分别集中捆扎或装箱,到达销售地点或使用地点以后,再分别组装成成品,这样不仅使运输方便,而且经济。而作为加工活动的组装环节是在流通过程中完成的。

②用户需求型。应用户地要求,一些物品在销售前需要进行加工。例如:为了便于超市销售,配送中心将大包装的大米、面粉进行改小包装。

③综合利用型。在流通中将物品分解、分类处理。猪肉和牛肉等在食品中心进行加工,将肉、骨分离,其中肉只占65%左右,向零售店输送时就能大大提高输送效率。骨头则送往饲料加工厂,制成骨粉加以利用。

因此,流通加工这一环节的发展,使流通与加工总体过程合理化。流通加工的内容一般包括袋装、定量化小包装、拴牌子、贴标签、配货、拣选、分类、混装、刷标记等。生产的外延流通加工包括剪断、打孔、折弯、拉拔、打扣、组装、改装、配套以及混凝土搅拌等。

对流通加工的属性目前尚有不同看法。但是,它既属于加工范畴,也属于物流活动的一部分。

7. 配送

配送(distribution)是“在经济合理区域范围内,根据客户要求,对物品进行拣选、加工、包装、分割、组配等作业,并按时送达指定地点的物流活动”(GB/T 18354—2006)。配送是物流系统中较为复杂的作业,合理组织配送作业对提高物流系统效率具有重要意义。关于配送的详细内容将在本书“配送与配送中心”一章中讲解。

8. 物流信息

1）物流信息的概念和作用

物流信息（logistics information）是“反映物流各种活动内容的知识、资料、图像、数据、文件的总称”（GB/T 18354—2006）。物流信息是现代物流的重要标志之一。

物流活动中所涉及的信息为物流信息。所谓信息是指能够反映事物内涵的知识、资料、信息、情报、图像、数据、文件、语言、声音等。信息是事物的内容、形式及其发展变化的反映。因此，物流信息和运输、仓储等各个环节都有密切关系，在物流活动中起着神经系统的作用。加强物流信息的研究才能使物流成为一个有机系统，而不是各个孤立的活动。在一些物流技术发达的国家都把物流信息工作作为改善物流状况的关键而给予充分的注意。

在物流中对各项活动进行计划预测、动态分析时，还要及时提供物流费用、生产情况、市场动态等有关信息。只有及时收集和传输相关信息，才能使物流高效通畅。

2）信息流和物流的分离

物流信息已向系统化发展，信息流与物流分离是其发展的一个特征。如图 2-3 所示，发货票随物品发送，物品发出后无论发出单位或收货单位都可能对物品的中间状态不了解；而在图 2-4 中，通过统一的信息系统，物品的运送状况各站均可及时了解。信息的传递必须通过一定的载体，并为其所接受，在此之后，还要经过传输处理、分析等，使其发挥应有的作用。现代化物流信息系统广泛利用电子计算机技术，特别是为了充分发挥电子计算机信息量大、处理速度快等优点，已普遍采用电子计算机网络系统来管理物流信息。一些部门、公司、企业设立物流信息中心，用以全面管理、传递和交换物流信息。

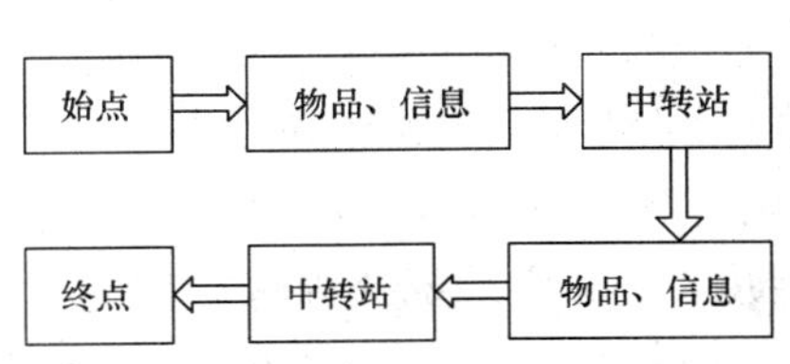

图 2-3　信息流与物流同步

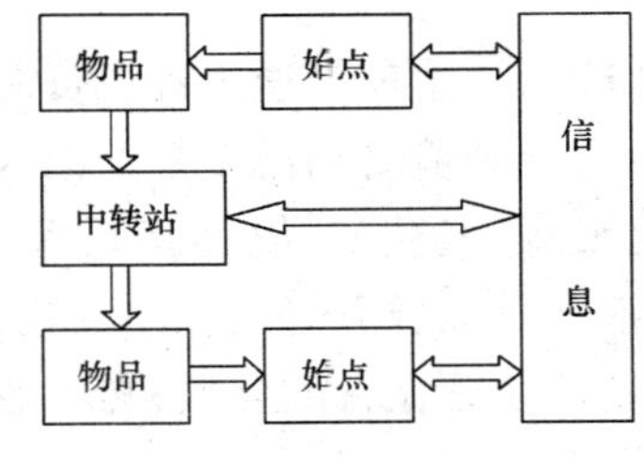

图 2-4　信息流与物流分离

3）物流信息系统的结构

按垂直方向，物流信息系统可以划分为 3 个层次，即管理层、控制层和作业层；而从水平方面，信息系统贯穿供应物流、生产物流、销售物流、回收和废弃物物流的运输、仓储、搬运装卸、包装、流通加工等各个环节。可见物流信息系统是物流领域的神经网络，遍布物流系统的各个层次、各个方面。

综上所述,物流系统是由运输、仓储、搬运装卸、包装、流通加工、物流信息等环节组成的。物流系统的效益并不是它们各个局部环节效益的简单相加,因为各环节的效益之间存在相互影响、相互制约的关系,也就是交替损益的关系。如过分强调包装材料的节约,则因其易于破损可能给装卸搬运作业带来麻烦;片面追求装卸作业均衡化,会使运输环节产生困难。各个环节都是物流系统链条中的一个环节,任何一个环节过分削弱都会影响到物流系统链的整体强度。重视系统观念,追求综合效益最佳,这是物流学最基本的观点之一。

2.1.3 物流系统模式

1. 物流系统的模式

物流系统的输入、输出、处理(转化)、限制(制约)、反馈等功能,根据物流系统的性质,具体内容有所不同,如图2-5所示,简述如下:

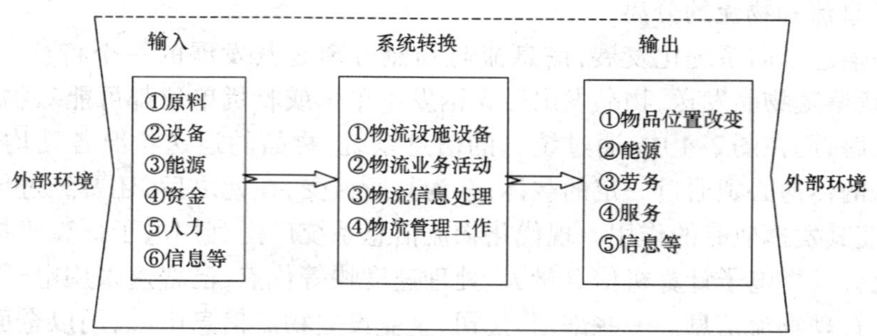

图2-5 物流系统模式

①输入。也就是通过提供资源、能源、设备、劳动力等手段对某一系统发生作用,统称为外部环境对物流系统的输入。包括原材料、设备、劳动力、能源等。

②处理(转化)。它是指物流本身的转化过程。从输入到输出之间所进行的生产、供应、销售、服务等活动中的物流业务活动称为物流系统的处理或转化。具体内容有:物流设施设备的建设;物流业务活动,如运输、储存、包装、装卸、搬运等;信息处理及管理工作。

③输出。物流系统与其本身所具有的各种手段和功能,对环境的输入进行各种处理后所提供的物流服务称为系统的输出。具体内容有:物品位置与场所的转移;各种劳务,如合同的履行及其他服务等;能源与信息。

④限制或制约。外部环境对物流系统施加一定的约束称之为外部环境对物流系统的限制和制约。具体有:资源条件,能源限制,资金与生产能力的限制;价格影响,需求变化,仓库容量;装卸与运输的能力;政策的变化等。

⑤反馈。物流系统在把输入转化为输出的过程中,由于受系统各种因素的限制,不能按原计划实现,需要把输出结果返回给输入,进行调整,即使按原计划实现,也要把信息返回,以对工作做出评价,这称为信息反馈。信息反馈的活动包括:各种物流活动分析报告;各种统计报告数据,典型调查;国内外市场信息与有关动态等。

2. 物流系统服务标准

物流系统由运输、仓储、搬运、装卸、包装、流通加工、配送和信息处理等各环节组成。作为系统的输入是输送、储存、搬运、装卸、包装、物流情报、流通加工、配送等环节所消耗的劳务、设备、材料等资源,经过处理转化,变成全系统的输出,即物流服务。整体优化的目的就是要使输入最少,即物流成本最低,消耗的资源最少,而作为输出的物流服务效果最佳。作为物流系统服务性的衡量标准可以列举如下:

①对用户的订货能很快地进行配送。

②接受用户订货时商品的缺货率低。

③在运送中物品破损、丢失和发送错误少。

④保管中变质、丢失、破损现象少。

⑤具有良好的包装,以满足保管、运送的要求。

⑥装卸搬运功能满足运送和保管的要求。

⑦能提供保障物流活动顺畅进行的物流信息系统,及时反馈信息。

⑧流通加工合理,以保证生产和物流费用之和最少。

3. 物流系统中存在的制约关系

物流系统由若干个子系统组成,这些子系统相互制约,实践中应掌握这种制约关系,并统筹考虑,兼顾全局,以使物流系统效率最优。

①物流服务和物流成本间的制约关系。要提高物流系统的服务水平,物流成本往往也要增加。比如:采用小批量即时运货制,要增加费用。要提高供货率,即降低缺货率,必须增加库存,即增加保管费用。其相互制约关系如图2-6所示。

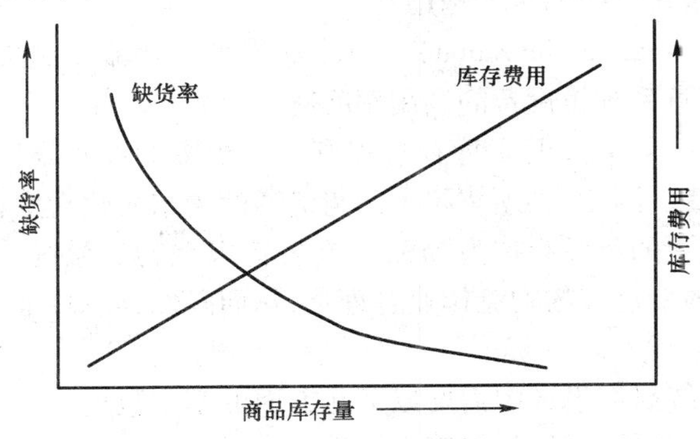

图2-6 物流服务与成本的关系

②构成物流服务子系统功能之间的约束关系。各子系统的功能如果不协调匹配,物流系统的整体能力将受到影响。如搬运装卸能力很强,但运输能力不足,会产生设备和人力浪费;反之,如搬运装卸环节薄弱,车、船到达车站、港口后不能及时卸货,也会带来巨大的经济损失。

③构成物流成本的各个环节费用之间的关系。为了降低库存采取小批量定货,则因运输次数增加而导致费用上升,运费和保管费之间有制约关系。

④各子系统的功能和所耗费用的关系。任何子系统功能的增加和完善必须投入资金。如信息系统功能的增加,必须购置硬件和开发计算机软件。增加仓库的容量和提高进出库速度,就要建设更大的库房并实现机械化、自动化。在实际中必须考虑在财力许可的范围内改善物流系统的功能。

如上所述的制约关系不胜枚举,在物流合理化过程中必须用系统观点对这些相互制约关系给予充分的重视。

4. 物流系统化的目标

物流是指从生产供应到消费品废弃的一个范围很广的系统。这里主要就其中有关从生产到消费的范畴来研究所谓物流系统化问题。即把物流的各个环节(子系统)联系起来看成一个物流大系统进行整体设计和管理,以最佳的结构、最好的配合,充分发挥其系统功能、效率,实现物流系统合理化。

①服务性(service)。在为用户服务方面要求做到无缺货、无货损和丢失现象,且费用便宜。

②快捷性(speed)。要求把货物按照用户指定的地点和时间迅速送达。为此可以把物流设施建在供给地区附近,或者利用有效的运输工具和合理的配送计划等手段。

③有效地利用面积和空间(space saving)。虽然我国土地费用比较低,但也在上涨。特别是对城市市区面积的有效利用必须加以充分考虑。应逐步发展立体化设施和相关物流机械,求得空间的有效利用。

④规模适当化(scale optimization)。应该适当考虑物流设施集中与分散的问题,机械化、自动化、信息系统等设备的利用率问题。

⑤库存控制(stock control)。库存过多则需要更多的保管场所,而且会产生库存资金积压,造成浪费。因此,必须按照生产与流通的需求变化对库存进行控制。

上述物流系统化的目标简称为“5S”。要发挥以上物流系统化的作用,就要进行研究,把从生产到消费过程的物流作业合理化,从而降低其总成本。

5. 物流系统设计要素

在进行物流系统研究设计中需要以下几方面的基本数据:

①商品(products)的种类、规格等。

②商品的数量(quantity),年度目标的规模、价格。

③商品的流向(route),生产厂、配送中心、消费者等。

④服务(service)水平,速达性,商品质量的保持等。

⑤时间(time),即不同的季度、月、周、日、时业务量的波动、特点。

⑥物流成本(cost)。

以上P、Q、R、S、T、C称为物流系统设计有关基本数据的6个要素。这些数据是物流设计中必不可少的资料。

2.2　物流系统分析

2.2.1　物流系统分析的概念

物流系统是多种不同功能要素的集合。各要素相互联系、相互作用,形成众多的功能模块和各级子系统,使整个系统呈现多层次结构,体现出固有的系统特征。对物流系统进行分析,可以了解物流系统各部分的内在联系,把握物流系统行为的内在规律性。所以说,不论从系统的外部或内部,设计新系统或是改造现有系统,系统分析都是非常重要的。

系统分析是从系统的最优出发,在选定系统目标和准则的基础上,分析构成系统的各级子系统的功能和相互关系,以及系统同环境的相互影响。运用科学的分析工具和方法,对系统的目的、功能、环境、费用和效益进行充分的调研、收集、比较、分析和数据处理,并建立若干替代方案和必要的模型,进行系统仿真试验;把试验、分析、计算的各种结果同早先制订的计划进行比较和评价,寻求使系统整体效益最佳和有限资源配备最佳的方案,为决策者的最后决策提供科学依据和信息。

系统分析的目的在于通过分析比较各种替代方案的有关技术经济指标,得出决策者形成正确判断所必需的资料和信息,以便获得最优系统方案。系统分析的目的可以表示为:

系统问题⟶系统分析⟶系统最优方案

物流系统分析所涉及的问题范围很广,如搬运系统、系统布置、物流预测、生产库存系统等。由于系统分析需要的信息量大,为了准确地收集、处理、分析、汇总、传递和储存各种信息,要应用多种数学方法和计算机技术,才能分析比较实现不同系统目标和采用不同方案的效果,为系统评价和系统设计提供足够的信息和依据。

系统分析在整体系统建立过程中处于非常重要的地位,它起到承上启下的作用,特别当系统中存在着不确定因素或相互矛盾的因素时更需要通过系统分析来保证避免技术上的大量返工和经济上的重大损失。

整个系统的建立过程可以分为系统规划、系统设计和系统实施3个阶段。

系统规划阶段:主要的任务是定义系统的概念,明确建立系统的必要性,在此基础上确定目标。同时提出系统应具备的环境条件和约束条件。

系统设计阶段:首先是对系统进行概略设计,其内容主要是制订各种替代方案。然后进行系统分析,分析的内容包括目的、替代方案、费用、效益、模型和评价标准等。在系统分析的基础上确定系统设计方案,据此对系统进行详细设计。

系统实施阶段:首先是对系统设计中一些与系统有关的关键项目进行试验和试制,在此基础上进行必要的改进,然后正式投入运行。

2.2.2 系统分析的特点和原则

1. 系统分析的特点

系统分析是以系统整体效益为目标,以寻求解决特定问题的最优方案为重点,运用定性和定量分析方法,给予决策者以价值判断,以求得有利的决策。

1)以整体为目标

在一个系统中,处于各个层次的分系统都具有特定的功能及目标,彼此分工协作,才能实现系统整体的共同目标。例如,在物流系统中,库存管理与服务质量管理存在着矛盾,库存管理要求控制库存量,以降低库存成本,当库存量下降时会增加缺货次数,降低服务水平。因此,不能孤立地考虑一个子系统,应该综合考虑整个系统,使系统整体效益最佳。所以,从事任何系统分析,都必须以发挥系统总体的最大效益为准,以免顾此失彼。

2)以特定问题为对象

系统分析是一种处理问题的方法,有很强的针对性,其目的在于寻求解决特定问题的最佳策略。物流系统中的许多问题都含有不确定因素,而系统分析就是针对这种不确定的情况,研究解决问题的各种方案及其可能产生的结果。不同的系统分析所解决的问题当然不同。即使对相同的系统所要解决的问题也要进行不同的分析,制订不同的求解方法。所以,系统分析必须以能求得解决特定问题的最佳方案为重点。

3)运用定量方法

在许多复杂的情况下,定性分析显得不够科学,需要有精确可靠的数据,以作为科学决策的依据。

4)凭借价值判断

从事系统分析时,必须对某些事物作某种程度的预测,或者用过去发生的事实作

样本，以推断未来可能出现的趋势或倾向。由于所提供的资料有许多是不确定的变量，而客观环境又会发生各种变化，因此，在进行系统分析时，还要凭借各种价值观念进行判断和选优。

2. 系统分析的原则

由于系统输入、输出和转换过程中各种要素之间的相互作用及要素的动态性质，以及系统内部同其所处环境存在矛盾，范围广泛，错综复杂。因此，在系统分析时，必须处理好各种因素的关系。

1）外部条件与内部条件相结合

一个系统不仅受到内部因素的影响，同时也受到外部条件的制约。系统环境的变化，对一个系统有直接或间接的影响。例如：一个企业物流系统，不仅受到生产类型、物流形式、厂内运输与搬运等内部因素的作用，而且与周围环境紧密相联，既有输入又有输出。企业物流经生产系统的转换处理，一方面向外界输送产品，同时又从外界吸收原材料以保障企业生产过程连续不断地进行。进行系统分析必须把系统内部和外部的各种有关因素结合起来综合分析。

2）当前利益和长远利益相结合

选择一个良好的方案，不仅要从眼前利益出发，而且还要考虑到将来的利益。我们应该采用对目前和将来都有利的方案。

3）子系统与整个系统相结合

一个系统是由许多子系统组成的，如果其中的一些子系统的效益是最好的，但全局利益并不好，这种方案是不可取的；反之，若某些子系统的效益并不都很理想，但整个系统的效益比较好，则这种方案可取。总之，系统分析最后要落实到系统整体的效益上。

4）定量分析与定性分析相结合

定量分析是指用数量指标分析，可用数量来表示。定性分析是指那些不能用数量表示的指标，如政策因素、环境污染对人体健康的影响等，对这些因素只能根据经验、统计分析和主观判断来解决。方案的优劣以定量分析为基础，但又不能忽视定性因素，最优的方案应是定量分析与定性分析的综合。

2.2.3 系统分析的步骤

系统分析没有固定的方法和程序，大致可以按下面的步骤进行。

1. 划定问题的范围

进行系统分析，首先要明确问题的性质，划定问题的范围。通常，问题是在一定的外部环境作用和系统内部发展的需要中产生的，这不可避免地带有一定的本质属性并限定了其存在范围。只有明确了问题的性质范围后，系统分析才能有可靠的起点。其次,还要研究问题要素、要素间的相互关系以及同环境的关系等,把问题界限进一步划清。

2. 确立目标

为了解决问题,要确定出具体的目标。目标通过某些指标来表达,而标准则是衡量目标达到的尺度。系统分析是针对所提出的具体目标而展开的,由于实现系统的功能是靠多方面因素来保证的,因此,系统目标也必然有若干个。例如:物流系统的目标包括物料费用、服务水平,即以低的物流费用获得高的服务水平,以确保物流系统整体效益最大。总目标是通过各子系统的功能活动来实现的。在多目标情况下,要考虑各项目标的协调,防止发生抵触或顾此失彼,同时还要注意目标的整体性、可行性和经济性。

3. 收集资料,提出方案

建立模型或拟定方案,都必须有资料作为依据,方案的可行性论证更需要有精确可靠的数据,为系统分析做好准备。收集资料通常多借助于调查、实验、观察、记录等方式。

4. 建立模型

所谓建立模型就是找出说明系统功能的主要因素及其相互关系。由于表达方式和方法的不同,模型有图式模型、模拟模型、数学模型之分。通过模型的建立,可确认影响系统功能和目标的主要因素及其影响程度。确认这些因素的相关程度,总目标和分目标的实现途径及其约束条件。

5. 优化系统

系统优化是运用最优化的理论和方法,对若干替代方案的模型进行仿真和优化计算,求出几个替代解。

6. 系统评价

根据优化所得到的有关解答,在考虑前提条件、假定条件和约束条件后,在结合经验和知识的基础上决定最优解,从而为选择最优系统方案提供足够的信息。

对于复杂的系统,系统分析并非进行一次即可完成。为完善修订方案中的问题,有时需要根据分析结果对提出的目标进行再探讨,甚至重新界定问题范围后再做系统分析。系统分析程序框图参见图2-7。

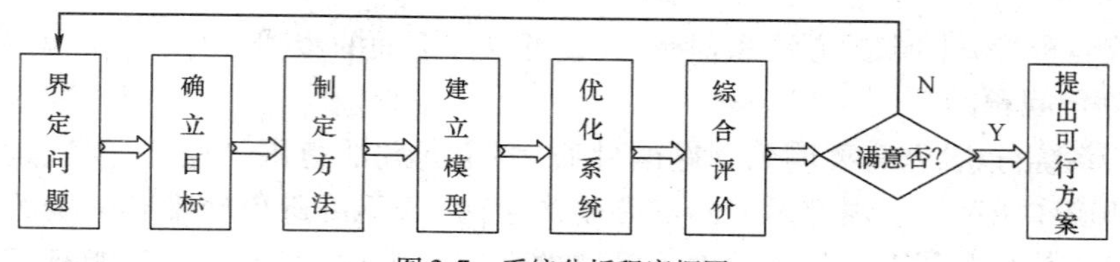

图2-7　系统分析程序框图

2.3　物流系统评价

2.3.1　物流系统建模方法及要求

1. 物流系统建模方法

①优化方法。优化方法是运用线性规划、整数规划、非线性规划等数学规划技术描述物流系统的数量关系，以便求得最优决策的过程。由于物流系统庞大而复杂，建立整个系统的优化模型一般比较困难，而且用计算机求解大型优化问题的时间和费用太高，因此，优化模型常用于物流系统的局部优化，并结合其他方法求得物流系统的次优解。

②模拟方法。模拟方法是利用数学公式、逻辑表达式、图表、坐标等抽象概念来表示实际物流系统的内部状态和输入输出关系，以便通过计算机对模型进行试验，通过试验得到改善物流系统或设计新物流系统所需要的信息。虽然模拟方法在模拟构造、程序调试、数据整理等方面的工作量大，但由于物流系统结构复杂，不确定情形多，所以，模拟方法以其描述和求解问题能力的优势，成为物流建模的主要方法。

③启发式方法。启发式方法是针对优化方法的不足，运用一些经验法则来降低优化模型的数学精确程度，并通过模仿人的跟踪校正过程求得物流系统的满意解。启发式方法能同时满足详细描绘问题和求解的需要，比优化方法更为实用；其缺点是难以知道什么时候好的启发式解已经被求得。因此，只有当优化方法和模拟方法不必要或不实用时，才用启发式方法。

除了上面3种主要方法外，还有其他的建模方法，如用于预测的统计分析法、用于评价的加权函数法、功效系统法及模糊数学方法。

一个物流决策课题通常有多种建模方法，同时一种建模方法也可用于多个物流决策课题。物流决策课题与物流建模方法的多样化，构成了物流系统的模型体系。

2. 建立模型的要求

①保持足够的精度。模型应该真实反映系统的实际，精度达到预期要求。

②简单实用。模型既要精确，又要力求简单，以便于实际应用。

③借鉴标准形式。在模拟某些实际问题时，应尽量借鉴一些标准模型形式，有利于问题的求解。

2.3.2 物流系统的评价指标

评价指标是系统评价中评定系统优良程度的参数。由于物流系统是由多个子系统组成的复杂系统,每个环节都有其评定标准,所以,评价指标较多。现将常用指标叙述如下:

1. 技术经济指标

1)物流生产率

物流系统的行为过程,是以一定的劳动消耗和劳动占用(投入)完成某种预测服务(产出)的过程。物流系统的投入包括人力资源、物质资源、能源和技术,各项投入在价值形态上统一表现为物流成本。物流系统的产出,就是为生产系统和销售系统提供的服务。衡量物流系统投入产出转换效率的指标称作物流生产率,它是物流系统特征值体系的重要组成部分。物流生产率通常包括实际生产率、利用率、行为水平、成本和库存5个方面的指标。

(1)实际生产率。它是指系统实际完成的产出与实际消耗的投入之比。如人均年仓储物品周转量,运输车辆每年货运量等。这里所讲的“实际”有两方面含义:

①投入值与产出量不受价格变化的影响,即以不变价格进行衡量。

②产出必须具有价值,而不仅仅是对付出努力的一种反映。例如,运输车辆空驶的千米数不能计为产出。

$$实际生产率=\frac{实际的产出}{实际的投入}$$

(2)利用率。物流系统的资源利用率是系统实际利用的部分与实际投入总量之比。例如:运输车辆的运力利用率、仓储设施的仓容利用率等。

$$利用率=\frac{实际利用部分}{实际投入总量}$$

(3)行为水平。物流系统的行为水平是系统实际的产出与期望的产出之比。实际上,是对系统各生产要素工作定额完成情况的评价。如:每人每小时完成的实际件数与定额件数之比。有时也用完成工作的规定时间与实际时间之比来衡量。

$$行为水平=\frac{实际的产出}{期望的产出}\quad 或=\frac{工时定额}{实际工时}$$

(4)成本。物流系统的各项投入,在价值形态上统一表现为物流成本。因而可以通过比较成本与产出的价值量或实物量来衡量物流系统的实际生产率;或者通过实际成本与成本定额的比较,来衡量物流系统的行为水平。运用成本来衡量物流生产率有两个有利条件:

①成本忠实地反映了物流系统的运行状况。

②成本能成为评价物流过程各项活动的共同尺度，以利于通过对物流成本的统一管理，达到降低物流系统总成本的目的。

（5）库存。库存是物流系统劳动占用形式的投入，库存的数量大小与周转快慢是物流系统投入产出转换效率高低的重要标志。这方面的指标有库存周转天数、库存结构合理性等。

2）物流服务质量

物流服务质量（logistics service quality）是“用精度、时间、费用、顾客满意度等来表示的物流服务的品质”（GB/T 18354—2006）。

物流服务质量是对物流系统产出质量的衡量，是物流系统技术经济指标的重要组成部分。根据物流系统的产出，可将物流服务质量划分为物品流转质量和物流业务质量。

（1）物品流转质量。物品流转质量是对物流系统提供的物品在数量、质量、时间、地点上的正确性评价。

①数量的正确性。数量的正确性指物流过程中物品的实际数量与要求数量的符合程度。常见的指标包括仓储物品盈亏率、错发率等。

②质量的正确性。质量的正确性指物流过程中物品的实际质量与要求质量的符合程度。常见指标有仓储物品完好率、运输物品完好率、进货质量合格率等。

③时间的正确性。时间的正确性指物流过程中物品流动的实际时间与要求时间的符合程度。常见指标有及时进货率、及时供货率等。

④地点的正确性。地点的正确性指物流过程中物品流向的实际地点与要求地点的符合程度，常见指标有错发率等。

（2）物流业务质量。物流业务质量是对物流系统所进行的物流业务在时间、数量上的正确性及工作上的完善性的评价。

①时间的正确性。时间的正确性指物流过程中实际时间与要求时间的符合程度。常见指标有采购周期、供货周期、发货故障平均处理时间等。

②数量的正确性。数量的正确性指物流过程中实际数量与要求数量的符合程度。常见指标有采购计划完成率、供应计划完成率、供货率、订货率等。

③工作的完善性。工作的完善性是指物流过程中物流业务工作的完善程度。常见指标有对用户问询的响应率、用户特殊送货要求的满足率、售后服务的完善性等。

2. 常用评价指标

根据不同的衡量目的，物流系统特征值的衡量对象可以是整个物流系统，也可以是供应物流、生产物流、销售物流、逆向物流、废弃物物流子系统，还可以是运输、仓储、库存管理、生产计划与控制等物流职能,乃至各职能中具体的物流活动,由此形成不同的技术经济指标体系。物流系统常用的评价指标如下。

1)物流目标质量指标

(1)服务水平指标 CSL。

$$CSL=\frac{满足要求次数}{用户要求次数}\times 100\%$$

或者以缺货率 Q 来表示

$$Q=\frac{缺货次数}{用户要求次数}\times 100\%$$

(2)满足程度指标 M。

$$M=\frac{满足要求的数量}{用户要求的数量}\times 100\%$$

(3)交货及时率 J。

$$J=\frac{按期交货次数}{总交货次数}\times 100\%$$

(4)交货期质量指标 $J_{天}$。

$$J_{天}=规定交货期-实际交货期$$

(5)商品完好率指标 W。

$$W=\frac{交货时完好的商品数量}{交货商品总数量}\times 100\%$$

或者以缺损率 Q' 表示

$$Q'=\frac{缺货商品量}{交货商品总量}\times 100\%$$

也可以用货损货差赔偿费率 P 表示

$$P=\frac{受损货差赔偿费总额}{同期业务收入总额}\times 100\%$$

(6)单位物流费用指标 C(元/t)。

$$\mathrm{C}=\frac{物流费用}{物流总量}$$

2)仓库质量指标

(1)仓库吞吐能力实现率 T。

$$T=\frac{期内实际吞吐量}{仓库设计吞吐量}\times 100\%$$

(2)商品收发正确率 S。

$$S=\frac{统计期内商品吞吐量-出现差错数量}{统计期内商品吞吐量}\times 100\%$$

(3)商品完好率 $W_{库}$。

$$W_{库}=\frac{某批商品库存量-出现损坏变质的商品量}{某批商品库存量}\times 100\%$$

(4)库存商品缺损率 $Q_{库}'$。

$$Q_{库}'=\frac{某批商品缺损量}{该批商品总量}\times 100\%$$

以上是以用户为对象,确定每批商品的质量指标,如果是对仓库总工作质量评定,其指标的计算应将"某批次"的数量改换为"期内"的数量。

(5)仓库面积利用率 M。

$$M=\frac{仓库可存放物品面积}{仓库总面积}\times 100\%$$

(6)仓库利用率 R。

$$R=\frac{\sum_{i=1}^{365}(每天实际存储量或容积)_i}{\sum_{i=1}^{365}(每天额定存储量或容积)_i}\times 100\%$$

(7)设备完好率 $W_{设}$。

$$W_{设}=\frac{期内设备完好台数}{同期设备总台数}\times 100\%$$

(8)设备利用率 L。

$$L=\frac{设备实际总工作时数}{设备额定总工作时数}\times 100\%$$

(9)单位日仓储成本 $C_{仓}$(元/(t·天))。

$$C_{仓}=\frac{平均每天存储费用}{平均每天库存量}$$

3)运输环节质量指标

运输环节质量指标有许多和仓库质量指标类似,这里介绍几个有特殊意义的质量指标。

(1)正点运输率 Z。

$$Z=\frac{统计期内正点运输次数}{统计期内运输总次数}\times 100\%$$

(2)满载率 $M_{运}$。

$$M_{运}=\frac{车辆实际装载量}{车辆额定载质量}\times 100\%$$

满载率反映了单程运输中车辆的利用程度。

(3)实载率 Y。

$$Y=\frac{\text{统计期内实际货运周转量}(\mathrm{t}\cdot\mathrm{km})}{\text{统计期内额定货运周转量}(\mathrm{t}\cdot\mathrm{km})}\times 100\%$$

实载率反映了统计期内车辆的利用程度。可以评价整体运输管理水平。

(4)运输物品损坏率。

$$\text{运输物品损坏率}=\frac{\text{统计期内运输途中货损总额}}{\text{统计期内货运总额}}\times 100\%$$

4)库存管理指标

$$\text{库存结构合理性}=\left(1-\frac{\text{一年以上无需求动态物品额}+\text{积压物品额}}{\text{库存物品总额}}\right)\times 100\%$$

$$\text{在制品库存定额}=\text{生产周期}\times\text{日产量}$$

$$\text{供应计划实现率}=\frac{\text{实际供应额}}{\text{计划供应额}}\times 100\%$$

$$\text{销售合同完成率}=\frac{\text{实际按期供应额}}{\text{合同供货额}}\times 100\%$$

5)生产计划指标

$$\text{生产计划完成率}=\frac{\text{年实际产值}}{\text{年计划产值}}\times 100\%$$

$$\text{生产均衡率}=\frac{\text{年完成产量计划天数}}{\text{年生产天数}}\times 100\%$$

2.3.3 物流系统评价原则与过程

1. 评价的原则

①要保证评价的客观性。评价的目的是为了决策,因此,评价的质量影响着决策的正确性。也就是说,必须保证评价的客观性,评价资料全面、可靠、正确,防止评价人员带倾向性。

②要保证方案的可比性。替代方案在保证实现系统的基本功能上要有可比性和一致性。个别方案功能突出、内容有新意,也只能说明其相关方面,不能代替其他方面。

③评价指标要成体系。评价指标要包括系统目标所涉及的各个方面,而且对定性问题要有恰当的评价指标,以保证评价不出现片面性。

2. 评价过程

评价是根据明确的目标来测定对象系统的属性,并将这种属性变为客观定量的计算值,或者主观效用的行为过程。这一过程包括 3 个关键步骤:确立评价目标;建立评价指标体系;选择评价方法并建立评价模型。

1）确立评价目标

对物流系统进行综合评价，是为了从总体上把握物流系统现状，寻找物流系统的薄弱环节，明确物流系统的改善方向。为此，应该将物流系统各项评价指标的实际值与设定的基准值相比较，以显示现实系统与基准系统的差别，基准值的设定通常有下列 3 种方式：

①以物流系统运行的目标值为基准值，评价物流系统对预期目标的实现程度，寻找实际与目标的差距所在。

②以物流系统运行的历史值为基准值，评价物流系统的发展趋势，从中发现薄弱环节。

③以同行业的标准值、平均水平值或先进水平值为基准值，评价物流系统在同类系统中的地位，从而寻找出改善物流系统的措施。

2）建立评价指标体系

从系统的观点来看，系统的评价指标体系是由若干个单项评价指标组成的有机整体。它应反映出评价目标的要求，并尽量做到全面、合理、科学、实用。为此，在建立物流系统综合评价指标体系时，应选择有代表性的物流系统技术经济指标，以便从总体上反映物流系统的现状，发现存在的主要问题，明确努力方向。根据这一原则，可将物流系统按水平结构加以划分，选取典型的物流生产率和物流质量指标，形成具有递阶层次结构的评价指标体系，见图 2-8。其部分指标的计算公式为：

$$\text{供应物流费用率} = \frac{\text{年供应物流费用总和}}{\text{年原材料供应商}} \times 100\%$$

$$\text{销售物流费用率} = \frac{\text{年销售物流费用总和}}{\text{年销售总额}} \times 100\%$$

$$\text{废料回收利用率} = \frac{\text{经过综合利用的废弃物总量}}{\text{可利用的废弃物数量}} \times 100\%$$

3）选择评价方法并建立评价模型

从物流系统的综合评价指标体系可以看出物流系统评价的特点：

①评价指标多且可划分为不同层次，可通过逐级综合得出对各部分的评价及对系统的总体评价结果。

②由于管理基础工作等方面的原因，有些指标无法精确量化；同时，由于物流系统是多属性的复杂系统，评价结果用一个数值来表示不够全面和精确，因而对各指标进行等级评价具有一定的模糊性。对物流系统的评价一般采用综合评价方法。通常采用模糊集理论对物流系统进行评价。

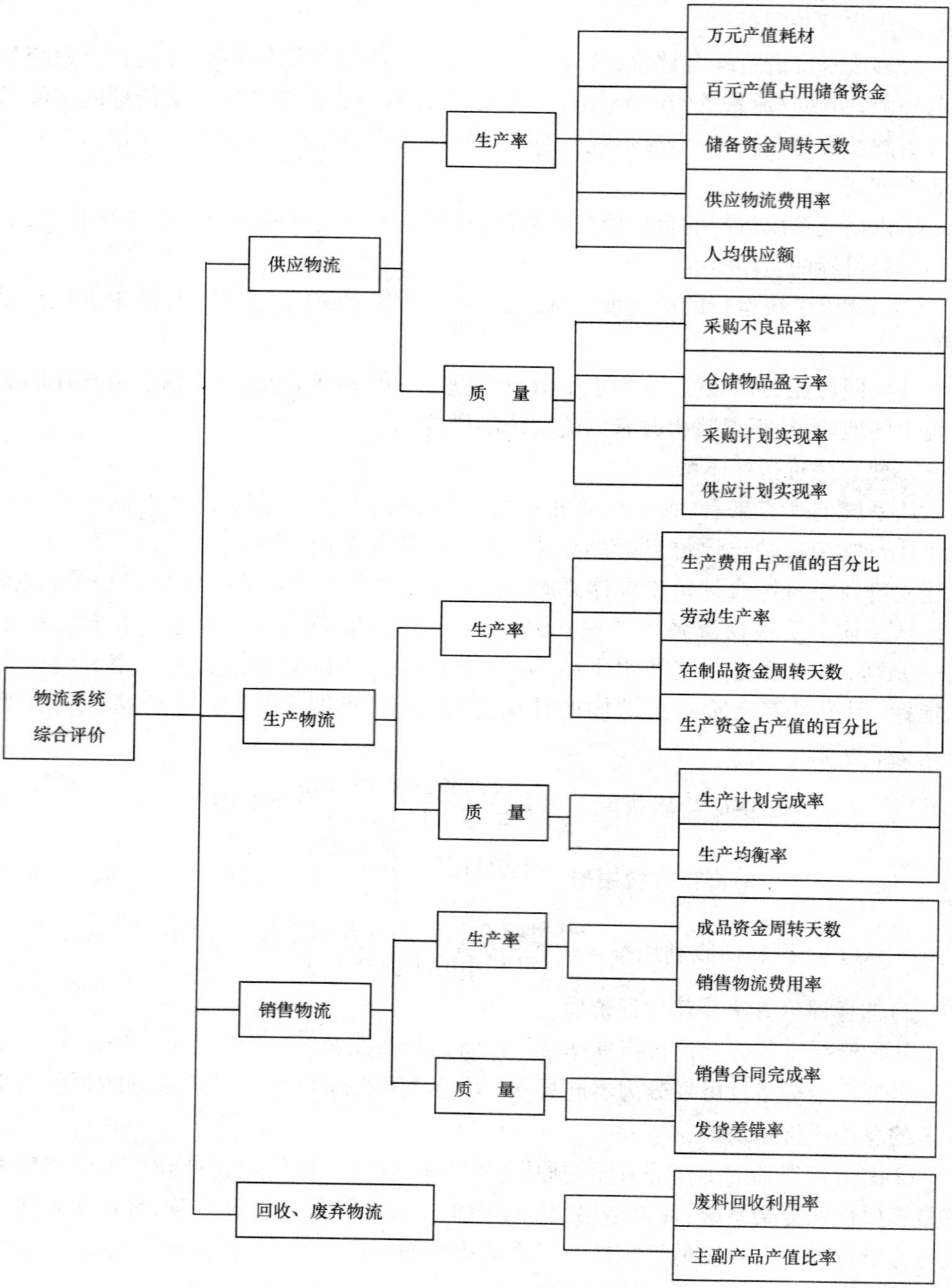

- 物流系统综合评价
  - 供应物流
    - 生产率
      - 万元产值耗材
      - 百元产值占用储备资金
      - 储备资金周转天数
      - 供应物流费用率
      - 人均供应额
    - 质　量
      - 采购不良品率
      - 仓储物品盈亏率
      - 采购计划实现率
      - 供应计划实现率
  - 生产物流
    - 生产率
      - 生产费用占产值的百分比
      - 劳动生产率
      - 在制品资金周转天数
      - 生产资金占产值的百分比
    - 质　量
      - 生产计划完成率
      - 生产均衡率
  - 销售物流
    - 生产率
      - 成品资金周转天数
      - 销售物流费用率
    - 质　量
      - 销售合同完成率
      - 发货差错率
  - 回收、废弃物流
    - 废料回收利用率
    - 主副产品产值比率

图 2-8　物流系统综合评价指标

思考题

1. 简述物流系统的组成及各部分的作用。
2. 简述综合运输 5 种方式的特点。
3. 装卸搬运合理化的标志是什么？
4. 物流服务与成本的关系如何？
5. 物流系统合理化的目标是什么？
6. 简述物流系统设计的要素。
7. 简述系统分析的步骤。
8. 物流系统综合评价指标有哪些？

第3章　供应物流与生产物流

3.1　供 应 物 流

3.1.1　概述

供应物流(supply logistics)是"提供原材料、零部件或其他物料时所发生的物流活动"(GB/T 18354—2001)。供应物流包括原材料等一切生产资料的采购、进货运输、仓储、库存管理、用料管理和供料运输。它是企业物流系统中独立性相对较强的一个子系统,并且和生产系统、搬运系统、财务系统等企业内各部门以及企业外部的资源市场、运输条件等密切相关。供应物流具有以下作用:

1. 保证企业正常生产与经营

企业物流是由供应物流、生产物流、销售物流、回收物流与废弃物物流组成的。其中生产物流处于中心地位,它是和生产同步进行的,受企业内部控制。而供应物流是生产物流的上游部分,它受企业外部环境影响较大,例如:政策与市场环境,仓储与运输环境和一些间接环境。简单地说,原材料供应若不及时,将影响生产的正常进行。因而供应物流的良好运作是企业生产的保证。原材料的采购、运输都受外界条件的制约。对于外界制约条件,虽然企业不一定能完全控制,但是,应该加以研究,制订合理对策,以求得企业的顺利发展。

2. 降低生产经营成本

原材料及零部件购入的费用在生产成本中具有最重要的地位,一般达到销售额的30%,而其中直接运输费用约为采购成本的30%~50%,供应物流合理化为企业创造的经济效益是相当可观的。

3.1.2　供应物流的功能与采购决策

1. 供应物流的功能

供应物流子系统具有以下4项功能:

①采购。采购是供应物流与社会物流的衔接点,它是依据工厂企业生产计划所

要求的供应计划，制订采购计划并进行原材料外购，需要承担市场资源、供货厂家、市场变化等信息的采集和反馈任务。

②供应。它是供应物流与生产物流的衔接点，是依据供应计划和消耗定额进行生产资料供给的作业层，负责原材料消耗的控制。

厂内供应方式有两种基本形式，一种是凭料单到供应部领料，另一种是供应部门配送。

③库存管理。它是供应物流的核心部分。库存管理部门依据企业生产计划的要求和库存状况制订采购计划，并负责制订库存控制策略及计划的执行与反馈修改。

④仓储管理。它是供应物流的转折点，它负责购入生产资料的接货和生产供应的发货以及物品的保管工作。

2. 采购决策

1）采购决策的内容

采购决策的主要内容包括：市场资源调查、市场变化信息的采集和反馈、供货厂家的选择和进货批量的确定、进货时间间隔等。

①企业采购决策者应对所需原材料的资源分布、数量、质量和市场供需情况等进行调查，作为制订较长远采购规划的依据；同时，要及时掌握市场变化的信息，进行采购计划的调整、补充。

②在选择供货厂家时，应考虑原材料供应的数量、质量、价格（包括运费）、供货时间保证、供货方式和运输方式等，根据本企业的生产需求进行比较，最后选定供货厂家。要建立供货商档案，其主要内容包括：企业概况（地点、规模、产品质量、经营范围等）、供应资材种类、运输条件及成本、包装材料及成本、保管费和管理费、包装箱和包装材料的回收率、信誉状况等，完善的档案数据可以为选定供货商提供可靠的依据。

③采购批量在采购决策中是一个重要问题。一般情况下，每次采购的数量越大，在价格上得到的优惠越多，同时因采购次数减少，采购费用能相对节省一些，但一次进货数量过大，增加平均库存，从而占用资金，支付银行利息和增加仓储管理费用。如果每次采购的数量过小，在价格上得不到优惠，因采购次数的增多而加大采购费用的支出，并且要承担因供应不及时而造成停产待料的风险。如何控制进货的批量和进货时间间隔，使企业生产不受影响，同时费用最低，是采购决策应解决的问题。最佳订货批量可以采用经济批量法确定。

2）经济批量法

经济批量法又称为经济订货批量（economic order quantity 简称 EOQ）公式。它是由确定性存储模型推出的，进货间隔时间和进货数量是两个最主要的变量，运用这个

方法,可以取得存储费用与进货费用之间的平衡,确定最佳进货数量和进货时间。图 3-1 是确定性模型的典型库存模型。

模型的假设条件为:

①缺货费用无限大,即不允许缺货。

②当存储降至零时,可以得到补充。

③需求是连续均衡的,即单位时间需求量 R 为常数。

④每次订货量不变,订货费用不变。

⑤单位存储费用不变。

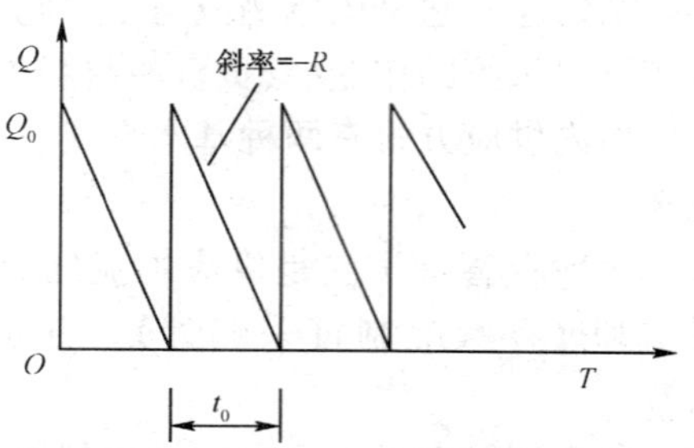

图 3-1 确定性模型的典型库存模型

最优订货批量反映了持有成本与订货成本之间的平衡:当订货批量增加时,平均库存增加,持有成本增加;但订货成本减少。当订货批量减小时,平均库存下降,持有成本下降;但订货成本增加。

理想的解决方案是:确定一个订货批量,使库存持有成本与订货成本之和最小。

$$HC = \frac{Q}{2}H$$

式中:HC——年库存持有成本;

Q——每次订货数量;

H——单位持有成本(元/单位·年),包含资金占用费用(利息)。

$$OC = \frac{D}{Q}S$$

式中:OC——年订货成本;

D——需求量(单位/年);

S——每次订货成本(元/次);

年库存总成本(TC)由年库存持有成本(HC)与年订货成本(OC)组成,则:

$$TC = HC + OC = \frac{Q}{2}H + \frac{D}{Q}S$$

式中:D 与 H 的单位必须相同(年、月等)。

将上式对 Q 求导数得:$\frac{d(TC)}{dQ} = \frac{d}{dQ}\left(\frac{Q}{2}H + \frac{D}{Q}S\right)$

$$TC' = \frac{H}{2} - \frac{DS}{Q^2} \qquad 令(TC)' = 0$$

得 $Q = \sqrt{\frac{2DS}{H}}$,此值可使 TC 取得最小值,由此得出最优订货批量表达式:

$$Q^* = \sqrt{\frac{2DS}{H}} \tag{3-1}$$

将 $Q^* = \sqrt{\frac{2DS}{H}}$ 代替库存总成本公式中的 Q，可以得到最小费用（不计购货成本）为：

$$TC^* = \sqrt{2DSH} \tag{3-2}$$

订货循环时间长度（订货时间间隔）T 为：

$$T = Q^*/D \tag{3-3}$$

式中：T——订货间隔（年）；

Q^*——最优订货批量；

D——年需求量。

例 3-1：某工厂需要一种原料，其年需求量 D 为 1095 t（每天 3 t）。此原料的价格为 500 元/t，每年单位持有成本是原料单价的 20%，每次订货费用为 20 元。试用 EOQ 公式计算出每次最佳订货数量及最小费用。

解：$S = 20$ 元/次，$D = 1095$t/年，$H = 500$ 元/t $\times 20\% = 100$ 元/（年・t）

$$Q^* = \sqrt{\frac{2SD}{H}} = \sqrt{\frac{2 \times 20 \times 1095}{100}} = 21(\text{t})$$

即每次订货 21 t，每隔 7（21/3）天订货一次。

所需费用：

$$TC^* = \sqrt{2HSD} = \sqrt{2 \times 100 \times 20 \times 1095} \approx 2093(\text{元})$$

此费用是每年的持有成本（存储费用）和订货费用之和。

3.1.3 供应物流合理化

实现供应物流合理化可从以下几方面着手。

1. 科学预测需求

生产计划决定对各类物资供应的需求量。生产计划是根据市场对产品的需求量来制订的，而供应计划则依据生产计划下达的产品品种、结构、数量的需求、各种材料的消耗定额和生产工艺来制订。供应计划要做到对各种原材料、购入件的需求量（包括品种、数量）和供货日期的准确预测，才能保证生产正常进行，降低成本，加速资金周转，提高企业经济效益。因此，制订切实可行的生产计划，确定合理的物资消耗定额，是做到科学预测需求的关键。

2. 合理控制库存

供应物流中断将使生产陷于停顿，所以，必须有一定数量的库存储备，以保证生

产的正常进行。这种储备包括两方面:

(1)正常库存。因采购是批量进行的,而生产是连续进行的,由于这种节奏的不一致,要保证生产,必须有正常的库存。

(2)安全库存。安全库存(safety stock)是“用于应对不确定性因素(如大量突发性订货、交货期突然延期等)而准备的缓冲库存”(GB/T 18354—2006)。为了防止发生意外和不可预知因素的影响而使供应活动受到阻碍时,需要有安全库存,以保证生产的正常进行。库存控制的内容包括库存控制策略、库存计划及库存动态调整。库存控制是实现合理储存的重要手段,运用这种手段来解决物资供应计划中的合理储备数量问题,将改善物流供应状态。图 3-2 为计算机库存控制体系示意图。

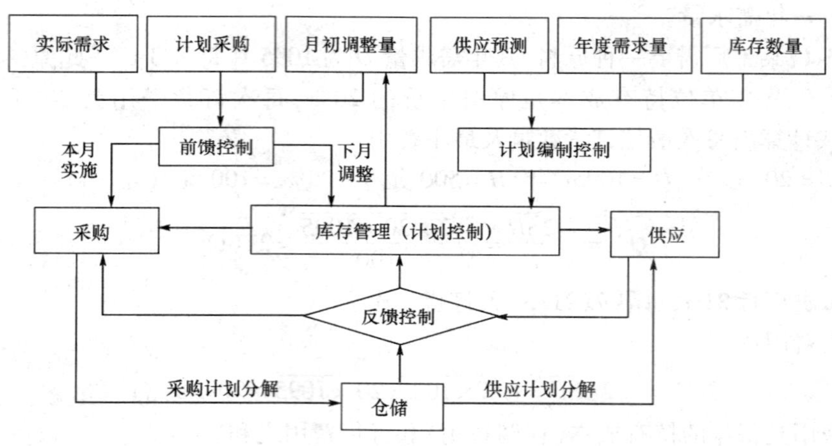

图 3-2　计算机库存控制体系示意图

3. 科学地进行采购决策

由于影响采购决策因素的复杂性,特别是人为因素的介入,使决策的正确性受到很大影响,因此,发展计算机辅助采购决策系统是一种有效的解决途径。这一方面要有市场资源、价格、供货人以及交通运输的信息与档案,也要建立正确的决策模型。

计算机辅助决策系统所提供的结论可以作为采购业务人员决策的参考,也可以为有关领导提供检查和评价采购工作的依据。和其他辅助决策系统一样,信息、档案以至决策模型都要在运行过程中不断地修改、充实和完善。

4. 保障供应

经过科学决策确定合理库存后,还应采取合理的运输方案、先进的仓储管理技术和手段,以使供应物流有效运转,保证及时供应生产。

3.1.4 准时制(JIT)采购

1. JIT 采购的概念

JIT 采购是在精确测定生产各工艺环节作业效率的前提下，按准确的订单计划进行采购，以消除一切无效作业与浪费为目标的一种管理模式。它是一种理想的物资采购方式，目标是原材料和外购件的库存为零、缺陷为零。JIT 采购是企业内部 JIT 系统的延伸，是实施 JIT 生产经营的必然要求和前提条件。在向最终目标努力的过程中，企业不断地降低原材料和外购件的库存，从而不断地暴露物资采购工作中的问题，再采取有效措施来解决这些问题，然后再提出进一步降低库存的目标，进一步发现和解决问题，在不断改进的过程中，实现降低库存的目标。

2. JIT 采购的策略

①减少供货商的数量。最理想的情况是，对某种原材料或外购件只从一个供货商处采购，这种作法称之为单源供应。单源供应的优点是：企业与供货商之间增加了依赖性，有利于建立长期互利合作的伙伴关系。供货商获得了长期稳定的订货，也可能提供更低价格的原材料与外购件。在日本，有 98% 的 JIT 企业都实行单源供应。

②小批量采购。由于 JIT 采购旨在消除原材料或外购件的库存，采购必然是小批量的。采购批量小将使送货频率增加，从而引起运输费用的上升。必须相应改善供货物流系统。

③合理选择供货商。由于 JIT 实行单源供应，选择合格的供货商是能否成功实施 JIT 的关键。选择的因素包括产品质量、交货期、价格、技术能力、应变能力、批量柔性、交货期与价格的均衡、批量与价格的均衡、地理位置等。不应该把价格作为唯一因素。

④保证采购质量。实施 JIT 采购时，原材料与外购件的库存极少，以至接近于零，因此必须保证所采购物资的质量。这种保证不是由本企业的物资采购部门负责，而应由供货商负责，这就从根本上保证了供货的质量。

⑤可靠的送货和特定的包装要求。由于消除了缓冲库存，任何交货失误和送货延迟都会造成难以弥补的损失。送货可靠性主要取决于供货商的生产能力、运输条件和应变能力。

3. JIT 采购的意义

①可以大幅度地减少原材料与外购件的库存。根据国外一些实施 JIT 采购的企业测算，原材料与外购件的库存可降低 40% ~85%。这对于企业减少流动资金的占用、加快流动资金周转具有重要意义。

②可以保证所采购的原材料与外购件的质量。既减少了采购的直接损失，又保证了生产正常有序地进行。

③降低了原材料与外购件的采购价格。由于供应商和制造商的密切合作以及内

部规模效益与长期定货,再加上简化手续而消除浪费,可以使价格得以降低。

实施 JIT 采购战略不但取决于企业内部,而且取决于供货商的管理水平,取决于全社会的管理水平,因此,在实施的过程中,必须慎重而全面地考虑各种因素才能做出正确的决策。

3.2 生产物流

3.2.1 概述

1. 生产物流的基本概念

生产物流(production logistics)是"企业生产过程中发生的涉及原材料、在制品、半成品、产成品等所进行的物流活动"(GB/T 18354—2006)。在生产过程中,生产所用原材料、燃料、外购件投入生产后,经过下料、发料,运送到各个加工点和存储点,以在制品的形态,从一个生产工位流入另一个生产工位,按照规定的工艺过程进行加工、储存,借助一定的输送装置,在工位内、工位间流转,始终体现着物料实物形态的流转过程,这样就构成了企业内部物流活动的全过程。所以,生产物流的边界起源于原材料、外购件的投入,截止于产成品仓库,贯穿整个生产过程。物料随着时间进程不断改变自己的实物形态和工位,物料不是处于加工、装配状态,就是处于储存、搬运和等待状态。由此可见,生产企业物流不畅将会影响生产的顺利进行。

物流过程要有物流信息服务,生产物流同样需要物流信息的支持。通过信息传递,使输送、储存、加工、装配、装卸、搬运等业务活动协调一致,以提高物流整体作业效率。

生产物流的核心问题是对生产过程中的物料流和信息流进行科学的规划、管理与控制。

2. 生产物流的合理化

生产物流是企业生产的动脉,不同的生产过程有着不同的生产物流构成,为了提高物流效率,应该分析研究生产物流,使生产物流运作合理、高效顺畅。

1)合理组织生产物流

生产物流与企业的生产紧密地联系在一起,直接服务于生产过程。只有合理组织生产物流,才能使企业始终处于最佳的生产状态,充分利用企业的生产资源,提高生产企业的经济效益。生产物流合理化的基本标志是:

①连续性。生产是按制订的工艺过程进行的,每道工序所需的物料必须按要求顺畅地到达指定的各个工位,任何工序的非正常停工都会造成生产物流的阻塞而影响生产。

②节奏性。生产物流的运行应具有节奏性,以保证产品在生产过程的各个阶段,从投料到最后完成入库,都能保证按计划有节奏或均衡地进行,要求在相同的时间间隔内生产大致相同的数量,均衡地完成生产任务。

③平行性。一个企业通常生产多种产品,每一种产品又包含着多种零部件,在组织生产时,经常将不同的零件分配在不同车间的各个工序上生产,因此,要求各个支流平行流动,任何一个支流发生问题,整个物流都会受到影响。

④协调性。任何一种产品对不同物料的需求是不同的,生产物流中对不同工位运送的物料应该具有确定的比例,以使供料协调、生产顺利进行。

⑤能耗低。生产物流过程中运送大量物料,需要消耗大量的能源,应该合理设计物流路线,避免迂回运送,使物流距离最短,节约能源。

⑥柔性。企业产品应该随着市场需求的变化而改型换代,生产物流应该具有应变适应能力,在尽可能短的时间内保证企业生产出新的适销产品。

2)生产物流的影响因素

①企业类型。不同的生产企业,有不同的产品,且产品品种、结构的复杂程度、精度等级、工艺要求以及原料准备等不尽相同。这些特点影响着生产物流的构成以及物料的协调比例关系。

②企业规模。企业规模主要是指单位时间内的产品产量,通常以年产量来表示。企业生产规模越大,生产过程的构成越齐全,物流量越大。例如:大型铸造企业生产中有铸铁、铸钢、有色金属铸造等,而生产规模小的企业,生产过程的构成就没有条件划分得很细,物流量也较小。

③专业化程度。生产社会化程度高,企业间协作水平提高,一些半成品(如毛坯、零件、部件等)可由其他专业工厂提供,则企业内部生产过程可以趋于简化,物流流程可以缩短。

3. 生产工艺与生产方式

生产物流的构成由企业的生产类型决定。企业的生产类型是它的产品产量、品种和专业化程度在企业技术、组织和经济上的综合反映。企业的类型在很大程度上决定了企业的生产结构、工艺流程和工艺装备的特点、生产过程的组织形式及生产管理方法,同时也决定了与之匹配的生产物流的模式。通常情况下,企业生产规模越大,产品的品种则越少,专业化程度越高,而物流过程的稳定性和重复性也就越大。反之,企业生产规模越小,产品的品种则越多,专业化程度越低,而物流过程的稳定性和重复性也越小。可见,物流构成与决定生产类型的产品产量、产品品种和专业化程度有着内在的联系,并对生产组织产生不同的影响和要求。

1)生产工艺

一种产品几乎不可能由一道工序完成,通常都由两道或两道以上工序完成。这

种工艺路线依据物料的输送方式可以分为以下几种:

①工序连续型工艺。即在第一道工序投入的原料或零部件,按照直线型的工序依次行进、加工,经最终工序而成为产成品的工艺。如图 3-3 所示。

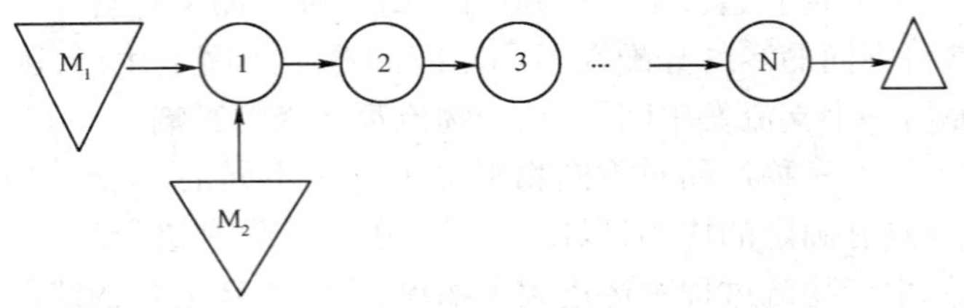

图 3-3　工序连续型工艺

▽-原材料;○-加工工序;△-成品

②工序汇集型工艺。多种原材料或零部件在不同的工序投入,分别在平行安排的单一或连续工序上边加工边行进,在适当的工位进行合成或装配而制成最终产成品的工艺。如图 3-4 所示。

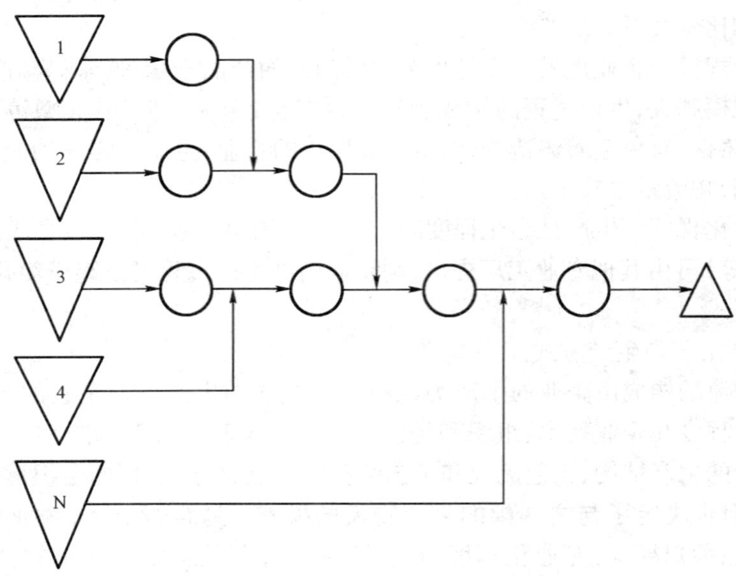

图 3-4　工序汇集型工艺

③工序并行型工艺。一种或多种原材料第一道工序加工结束后,制成多种成品或中间产品,这些中间产品分别在后续工序中又成为多种产品或者中间产品,随着工序的进行而被制成多种产品。如图 3-5 所示。

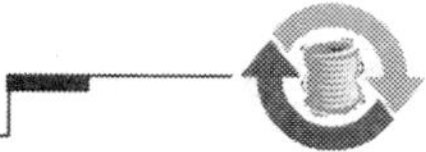

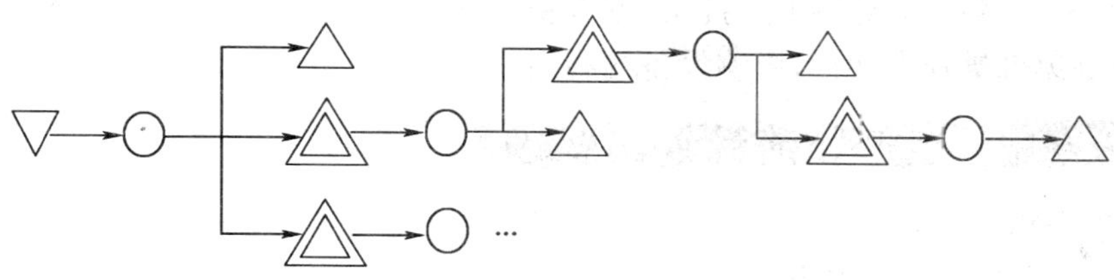

图3-5　工序并行型工艺

◬-中间

④工序复合型工艺。从原材料投入加工开始到产成品为止，经过许多道工序，但其间同时存在汇集型工序和并行型工序的工艺。如图3-6所示。

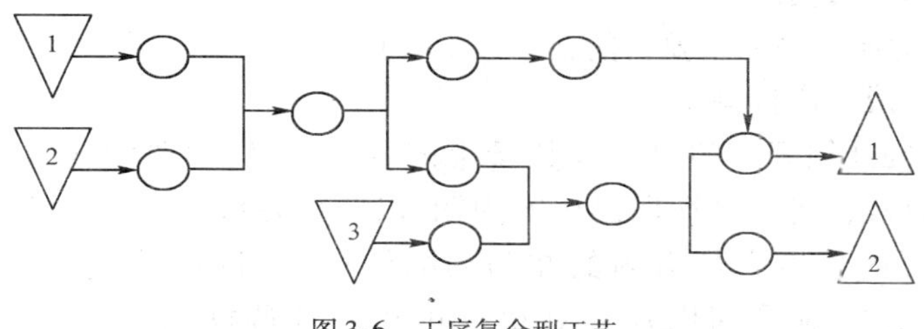

图3-6　工序复合型工艺

2)生产方式

企业的生产方式按生产产品和物流运作模式可以把生产过程分为大量生产、单件小批生产、成批生产3种基本方式。

①大量生产方式。大量生产方式是一种品种少、批量大、相对稳定、不断重复进行的生产方式。一般这类产品在一定时期内具有相对稳定的需求。例如：轴承生产企业、建材生产企业。

②单件小批生产方式。单件小批生产方式是一种生产数量少、品种多、专用产品的生产方式。一般这类产品是一次性需求而不重复生产的。因此，生产中品种繁多，生产对象不断变化，必须选取通用性强的生产设备和物流装备。在生产状态复杂多变的情况下，一般宜按工艺专业化原则，采用机群式布置的生产物流组织形式。

③成批生产方式。成批生产方式生产的产品是通用产品，生产具有重复性，特点介于大量生产和单件小批生产方式之间，在生产物流管理上根据轮番重复生产这一特征，可以按产品专业化原则组织生产。但由于生产的品种多，生产的稳定性差，建立正规的生产线和流水线的难度较大，但可以组织多品种的对象生产单元，使工件的生产过程基本上可以在生产单元内封闭地完成。在生产物流的组织上，合理安排每

一种产品的轮番间隔期和生产批量,既要减小批量,保证生产的比例性和压缩在制品,又要避免批量频繁变换,影响设备的利用率。

3.2.2 生产物流计划与管理

1. 生产物流计划

1)生产物流计划的内容

生产物流计划的核心内容是编制生产作业计划,即根据计划期内确定的生产品种、数量、交货期,以及可能变化的客观实际,具体安排产品及其零部件在各工艺阶段的生产进度。为企业内部各生产环节安排短期的生产任务,协调衔接生产关系。

2)生产物流计划的目的

制订生产物流计划的主要目的在于以下3点:

(1)保证完成生产计划。

为了保证按计划规定的时间和数量生产各种产品,要研究物料在生产过程中的运动规律,以及在各工艺阶段的生产周期,以此来安排经过各工艺阶段的时间和数量,并使系统内各生产环节内的在制品的结构、数量和时间相协调。总之,通过物流计划中的物流平衡以及计划执行过程中的调度与协调保证生产计划的完成。

(2)实现均衡生产。

均衡生产是指企业及企业内的车间、生产线等生产环节,在相同的时间间隔内,完成等量或均衡数量的产品。

均衡生产的要求是:

①每个生产环节都要均衡地完成所承担的生产任务。

②不仅要在数量上均衡生产,而且各阶段物流要保持一定的协调比例。

③要尽可能缩短物料流动周期,同时要保持一定的节奏性。

(3)加强在制品管理,缩短生产周期。

保持在制品、半成品的合理储备是保证生产物流连续进行的必要条件。在制品过少,会使物流中断而影响生产;反之,又会造成物流不畅,延长生产周期。因此,对在制品的合理控制,既可减少在制品占用量,又能使各生产环节衔接、协调,按物流作业计划有节奏地、均衡地组织物流活动。

2. 生产物流管理

在实际的生产物流系统中,由于受系统内部和外部各种因素的影响,生产物流计划与实际实施会产生偏差,为了保证计划的完成,必须对物流活动进行有效的控制与管理。

1)系统管理要素

一个系统的管理要素主要包括:

①管理对象。管理对象可以是由人、设备组成的一个基本单元,通过施加某种控制或指令,能实现预期变化。生产物流中的管理对象是物流过程。

②管理目标。控制管理的目的是实现系统预先设定的目标。控制管理的职能是随时(定期)进行检查,发现问题及时调整,以利于系统目标的实现。

③管理主体。对系统进行跟踪管理,为实现系统预期目标而制订纠正措施,下达控制指令的机构称为管理主体。

2)生产物流系统控制方式

生产过程中对生产物流的控制有两种基本方式:

①反馈。反馈控制是管理控制主体根据设立的目标,发布控制指令,管理控制对象根据下达的命令执行规定的动作,将系统状态信息传递到控制主体,经过与目标进行比较,确定调整量,通过控制对象来实施,反馈控制如图3-7所示。反馈控制的特点是根据当前状态决定下一步行动,由于从信息收集到调整实施有一定的时间滞后,在某些情况下可能会影响目标的实现。反馈控制的另一特点是系统具有稳定性。

②前馈。前馈着眼于对生产物流系统的未来状态的预测,事先采取措施应付即将发生的情况。这种控制带有主动性。前馈过程见图3-8。从图中可以看出,除了缺少信息收集环节外,几乎与反馈过程相同。但前馈控制主体有预测功能,它是靠系统长期运行以后加以总结得到的。实际上,对于一个较复杂的物流系统,预测不可能完全正确,还可能有事先无法预测到的随机干扰,所以在实际生产物流过程中很少存在单独的前馈过程,通常情况下,是由前馈和反馈两者结合构成的复杂管理控制系统。

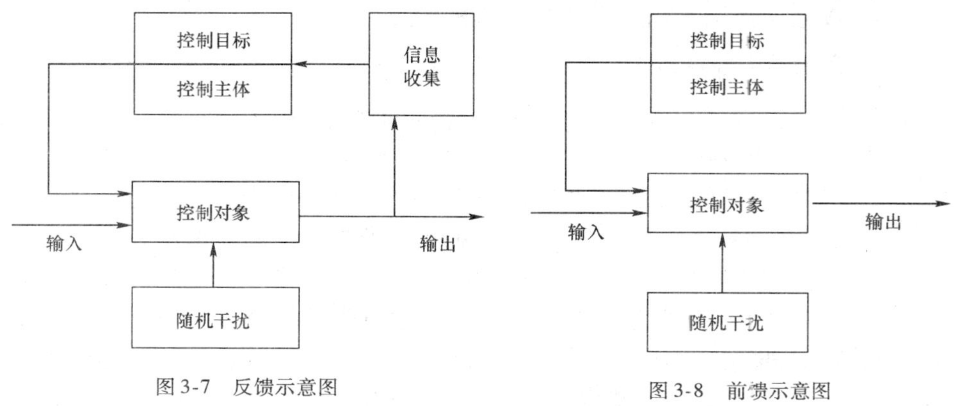

图3-7　反馈示意图

图3-8　前馈示意图

3)生产物流的管理内容

生产物流管理控制的具体内容有:

①进度。生产物流管理控制的核心是进度控制,即物料在生产过程中的流入、流出、输送速度及数量的控制。

②在制品。在生产过程中对在制品进行静态、动态管理控制以及占有量的控制。在制品控制包括在制品实物控制和信息控制。有效地控制在制品,对及时完成作业计划和减少在制品积压均有重要意义。

③偏差的测定和处理。在进行作业过程中,按预定时间及顺序检测计划执行的结果,掌握计划与实际的偏差,根据产生偏差的原因、内容及严重程度,采取不同的处理方法。首先,要预测偏差的发生,事先制订消除偏差的措施,如动用库存、组织外协;其次,要及时将偏差信息向生产计划部门反馈,以及时调整出现偏差的生产计划,或作为下期生产计划调整的依据。

4)管理控制的步骤

生产物流管理控制的程序对不同类型的生产方式来说,基本上是一致的。与控制的内容相适应,生产物流管理控制的步骤如下:

①制订期量标准。生产物流管理控制从制订期量标准开始,所制订的标准要保持先进与合理的水平,随着生产条件的变化,标准要随时进行修订。

②制订计划。依据生产计划制订相应的物流计划,并保持生产系统能够正常运转。

③物流信息的收集、传送、处理。

④短期调整。为了保证生产的正常进行,及时调整偏差、保证计划顺利完成。

⑤有效性评估。对运行一定时间的生产物流系统进行评价,总结经验,以利调整修改生产物流计划。

3.2.3 物料需求计划(MRP)

1. 物料需求计划的概念

物料需求计划(material requirements planning,简称 MRP)是“制造企业内的物料计划管理模式。根据产品结构各层次物品的从属和数量关系,以每个物品为计划对象,以完工日期为时间基准倒排计划,按提前期长短区别各个物品下达计划时间先后顺序的管理方法”(GB/T 18354—2006)。制造企业根据市场需求制订了营销计划之后,生产系统必须按照合同规定的时间交付产品,由此而产生了主生产进度计划 MPS(master production schedule),再根据产品的数量与产品的层次结构可以逐层逐次地求出各种零部件的需求时间,这就叫做物料需求计划。对于其中部分自制的零部件,要根据工艺规程确定的时间要求提前安排投产时间,形成零部件生产计划;另一部分

外购件和自制零部件的原材料，则要根据各自的订货提前期统筹安排，形成采购计划。

如果能够严格按照生产工艺规程的进度制造零部件，并且准确地执行采购计划，那么生产的各个环节都能在规定的时间得到所需要的原材料或零部件进行现阶段的生产，从而能够把本工序的在制品准时地送交下一工序。

2. MRP 原理

对于庞大而复杂的生产系统，物料需求计划的制订与执行具有较大的难度，必须具备强有力的计算机软、硬件系统实行集中控制管理，才能达到预想的效果。MRP 的逻辑原理如图 3-9 所示。

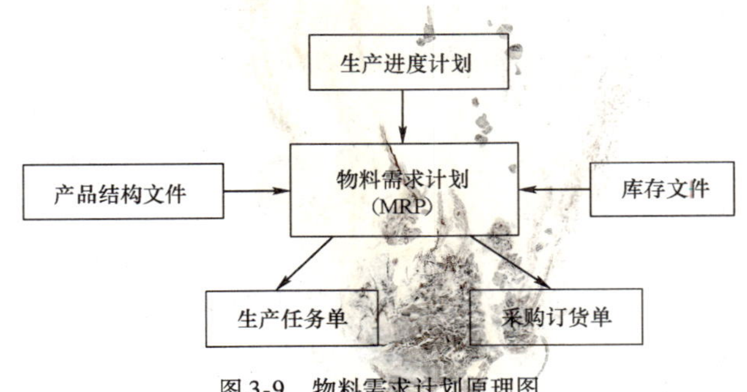

图 3-9　物料需求计划原理图

产品结构文件(bill of material，简称 BOM)。它反映产品的层次结构，即所有零部件的结构关系和数量组成。根据 BOM 可以确定该产品所有零部件的需要数量、需要时间以及相互关系。

生产进度计划(master production schedule，简称 MPS)。根据营销计划、BOM 和工艺规程决定成品出厂时间和各种零部件的制造进度。MPS 决定了产成品及零部件在各个时间段内的生产量，包括产出时间、数量或装配时间和数量等。

库存文件(bill of storage，简称 BOS)。原材料、零部件和产成品的库存量、已订未到量和已分配但还没有提取的数量。根据物料需求计划计算结果所需的物料量，首先应考虑库存量，不足部分应及时采购。

由物料需求计划原理图可知，物料需求计划产生产品投产计划和采购计划，生成制造任务单和采购订货单，再据此组织产品的生产和物资的采购。

由物料需求计划原理图可以看出 MRP 中的物料需求具有相关性和确定性。在流通企业中，各种需求往往是独立的。而在生产系统中，物料需求具有相关性。例如，根据订单确定所需产品的数量之后，根据产品结构文件即可计算出各种零部件和原材料的数量，不仅需求品种数量具有相关性，需求时间与生产工艺过程的决定也是相关的。MRP 的需求都是根据生产进度计划、产品结构文件和库存文件精确计算出

来的,品种、数量和需求时间都有严格要求,不可改变,此即物料需求的确定性。

在物料需求计划的实施中,由于全部需求物料都按精密的计划适时适量地供应,通常不会产生过量库存,对于在制品还可以实现零库存。这样可以大大节约库存费用,降低生产成本。运行 MRP 要求输入信息多、操作规范、时间观念强、系统协调性好。这样,企业必须加强系统化、信息化、规范化管理,提高企业的管理水平。所以,实施 MRP 有利于提高企业素质。但是 MRP 的运行成本高,操作复杂。

3.2.4 制造资源计划(MRP Ⅱ)

物料需求计划只产生物料需求计划,而没有考虑完成这个计划的能力。在执行中可能会产生局部生产能力紧张短缺与闲置浪费并存的情况,甚至使计划不能顺利执行。为此,在物料需求计划 MRP 的基础上发展出了制造资源计划(manufacturing resource planning,简称 MRP Ⅱ)。制造资源计划是“在物料需求计划(MRP)的基础上,增加营销、财务和采购功能,对企业制造资源和生产经营各环节实行合理有效的计划、组织、协调与控制,达到既能连续均衡生产,又能最大限度地降低各种物品的库存量,进而提高企业经济效益的管理方法”(GB/T 18354—2006)。

为了区别于物料需求计划,制造资源计划简称为 MRP Ⅱ。其内容和 MRP 有很大不同,MRP Ⅱ是一个全面的生产管理系统。MRP Ⅱ的内容和 MRP 的主要区别体现在以下几方面:

1. 加强了对生产能力资源的管理

生产能力包括人力、物力和财力,体现为工时、机时(台时)等。物料需求计划(MRP)的输出文件之一是生产任务单,但必须有足够的生产能力才能保证其实施。MRP Ⅱ的作用就是要回答在系统中有没有足够的生产能力以及怎样充分利用现有生产能力,实现能力与需求之间的平衡问题。

2. 加强了车间管理

其主要功能是接受物料需求计划(MRP)投放的生产任务单,制订能力需求计划,安排落实生产任务。

3. 加强了仓库管理

制造资源计划(MRP Ⅱ)不仅管理物资,还增加了订货管理和供应商管理的功能。

4. 具有成本管理的功能

在考虑每一道工序时,同时也计算出加工成本,最终计算出产品成本。这就可以进行成本监控,进行资金预算和使用的管理。

5. 形成闭合的信息反馈系统

由于增加了生产管理和库存管理功能,物料需求计划执行结果的信息可以反馈到系统,为系统提供了信息支持。

MRPⅡ的原理如图 3-10 所示。

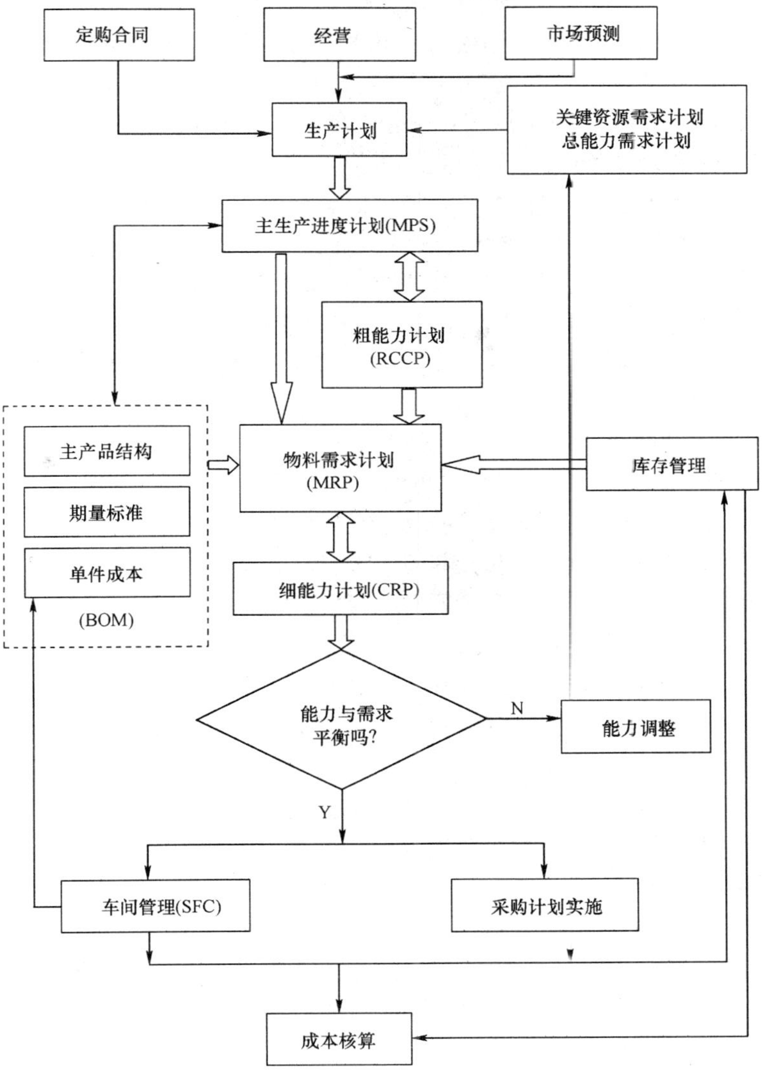

定购合同
经营
市场预测
生产计划
关键资源需求计划
总能力需求计划
主生产进度计划(MPS)
粗能力计划
(RCCP)
主产品结构
期量标准
单件成本
(BOM)
物料需求计划
(MRP)
库存管理
细能力计划(CRP)
能力与需求
平衡吗?
N
能力调整
Y
车间管理(SFC)
采购计划实施
成本核算

图 3-10　MRP Ⅱ逻辑原理图

3.2.5 准时制生产

1. 准时制生产的概念

准时制(just in time 简称 JIT)是“在精确测定生产各工艺环节效率的前提下按订单

准确的计划,消除一切无效作业与浪费为目标的一种管理模式”(GB/T 18354—2001)。准时制生产,是应用拉引式生产物流控制原理的一种生产方式。在生产系统中任何两个相邻工序之间都是供需关系,如何处理这种关系,就是生产物流所要研究的问题。按照传统的生产计划组织生产(包括 MRP),物料根据预定的计划时间,由供方向需方逐个工序流动。需求方根据上一工序送来物料的数量和到达时间进一步加工。需求方接受物料完全是被动的,如果出现不可预料的因素,物料可能提前或延迟到达。延迟到达将使生产中断,必须在生产计划中留有余地,以避免这种现象的发生。这样一来,必然存在或多或少、提前到达的现象,从而导致系统中库存量的上升,产生种种库存多余的弊病。JIT 的生产方式改变了传统的思路,由需方起主导作用,需方决定供应物料的品种、数量、到达时间和地点。供方只能按需方的指令(一般用看板)供应物料。送到的物料必须保证质量,无残次品。这种思想就是以需定供,可以大大提高工作效率与经济效益。

2. 准时制生产的意义

准时制生产的中心思想是消除一切无效作业与浪费,实现准时制生产对提高企业生产物流效率,降低生产成本具有重要意义:

①降低库存,追求零库存。传统的观点认为,在制品库存和产成品库存都是资产,代表系统中已累积的增值。期末库存与期初库存的差被认为是这一部门在该周期内的效益。JIT 则认为任何库存都是浪费,必须予以消除。生产线上需要多少就供应多少,生产活动结束时现场应该没有任何多余的库存。

②减少废品,追求零废品。传统的生产管理认为一定数量的不合格品是不可避免的,在一定范围内是可以接受的。而 JIT 的目标是消除各种引起不合格品的因素,在加工过程中,每一工序都力求达到最高水平。要最大限度地限制废品流动造成的损失,每一个工位(需方)都拒绝接收废品,让废品只能停留在供应方,不让其继续流动而损害以下的工序。

③重视节约,追求低成本。准时制生产认为,多余生产的物品不但不是财富,反而是一种浪费,因为要消耗材料和劳务,还要花费装卸搬运和仓储等物流费用。准时制生产(JIT)的生产指令是由生产线终端开始,根据订单依次向前一道工序发出的。

准时制生产原理虽然简单,但由于对物流管理的要求很高,实施时具有一定的难度。它要求进行全面质量管理,不能只靠检验来被动发现问题,必须建立质量保证体系,从根本上保证产品质量。在生产准备方面,由于没有库存,要求大大加快生产速度,否则很难满足不断变化的市场需求。此外,还要求职工具有主人公意识,每一道工序的人员都是管理者,同时也是被管理者。积极主动处理好自己工作范围内的问题。

3. 看板系统

1)看板

准时制生产的实施可以采用看板方式进行，上一道工序根据下一道工序提供的看板内容要求提供物料，以保证物料供应及时且没有过量堆积。著名的日本丰田公司就率先使用了看板方式。看板实际上是一种信息传递的工具，是一种卡片，用它来传递信息，协调所有的生产过程以及各生产过程中的每个环节，使生产过程同步。看板系统可以在一条生产线内实现，也可以在一个公司范围内或者在协作企业之间实现。看板系统是库存管理上的一场革命，也是对传统的物料需求计划的一场革命。

看板的样式和内容是多种多样的，但最基本的内容应包括需求物资的品种规格、需求数量、需求时间和送达地点等。看板系统的操作方式，应当根据具体情况决定。

2)种类

看板的种类主要有：

①拿取看板。用于向前一道工序取货，应标明拿取产品的种类和数量。

②生产订货看板。是作为生产加工的指令，应标明前一道二序应生产的产品的种类和数量。

③外协看板。用于向供应厂商取货用的看板。

此外还有信号看板和其他特种看板等。

3)看板使用规则

实施看板系统必须遵守一定的规则：

①下道工序必须准时到前道工序领取适量的零件。

②前道工序必须及时适量地生产后道工序所需的产品。

③决不允许将废次品送给下一道工序。

④看板的数量必须减少并控制到最少。

⑤看板应具有微调作用。

思考题

1. 简述供应物流的作用。
2. 简述经济订货批量的概念及意义。
3. 如何使供应物流合理化?
4. 简述 JIT 采购的概念及意义。

5. 生产物流合理化的标志是什么?
6. 影响生产物流的主要因素有哪些?
7. 生产物流计划的主要内容与目的是什么?
8. 生产物流管理控制的步骤是什么?
9. 物料需求计划(MRP)的概念及原理。
10. 制造资源计划(MRPⅡ)的概念。
11. 制造资源计划(MRPⅡ)与物料需求计划(MRP)的区别是什么?
12. 准时制生产的概念及意义。
13. 看板的概念、种类及使用规则是什么?

第 4 章　销售物流与废弃物物流

4.1　销 售 物 流

4.1.1　销售物流的概念

销售物流(distribution logistics)是“企业在出售商品过程中所发生的物流活动”(GB/T 18354—2006)。销售物流是企业物流的最后一个环节,是企业物流与社会物流的又一个衔接点。它与企业销售系统相配合,共同完成产成品的销售任务。

产成品的销售在买方市场条件下已成为一个生产企业能否发展的关键问题,市场营销中销售物流的组织及其合理化对产成品的销售起着十分重要的作用。不仅是企业盈利的直接环节,而且关系到企业的兴衰。企业物流是四通八达、纵横交错的社会物流网络中的一个节点,并以生产物流实现节点内的转换,以销售物流实现生产物流的外延,销售物流不通畅,企业生产就无法进行,社会物流网络也不能正常运转。

4.1.2　销售物流的管理环节

销售活动的作用是企业通过一系列营销手段,出售产品,满足消费者的需求,实现产品的价值和使用价值。销售物流的管理应着重以下几方面:

1. 产品包装

包装可视为生产物流的终点,也是销售物流的起点。包装具有防护功能、仓储功能、运输功能、销售功能和使用功能,是物流系统中不可缺少的一个环节。因此,在包装材料、包装形式上,除了要考虑物品的防护和销售外,还要考虑储存、运输等环节的方便。包装标准化、轻薄化,以及包装器材的回收、利用等也是重要问题。

2. 物品储存

包括仓储作业、物品养护和库存控制。改善仓储作业,提高作业质量及作业生产率;使用科学方法养护物品;成品库存控制应以市场需求为导向。合理控制成品存储量,并以此指导生产。

3. 开拓销售渠道

一般销售渠道有:

①生产者→消费者。商品由生产者直接到消费者,销售渠道最短,可以大大降低物流销售费用。

②生产者→批发商→零售商→消费者。商品由生产者到批发商(一个或多个),再由批发商到零售商,最后到消费者,销售渠道最长,流通费用最高。

③生产者→零售商或批发商→消费者。商品由生产者先到零售商或批发商,再到消费者,销售渠道长度和流通费用介于以上两者之间。

影响销售渠道的因素是多方面的,具体有政策性因素、产品因素、市场因素和生产企业本身的因素。生产企业对影响销售渠道选择的因素进行研究分析,可以结合本身的特点和要求,对各种销售渠道的销售量、费用开支、服务质量进行比较,找出最佳销售渠道。

销售物流的组织与产品类型有关,如钢材、木材等商品,其销售渠道一般选用第一种销售渠道(生产者→消费者)和第三种销售渠道(生产者→批发商→消费者);而诸如日用百货、小五金等商品的销售,多选用第二、三种销售渠道。正确选用销售渠道,可使企业迅速、及时地将产品传送到用户手中,达到扩大商品销售、加速资金周转、降低流通费用的目的。

4. 及时发送物品

根据产成品的批量、运送距离、地理条件选择运输方式。对于第一种销售渠道,运输形式有两种,一是销售者直接取货,二是生产者直接发货给消费者。对于第二、三种销售渠道,除采用上述两种形式外,配送是一种较先进的形式,可以推广。

由生产者直接发货时,应考虑发货批量大小问题,它将直接影响到物流成本,要使发货批量达到运输费用与仓储费用之和为最小。

5. 信息处理

完善销售系统和物流系统的信息网络,加强二者协作的深度和广度,并建立与社会物流沟通和联系的信息渠道。建立订货处理的计算机管理系统及顾客服务体系。做到信息畅通。

4.1.3 配送需求计划(DRP)

1. 配送需求计划(DRP)的概念

配送需求计划(distribution requirements planning,简称 DRP)是“一种既保证有效地满足市场需求,又使得物流资源配置费用最省的计划方法,是物料需求计划(MRP)原理与方法在物品配送中的运用”(GB/T 18354—2006)。DRP 是流通领域中的一种物流技术,是 MRP 在流通领域应用的直接结果。它主要解决分销物资的供应计划和调度问题,达到既保证有效地满足市场需求,又使配置费用最低的目的。

2. DRP 的原理

DRP 在两类企业中可以得到应用。一类是流通企业,如储运公司、配送中心、物流中心、流通中心等。这些企业的基本特征是:不一定搞销售,但一定有储存和运输业务,它们的目标是在满足用户需要的前提下,追求有效利用资源(如车辆等),达到总费用最省;另一类是部分大型生产企业,它们有自己的销售网络和储运设施。这样企业既搞生产又搞流通,产品全部或部分自己销售。企业内部的流通部门承担分销业务,具体组织储、运、销活动。

这两类企业的共同之处是:

①以满足社会需求为自己的宗旨。

②依靠一定的物流能力(仓储、运输、包装、装卸、搬运等)来满足社会的需求。

③从制造企业或市场组织物资资源。

DRP 的原理如图 4-1 所示,输入 3 个文件,输出 2 个文件。现分别说明如下。

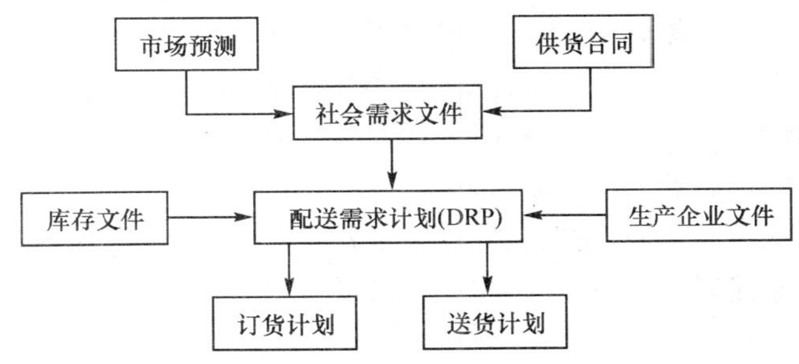

图 4-1　配送需求计划(DRP)原理图

输入文件是:

①社会需求文件。包括所有用户的订货单、提货单和供货合同,以及下属子公司、企业的订货单,此外还要进行市场预测,确定一部分需求量。所有需求要按品种和需求时间进行统计,整理成社会需求文件。

②库存文件。对自有库存物资进行统计列表,以便针对社会需求量确定必要的进货量。

③生产企业文件。包括可供应的物资品种和生产企业的地理位置等,地理位置将影响订货提前期。

DRP 原理图中输出的两个文件是:

①送货计划。为了保证按时送达货物,对用户的送货计划要考虑作业时间长短和路程远近,提前一定时间开始作业。对于大批量需求可实行直送,而对于数量众多的小批量需求可以进行配送。

②订货计划。是指从生产企业的订货计划。对于需求物资,如果仓库内无货或

者库存不足,则需要向生产企业订货。当然,也要考虑一定的订货提前期。

这两个文件是 DRP 的输出结果,是组织物流的指导性文件。

3. 实施 DRP 的意义

应用 DRP 的潜在经济效益很大,据资料介绍,在北美地区,企业在物资流通领域的花费约占总产值的 20%,这部分物流成本的构成分析表明,其中 89% 主要集中在库存维持、仓库管理、运输费用上,这些正是 DRP 能够发挥其作用的领域。

据一些成功实施 DRP 的企业总结,实施 DRP 后企业效益明显提高,具体表现为:

①顾客服务水平明显提高。

②物流系统库存量明显减少。

③物流成本降低。

④库存积压物资明显减少。

更为重要的是:实施 DRP 还能为企业带来难以用数字描述的、更广泛的潜在效益。

4. DRP 的发展——配送资源计划(DRP Ⅱ)

DRP 和 MRP 一样,只提出了需求,而没有考虑执行计划的能力问题。在 DRP 的基础上,增加物流能力计划,就形成了一个集成、闭环的物资资源配置系统,称为配送资源计划。配送资源计划(distribution resource planning,简称 DRP Ⅱ),DRP Ⅱ 是“在配送需求计划(DRP)的基础上提高配送各环节的物流能力,达到系统优化运行目的的企业内物品配送计划管理方法”(GB/T 18354—2006)。其原理如图 4-2 所示。

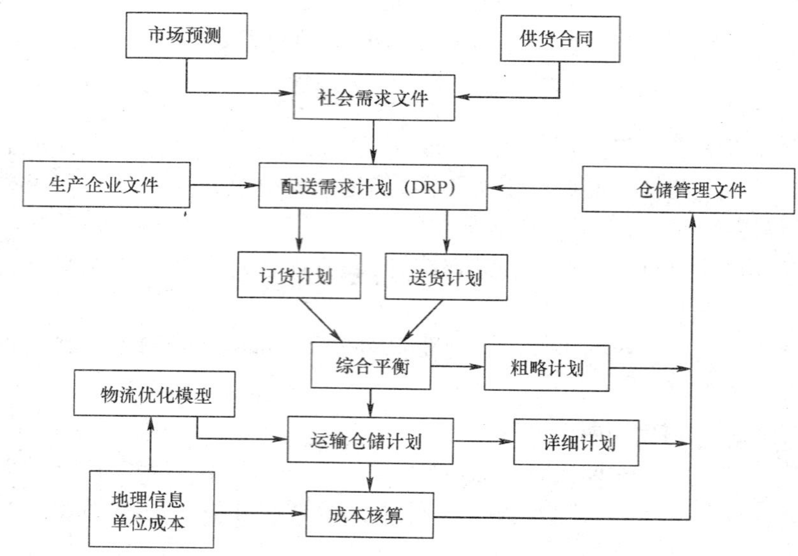

图 4-2 配送资源计划(DRP Ⅱ)原理图

DRPⅡ 具有以下主要特点：

①在功能方面，DRPⅡ 除了对物资进、销、存管理外，还具有对车辆、仓库的配置利用以及成本、利润核算等功能。此外，还有物流优化、管理决策等功能。

②在具体内容上，DRPⅡ 增加了车辆管理、仓储管理、物流能力计划、物流优化辅助决策系统和成本核算系统；

③具有闭环性。DRPⅡ 是一个自我适应、自我发展的闭环系统。信息系统也是一个闭环反馈系统，订货信息和送货信息都反馈到仓库和车队。

4.2　废弃物物流

4.2.1　概述

废弃物物流（waste material logistics）是"将经济活动或人民生活中失去原有使用价值的物品，根据实际需要进行收集、分类、加工、包装、搬运、储存等，并分送到专门处理场所的物流活动"（GB/T 18354—2006）。

人们在生产与生活中所用的一切物质都直接或者间接地来自于自然界。有些取之于大自然的物质可直接用于人们的日常消费，但绝大多数是作为生产原料，经过一系列生产加工而成为最终产品，供人们消费使用的。在人类社会的生产、生活中必然要排放出各种排泄物。这些排泄物中包含两部分，其中一部分是不具有再使用价值的排泄物，另外一部分是可以再生利用的排放物，称为再生资源。

在整个生产、生活过程中，每个环节都将产生相应的排放物，这些排放物的一部分可作为再生资源，另外一部分则作为废料——最终废弃物。其产生过程如图 4-3 所示。再生资源经过加工成为再生产品，同时产生排放物，排放物经过再次回收又产生新的再生资源及废料，如此多次循环。本节将对废弃物的处理进行阐述分析。

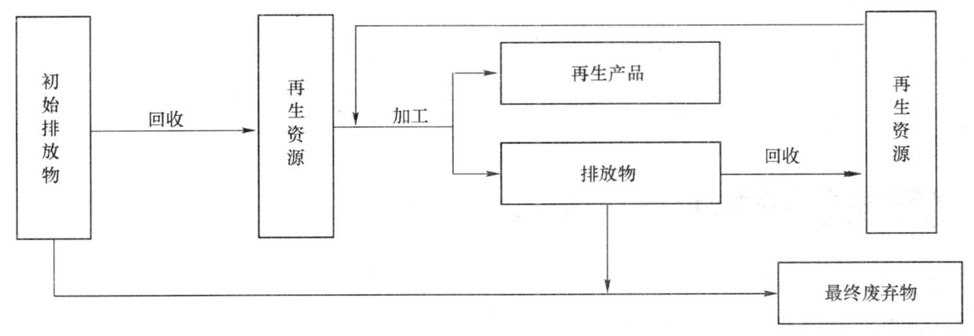

图 4-3　排放物、再生资源与废弃物物流形成过程

4.2.2 废弃物的种类

人类在生产生活过程中所产生的一部分排放物,由于受现阶段技术水平和经济条件的限制而不能再生利用,成为最终废弃物。一般废弃物有以下几种:

1. 按形态分

①固体废弃物。通常称为垃圾,是各种各样固体物的混杂物。

②液体废弃物。通常称为废水废液,是各种成分液体的混合物。

③气体废弃物。通常称为废气,主要是工业企业,尤其是化工企业的排放物。

2. 按来源分

①生活垃圾。是居民生活中各种排放物的混杂体,其主要成分为蔬菜根叶、水果皮核、食品屑及各类变质食物、包装废料、炉灰、淘汰家具及电器等。城市生活垃圾成分随城市居民生活条件不同而不同。表4-1为国家环境卫生局对生活垃圾构成的统计分析。

城市居民生活垃圾构成(%)　　表4-1

年度	植物性成分	动物性成分	炉灰	灰土	砖瓦	纸张	塑料	玻璃	布	金属
1990	54.3	2	10	10	10	8	1.5	1.8	1	1
2000	57.0	3	4	5	9	13.6	3.0	2.5	1	1.7

生活垃圾的物流特点是:污染环境,有异味,传播细菌,滋生蚊蝇,数量大。需要专用运输车辆和设施(垃圾收集站、包装袋等)。

②产业垃圾。是产业部门排放的最终废弃物。通常是再生后无法再使用的废弃物。由于产业垃圾来自不同的行业,所以,产业垃圾的形态及物流特点各不相同。农业垃圾为农田杂屑,一般不专门回收处理,涉及物流问题不多。工业垃圾种类较多,根据具体废弃物的特点,其物流方式不同。第三产业的垃圾类似于生活垃圾,处理方式也类似,对建筑装修垃圾一般采用就近填埋的方法。

③环境垃圾。来自于总体空间环境,例如:街道泥土、环境落尘、枯枝落叶、环境丢弃物等。处理方式与生活垃圾类似。

4.2.3 废弃物的处理方法

由于废弃物来源不同,种类繁多,需要采用有针对性的处理方法,具体有以下几种:

1. 掩埋

在一定的划定区域内利用自然的废弃坑塘或人工挖出的深坑,将运来的垃圾倒

入,表层用土掩埋。特点:掩埋后土地可以利用,不露天污染环境,可防止异味对空气的污染。但有时需要挖坑,填埋前对环境有污染。

掩埋方法适用于对地下水无毒害的固体垃圾。

2. 焚化

用高温焚毁垃圾,可以大大减少垃圾的占地,防止病菌传播及蚊蝇滋生。大中城市可以建造垃圾专用焚毁设备。利用其热能发电,焚烧灰作为肥料。需要投资购建设备。

焚化方法适用于有机物含量高的垃圾。是现代化城市垃圾的处理方法。

3. 净化处理

对垃圾进行净化处理,以减少对环境的污染。这种净化处理方法主要是针对污水进行处理,使工业废水、居民生活污水实现达标排放,减少对汇河及地下水资源的污染。

净化处理需要投资兴建污水处理厂,投资较大,增加企业支出,增加生产成本。但社会效益良好,使企业走上可持续发展的道路。工业废水和城市居民生活污水排放达标是现代化城市建设的重要标志。

4. 堆放

在远离城市的沟、坑、塘、谷中,选择适宜的位置直接堆放垃圾,通过自然净化作用使垃圾逐渐沉降风化。

垃圾堆放方式处理成本低,运距较远,适于小城市及暂时不具备焚化、净化处理的地方。

5. 特殊处理

某些对人类生存健康具有严重威胁的工业废弃物,例如:具有放射性的核废料,应该采用特殊的处理工艺进行慎重处理,以确保人民生命财产的安全。虽然这种特殊处理需要较高的物流成本,但是,为了人类的生存环境与可持续发展,我们必须这样做。

思考题

1. 销售物流有哪些管理环节?
2. 配送需求计划(DRP)的概念及实现DRP的意义。
3. 配送资源计划(DRPⅡ)的概念及意义。
4. 一般废弃物有哪几种?
5. 废弃物的常用处理方法有哪几种?

第5章　逆向物流与供应链简介

5.1　逆向物流

5.1.1　概述

随着社会的发展及消费水平的不断提高,人类生活中消耗了大量的资源,并给生活环境造成了污染,对人们的生存环境产生了巨大威胁。为了人类社会的可持续发展,人们不断寻找新的技术与方法,尽最大努力减少能源消耗与环境污染。包装器具的重复使用,再生资源利用及产品再制造技术的发展与应用在一定程度上缓解了这些矛盾,由此产生了物品从下游向上游的回流。另一方面,由于产品质量问题导致退货,也出现了物品从下游向上游的回流。这种从供应链下游向上游的物流活动被称为逆向物流。

1. 逆向物流的概念

逆向物流的概念最早出现在20世纪70年代的学术文献中,主要关注的是与废弃物有关的问题。经过30多年的研究与发展,逆向物流的概念逐渐形成。《中华人民共和国国家标准　物流术语》(GB/T 18354—2006)对逆向物流给出了以下定义:逆向物流(reverse logistics)是"物品从供应链下游向上游的运动所引发的物流活动"。逆向物流也称为反向物流。"国标"对逆向物流的定义概括性强,包括范围广。逆向物流意指物品从消费点(包括最终用户和供应链上客户)到产品的来源点的物理性流动。尽管逆向物流主要是指物品的逆向流动,但同时又伴随着信息流、资金流、价值流、商务流,它与常规物流(顺向物流)无缝对接而成为整个物流系统的有机组成部分。

2. 逆向物流的分类

根据逆向物流活动的发起者不同,可以分为回收逆向物流和退货逆向物流。具体分类见图5-1所示。

包装器具回收是指对于可重复使用的包装器具进行回收,然后进行直接利用,以降低物流成本和资源消耗。

再制造回收是指对通过再生加工或拆检修复可以利用的物品进行的回收，通过再生加工使得到再生资源，通过拆检修复利用进行产品再制造。节约资源及生产成本。

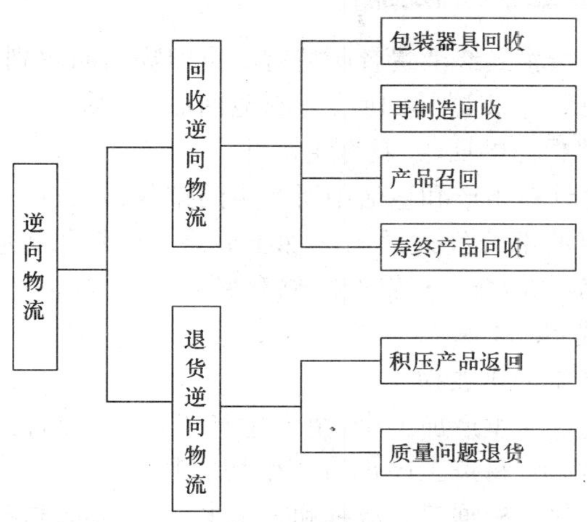

图 5-1　逆向物流分类

产品召回是指制造商对发现自己有缺陷的产品主动采取的回收，产品召回后，进行检验修复、调整，使产品重新达到设计质量标准，消除安全隐患，得到客户的信赖。

寿终产品回收是指对寿命终止产品所进行的回收，通常是对大宗商品完成使用寿命以后所进行的回收，如家电等。

3. 逆向物流的作用

物流是创造时间价值和空间价值的活动。物流成本占 GDP 的比例为 10% ~ 20%，发达国家一般为 10% ~ 15%，中国目前为 18% 左右。降低物流成本对社会经济发展具有重要意义。逆向物流对节约社会资源，减少环境污染，提高服务水平同样具有重要意义。逆向物流的具体作用表现在以下几方面。

①节约资源消耗。通过对包装器具的回收利用和再生资源的利用，大大减少了生产对资源的消耗。

②减少环境污染。通过对生产生活排泄物的处理，不仅使部分资源得以重新利用，减少了对环境的污染，尤其是对具有严重污染环境的废弃物的回收处理，保护了人类的生存环境。

③降低生产成本。通过对一些排泄物的回收处理，使一些产品的零部件可以直接或经过简单加工利用，降低了生产成本。

④提高服务质量。通过对问题产品的召回和退货,经过维修及调换,消除产品安全隐患,使用户满意,提高服务质量。

5.1.2 回收逆向物流

回收逆向物流是指将最终消费者所持有的废旧物品回收到供应链上各节点企业的物流活动,具体包括:包装器具回收,再制造回收,产品召回,寿命终止产品回收。其共同特点是“上游”提出的回收,具有主动性。

回收逆向物流是针对生产和生活中所产生的排放物而进行的物流活动。将排放物中有再生利用价值的部分经过适当的加工处理,使其重新进入生产和消费领域。其具体作业包括:排放物收集、分拣归类、储存保管、运输等。

1. 排放物的分类

1)生产过程中产生的排放物

①工艺性排放物。在生产加工中,由于生产工艺的不同,会产生不同的排放物。例如:在机械加工过程中,每道工序都将产生切屑物;化工生产过程中产生的废渣及轧钢中产生的边角余料。根据工艺流程和技术水平的不同,这类排放物的产生时间、数量、种类具有一定的规律性,可形成稳定的回收物流。

②生产过程中的废品。在产品的生产过程中将不可避免地会出现一定比例的废品,这些废品不能再继续加工,而将重新作为原料或再生资源。这些废品产生的时间是随机的,但数量基本上是稳定的,具有一定的比例。

③报废的生产装备设施及工具。在生产过程中有些生产装备设施及工具使用寿命终结或意外损坏丧失了使用价值而报废,有时会由于设备更新而淘汰旧设备。

2)流通过程中产生的排放物

产品在流通中需要消耗一定的燃料及其他动力和材料而产生排放物。流通过程中产生的另外排放物是包装物。例如:木箱、纸箱、纸带、捆带、捆绳、编织袋、泡沫、塑料布、塑料袋等。这些排放物有些可直接回收使用,有些要回收后再生利用,有些将成为最终废弃物。

3)使用消费后产生的排放物

产品经过消费使用后会产生一些排放物,一般称为生活垃圾。具体包括:旧书本、报刊、包装容器、旧衣物、淘汰的家用电器、蔬菜根叶、食物残渣、生活污水等。有些可回收再生利用,有些将成为最终废弃物。

2. 回收逆向物流的特点

回收逆向物流的大部分作业是针对排放物中有再生利用价值的部分进行回收再处理,因此,与其他物流相比具有以下特点:

1)回收对象种类繁多

在人类的生产活动中，任何生产企业、流通领域和消费过程都会产生排放物。在生产过程中的每一道工序、流通领域的每个环节及整个消费过程中都有排放物的产生，它伴随着人类的生产劳动及生活过程。由于这种生产劳动及生活消费涉及各个行业与领域，所以，回收物流的回收对象种类繁多。

2）回收数量大

回收物流不仅回收对象种类多，而且单一种类中也具有回收量大的回收对象。例如：废钢铁、废纸、废橡胶。

3）粗放性

回收对象中只有少数价值较高，具有较高的物流费用承受能力，而绝大多数是价值低、数量大且经过生产和消费后，其主要使用价值已基本耗尽，回收时可以采用粗放的物流方式，以降低物流成本，使加工处理所获得的再生资源成本下降，具有竞争力。

由于再生资源本身价值相对较低，物流费用所占比重相对较大。有时会出现某种回收对象再生是不合算的现象，这就使该回收对象成为最终废弃物。例如：煤矸石。

4）运距短

回收物流中除极少数情况外，再生资源都是就近进行，这样可以大幅度降低物流成本，使再生产品具有竞争力，所以，回收物流中的运距比较短。

3. 回收物流技术

回收物流的目的在于将大部分回收对象经过再生处理成为具有使用价值的物品，而少部分不可再生的回收对象经过处理后成为最终废弃物。使回收对象再生成为可利用物品的技术为回收物流技术。

回收物流技术一般有以下几种：

1）通用回收复用技术

对于通用化、标准化的同类废旧物品可以采用此方法。其流程为：统一回收→分类（品种、规格、型号）→再生加工→达标复用。

2）本厂回收复用技术

有些企业产生的废旧物品，可以自行回收处理，然后重新利用。其流程为：产生废旧物品→自行回收→分类→复用。

3）综合回收利用技术

工业生产过程中的边角余料、废旧纸、木制包装容器→统一回收→再生加工（综合利用）→复用。

4）回炉再生技术

对于玻璃、废金属等回收物品需要经过回炉加工处理，可再生利用。其流程为：

需回炉加工的废旧物品→统一回收→专业回炉处理→再生为原物品→复用。

5.1.3 回收物流方法举例

回收物流中的回收对象种类繁多,不同的回收对象具有不同的特点,应该采取有针对性的处理方法进行回收与再生。所以,回收物流的方法具有多种形式。下面列举几种具体方法供读者参考。

1. 以废旧汽车为回收对象的回收物流

汽车作为一种现代交通工具,在人们的生活中起着越来越重要的作用。随着汽车保有量的增加,报废汽车的数量也逐年增加,其回收量很大。以废旧汽车为回收对象的回收物流主要有以下环节:

(1)废旧汽车拆解。

经过拆解使废旧汽车解体,将汽车上可以再直接使用和再生利用的零部件拆选下来,进行分类,然后进行直接利用或再生加工。具体流程如图5-2所示。

废旧汽车拆解可以直接得到总成、部件、零件,其中一部分可以直接使用,大部分需要加工处理后复用。因此,废旧汽车具有较高的回收价值,具有较好的经济效益。一般情况下,修复汽车零部件节省大量的能源和人工费用。所以,这种回收方式同时具有较好的社会效益。

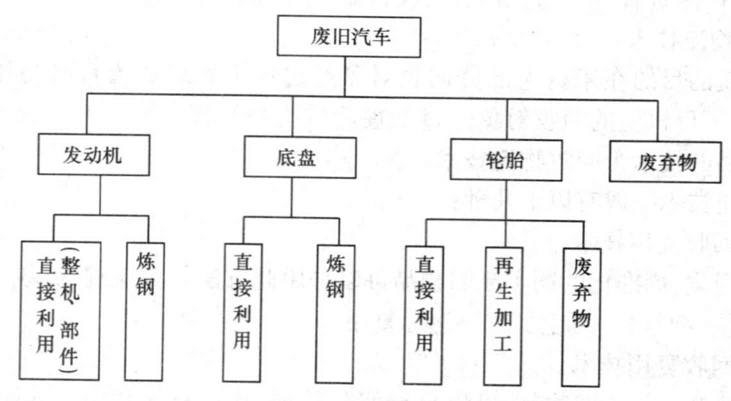

图5-2 废旧汽车拆解流程图

(2)废旧汽车破碎分选。

将可直接复用的总成、部件、零件拆下后,对其余部分进行破碎、分选、再生加工,形成新的资源。具体工艺过程如图5-3所示。

采用破碎分选方式进行废旧汽车回收,可实现机械化、流水作业、效率高。但需要专业设备,适用于回收量大的情况。

2. 以废纸为回收对象的回收物流

废纸作为流通和消费过程中的排放物产生于居民家庭、办公室、学校等场所，其主要为报刊杂志及书本。由于废纸来源分散，需要首先进行收集集中，然后批量提供给再生加工企业，最后成为新的纸品原料。废纸回收流程如图 5-4 所示。

从废纸的产生点到废纸集货点一般采用简单的人工收集方法，在发达国家通常由专业回收公司进行回收。经过集货点的简单捆扎打包后，批量运送到废纸再生企业，经过再生加工后提供给用户。

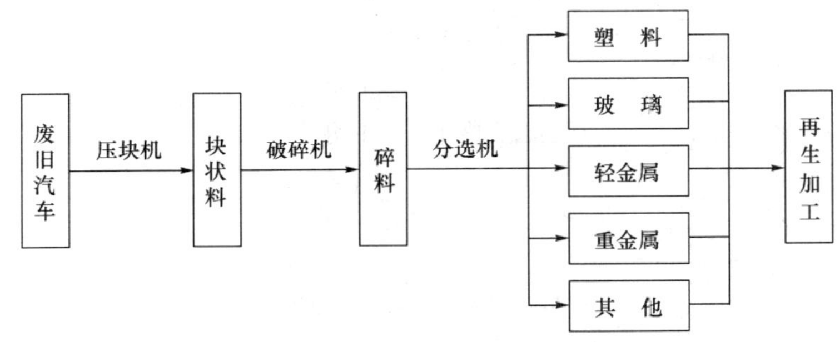

图 5-3　废旧汽车破碎分选工艺图

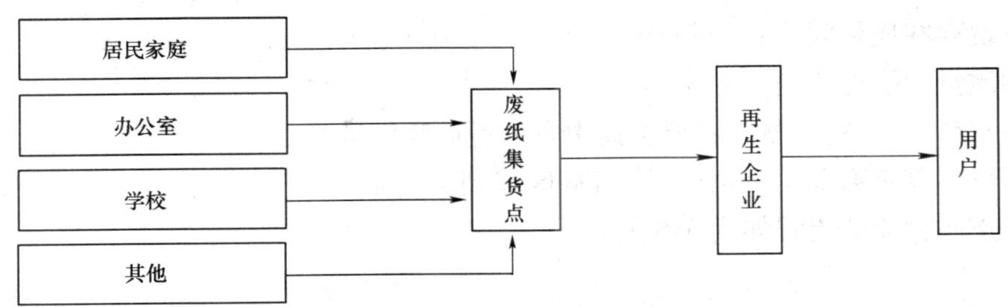

图 5-4　废纸回收流程图

5.1.4 退货逆向物流

退货逆向物流是指下游顾客将不符合订单要求（或积压）的产品退回给上游供应商的物流活动。其流程与常规产品流向正好相反。从主观意义上看，“退货”与“召回”相反，退货是供应链下游客户提出的要求，而召回是供应链上游（一般为制造商）的主动行为。通常退货原因是库存积压和产品质量缺陷。

1. 积压产品返回

商品在流通过程中，由于季节变化影响销售而产生库存积压，需要将这部分积压

产品返回上游供应商,形成退货逆向物流。例如时装、季节性商品等其他物品,由于式样过时滞销等原因需要退货到上游供应商或制造商。通过快速回收和适当处理,使部分商品再使用销售,恢复其价值。

处理积压产品返回而引发的逆向物流,一般数量不是很大,频率不高。通常可以采用回程车辆运输。积压产品返回逆向物流的流程如图 5-5 所示。

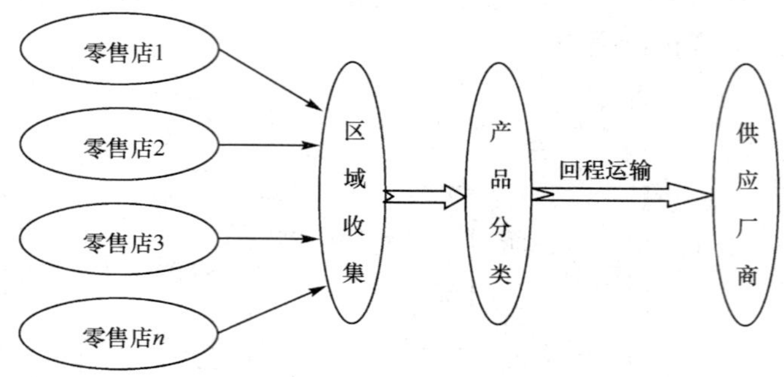

图 5-5　积压产品返回逆向物流

2. 质量问题退货

在运输、装卸、搬运、存储等作业过程中会造成少量物品破损,部分产品在用户使用中发现存在质量问题,这部分产品需要退货到上游供应商或生产厂家而引发的物流即为质量问题退货逆向物流。

正常情况下,由质量问题退货而引发的逆向物流数量不大,但频率较高。一般从最终用户到零售商采用个别运送,而从区域到上游供应厂商采用回程运输。质量问题退货逆向物流的流程如图 5-6 所示。

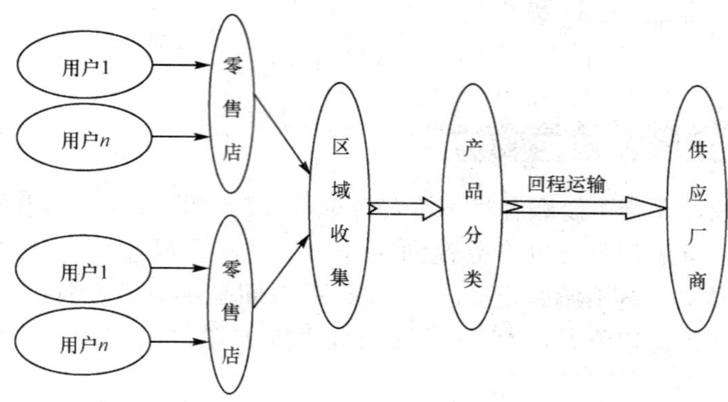

图 5-6　质量问题退货逆向物流

5.2　供应链简介

5.2.1　概述

1. 供应链的概念

供应链(supply chain)是“**生产及流通过程中,涉及将产品或服务提供给最终用户所形成的网链结构**”(**GB/T 18354—2006**)。它是围绕核心企业,通过对信息流、物流、资金流的控制,从采购原材料开始,制成中间产品以及最终产品,最后由销售网络把产品送到消费者手中的将供应商、制造商、分销商、零售商、直到最终用户连成一个整体的功能网链结构模式。例如:服装制造企业的上游是纤维和布料生产厂,下游是批发商和零售商,最终到达消费者。显然,这个供应链体系中所有的企业都具有相互依存的密切关系,但是在传统方式中,它们并没有太多的协作。

过去,处于同一供应链中的企业都想把自己的成本降低或利润提高建立在损害供应链其他成员利益的基础上,而没有认识到这种简单地把成本在上游与下游企业之间相互转移并不能增强自己的竞争力,因为最终这些成本都要转嫁给消费者,从而削弱了供应链系统的竞争力,最后也损害了自己。由此可见,真正的市场竞争并不是企业与企业的竞争,而是供应链与供应链之间的竞争。基于以上认识,供应链理论认为:必须协调系统中各个企业的关系,从全局出发,改善物流管理模式,寻求整体效益最佳。要努力降低整个供应链的成本,提高供应链提供给消费者的价值,增强整个供应链的竞争力,从而使系统中每个企业都受益。

2. 供应链结构模型

根据供应链的定义,供应链的结构模型可以归纳为如图 5-7 所示。

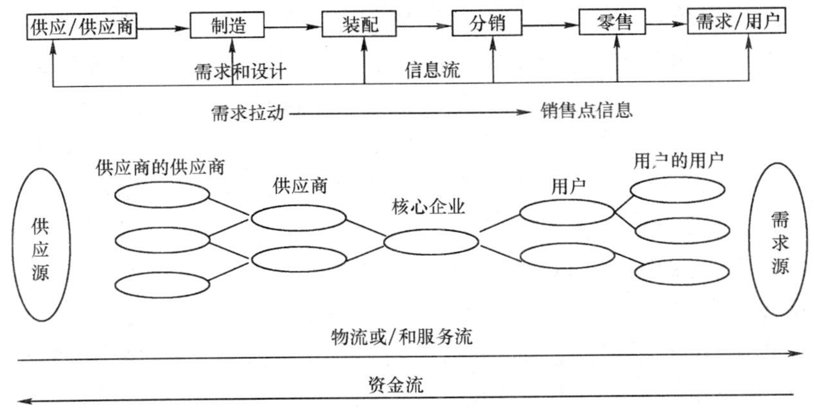

图 5-7　供应链的网络结构模型

供应链由所有加盟的节点企业组成，供应链中一般有一个核心企业（生产企业或大型零售企业），节点企业在需求信息的驱动下，通过供应链的职能分工与合作，以资金流、物流和服务流为媒介实现整个供应链的不断增值。

3. 供应链的特征

供应链是一个网链结构，每个企业是一个节点，节点企业与节点企业之间是一种需求与供应关系。供应链具有以下特征：

①复杂性。供应链往往由多个不同类型、不同地域的企业构成。所以，供应链结构模式比一般单个企业的结构模式复杂。

②动态性。供应链管理因企业战略和适应市场需求变化的需要，节点企业需要动态更新，这就是供应链的动态性。

③面向用户需求。供应链的形成、生存、重组都是由市场需求的变化而发生的。在供应链的运作过程中，消费需求的拉动是供应链中信息流、物流、资金流运行的驱动力。

④交叉性。一个企业可以成为多个供应链的节点企业，众多的供应链形成交叉结构，使供应链管理的难度增加。

4. 供应链的类型

供应链有以下 3 种类型：

1）稳定的供应链和动态的供应链

供应链可以分为稳定的和动态的两种，基于相对稳定、单一市场需求而组成的供应链稳定性较强，而基于相对频繁变化、复杂的需求而组成的供应链动态性较高。在实际管理运作中，需要根据不断变化的需求，相应地改变供应链的组成。

2）平衡的供应链和倾斜的供应链

根据供应链容量与用户需求关系可以划分为平衡的供应链和倾斜的供应链。一个供应链具有一定相对稳定的设备容量和生产能力，但用户需求处于不断变化的过程中，当供应链的容量能满足需求时，供应链处于平衡状态，而当市场变化加剧，造成供应链成本增加、库存增加时，企业不是在最优状态下运行，供应链则处于倾斜状态。平衡的供应链可以实现供应链各节点主要职能之间的均衡。

3）有效性供应链和反应性供应链

有效性供应链（efficient supply chain）主要体现供应链的物理功能，即以最低的成本将原材料转化成零部件、半成品、成品以及在供应链中的运输等；反应性供应链（responsive supply chain）主要体现供应链的市场中介功能，即把产品分配到满足用户需求的市场，对未预知的需求做出快速反应。

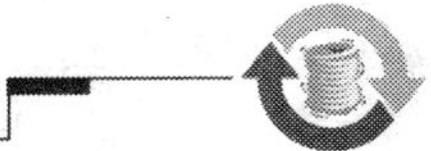

5.2.2 供应链管理

1. 供应链管理的概念

供应链管理(supply chain management,简称SCM)是"对供应链涉及的全部活动进行计划、组织、协调与控制"(GB/T 18354—2006)。供应链管理是通过反馈的信息流和物料流,将供应商、制造商、分销商、零售商,直到最终用户连成一个整体的管理模式。计算机网络的发展进一步推动了市场制造业的全球化、网络化过程。传统企业组织中的采购、加工制造、销售等看似整体,但实际上缺乏系统性和综合性的企业运作模式,已经无法适应新的制造模式发展的需要,而那种大而全、小而全的自我封闭式管理体制无法适应网络化竞争的社会发展需要。供应链从建立合作制造或战略伙伴关系的新思维出发,跨越企业界线,从全局和整体的角度考虑产品的竞争力,使供应链从一种运作性的竞争工具上升为一种管理性的方法体系。

2. 供应链管理的内容

供应链管理主要涉及供应(supply)、生产计划(schedule plan)、物流(logistics)、需求(demand)等领域,供应链管理是以同步化、集成化的生产计划为指导,以各种先进技术为支持,尤其以Internet / Intranet为依托,围绕供应、生产作业、物流、满足需求来实施的。供应链管理的主要内容为:

①战略性供应商和用户合作伙伴关系管理。

②供应链产品需求预测和计划。

③供应链设计(节点企业、资源、设备的评价、选择和定位)。

④企业内部与企业之间物料供应与需求管理。

⑤基于供应链管理的产品设计与制造管理、生产集成化计划、跟踪和控制。

⑥基于供应链的用户服务和物流管理。

⑦企业间资金流管理。

⑧基于Internet / Intranet的供应链交互信息管理。

3. 供应链管理的运营机制

供应链管理的最终目标是满足社会就业需求、创造最佳效益、走可持续发展之路。实现这一目标可以通过以下运营机制:

①合作机制。供应链中的节点企业是战略合作伙伴关系,各企业为了共同的利益积极合作,从产品的开发研制到产品投放市场紧密配合,提高了工作效率,可以大大地缩短产品的更新换代周期。在多变的市场中使企业柔性和敏捷性显著增强。

②决策机制。供应链中各节点企业都为供应链的决策提供信息,使信息来源广泛而迅速,为快速决策提供了必要的先提条件。

③激励机制。为了提高供应链管理水平,使供应链高效运转,必须建立完善的业

绩评价和激励机制,使各企业按照评价标准对照检查自己,不断改进管理方法,使供应链管理沿着正确的方向发展,提高供应链的竞争力。

思考题

1. 逆向物流的概念、分类及作用。
2. 生产过程中有哪些排放物?
3. 流通过程中有哪些排放物?
4. 回收逆向物流有何特点?
5. 一般回收物流技术有哪些?
6. 退货逆向物流有何特点?
7. 简述供应链的概念及供应链管理的主要内容。

第 6 章　配送与配送中心

6.1　配 送 概 述

6.1.1　配送的概念

配送(distribution)是“在经济合理区域范围内,根据客户要求,对物品进行拣选、加工、包装、分割、组配等作业,并按时送达指定地点的物流活动”(GB/T 18354—2006)。即将从供应者手中接收的多品种、大批量的货物在物流据点(如仓库、配送中心)经过必要的储存、保管,并按照客户的订货要求进行分拣、包装、配货后,把配好的货物在规定的时间内送交客户。配送是物流过程的终端环节。

6.1.2　配送的特点

配送具有以下特点:

1. 配送是从物流据点至用户的一种特殊送货形式

配送与一般送货的区别在于:一般的企业送货是生产什么就送什么,而配送则是依据用户的要求送货;一般送货是工厂直达送货(直接送到用户手中),而配送是“中转”型送货;配送中向用户送货的不是物品的生产企业,而是专门从事物流或配送业务的企业,例如:配送中心、第三方物流公司。

2. 配送是“配”和“送”的有机结合

根据用户订货所要求的商品品种、规格、等级、型号、数量等在物流据点经过拣选、组配后,将分拣的商品送交用户。配送中含有大量的分拣、配货、配装等工作,“配”是“送”的前提和条件,“送”是“配”的完成和实现。

3. 配送是一种门到门的运输服务形式

配送是按照用户的订货要求,将物品从物流据点送到用户指定交货地点(仓库、车间、营业所、住宅、生产线)的运送服务,是一种“门到门”的服务形式。

4. 运载工具比较单一

一般配送的运输距离短、批量小、品种多、时间性强,配送所采用的运载工具较为单一,通常为汽车。

6.1.3 配送的意义

配送是物流活动的重要环节,做好配送工作具有十分重要的意义,概括为以下5点:

1. 配送完善了输送及整个物流系统

配送环节处于支线运输,灵活性、适应性、服务性都较强,能将支线运输与小搬运统一起来,使运输过程得以优化和完善。

2. 配送提高了物流系统的经济效益

配送中心可以做到以优惠价格进货,同时采取将各种商品配齐集中起来向用户配送或将多个用户小批量商品集中在一起进行配送的方式,提高了物流系统的经济效益。

3. 通过集中库存,可使企业实现低库存或零库存

配送中心集中采购、储存,生产企业可以节约大量库存资金,改善财务状况,降低成本。

4. 手续简便、方便用户

一般情况下,用户只需要向配送中心一处订购,就能满足采购要求,减少了同时向多处订货的费用开支。

5. 提高了供应保证程度

一般配送中心的规模较大,物品齐全,提高了物品的供应率,降低了用户因缺货而影响生产的风险。

由于配送在物流系统中占有重要的地位,在发达国家中,目前很重视配送业务的发展。我国目前正在加强物流基础设施建设,积极开展物流配送业务,降低商品流通费用,促进国民经济的快速发展。

6.2 配 送 类 型

配送有不同的分类方法:

1. 按配送组织者分类

①商店配送。组织者是商业或物资企业的门市网点。这些网点一般经营商品零售业务,品种较为齐全,可以应顾客的要求进行所经营商品的配送业务。由于一般规模不大,实力有限,配送成本较高。商店配送是物流配送的辅助及补充形式。

②配送中心配送。组织者是专门从事配送工作的配送中心。配送中心的规模大,配送能力强,与顾客有固定的配送关系,可以实现计划配送。配送中心储存品种

齐全、储存量大、设施完善、配送品种多,可以为生产企业、商业企业及个体消费者配送。配送中心配送是配送的主要形式。

③工厂配送。生产工厂直接对本厂生产的产品进行配送。由于不必把产品发运到配送中心中转配送,减少了中间环节,降低了物流费用。但是,社会化大生产条件下的现代企业一般生产品种单一,不能像配送中心那样通过多种商品凑整运输取得规模经济效益,所以,工厂配送不是配送的主要形式。

2. 按配送商品的类型及数量分类

①单(少)品种,大批量配送。单独一个品种或少数几个品种就可以达到较大的送货量,实行整车运输,由配送中心进行配送。由于运送量大,车辆满载率高,配送成本较低。适用于需求量大的商品。

②多品种,小批量配送。按顾客的订货要求,将所需要的各种数量不大的商品配备齐全,尽量凑成整车后送达指定地点。适合于设施齐全、计划性强、具有较高作业水平的配送中心。

③成套配套配送。按企业、尤其是装配型企业生产的需要,将生产中所需要的全部零部件配齐后,按生产节奏定时送达生产企业(装配线)。例如:汽车生产装配线的零部件供应。这种配送有利于提高生产效率。

3. 按配送时间及数量分类

①定时配送。指按规定时间间隔进行的配送。配送按计划执行,也可以提前联系商定。由于配送方式固定,便于安排运输车辆,也便于用户接收货物。

②定量配送。指按规定的批量在一个指定的时间范围内进行的配送。配送数量固定,备货工作比较简单,由于时间上没有严格的限制,便于将不同用户的货物凑成整车运送,运输效率高。

③定时定量配送。指按规定配送时间和配送数量进行的配送。计划性强,兼有定时、定量配送的特点,要求操作准确。

④定时、定路线配送。指在规定的运行路线上制订到达时间表,按运行时间表进行的配送。这种配送有利于计划安排送货车辆,也便于用户有计划地安排接货力量。

⑤即时配送。指完全按用户要求的时间和数量进行的配送。具有极强的随机性和灵活性,是服务水平最高的一种配送方式。由于没有计划,运力利用率低,配送成本较高。

4. 按配送的组织形式分类

①独立配送。配送企业依靠自身力量,在一定的区域内各自进行的配送。配送企业独立开拓市场,建立自己的业务渠道和配送网络。这是一种竞争性的配送方式。有时可能造成人力、物力的浪费。适合于实力雄厚的配送企业。

②集团配送。几个配送企业以一定的形式建立起联系紧密、统一调度、相互协调的企业集团,在较大范围内合理规划,统筹进行的配送。可以获得较理想的规模优势和协作优势。

③共同配送。几个配送中心联合起来,共同制订计划,共同使用配送车辆,共同对某一地区用户进行的配送。共同配送可以降低配送成本,提高配送效益。

6.3 配送中心概述

6.3.1 配送中心的概念

《中华人民共和国国家标准 物流术语》(GB/T 18354—2001)对配送中心给出了如下定义:配送中心(distribution center)是"从事配送业务且具有完善信息网络的场所或组织。应基本符合下列要求:

1)主要为特定客户或末端客户提供服务。

2)配送功能健全。

3)辐射范围小。

4)提供高频率、小批量、多批次配送服务。

根据上述定义,可以理解为配送中心是指接受供应者所提供的多品种、大批量的货物,通过储存、保管、分拣、配货、流通加工以及信息处理等作业后,将按顾客订货要求配齐的货物送交顾客的组织机构和物流设施。配送中心应具有如下功能:进货、储存、拣选、流通加工、分拣、包装、配装、送货、信息处理。

6.3.2 配送中心的作用

1. 配送中心可以减少交易次数和流通环节

没有配送中心时,假如工厂(企业)直接与零售店交易,则交易次数(S)等于工厂数(N)与零售店数(M)之积,如图 6-1 所示。

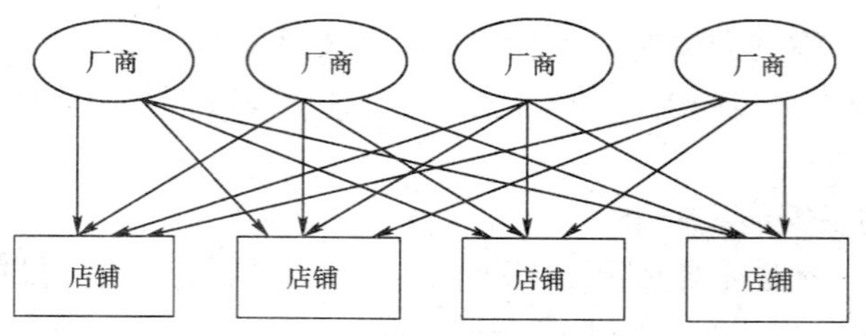

图 6-1 没有配送中心时的交易过程图

设立配送中心以后，工厂（企业）向配送中心供货，然后配送中心再向零售店供货，此时交易次数（S）等于工厂数（N）与零售店数（M）之和。如图6-2所示，可以看出当工厂数与零售店数较大时，配送中心的运作大大减少了交易次数和流通环节。

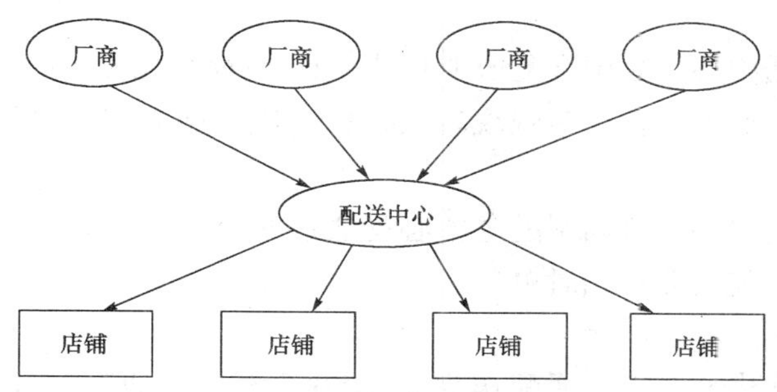

图6-2 有配送中心时的交易过程图

2. 配送中心减少了物流系统的库存量

配送中心通过高效的信息网络，能够迅速准确地掌握流通过程中的库存情况，避免库存积压和库存量的分布不均。一般配送中心的规模较大，有能力存储较多的货物以满足客户的需求，这样客户企业就不需要保持自己的库存或只需少量的库存，甚至可以实现"零库存"。配送中心的库存量提高了物资保证供应程度，降低了物流系统的库存量，减少了库存资金占用，增加了社会效益。

3. 配送中心产生规模效益

配送中心进货批量大，可以获得优惠价格，对许多物品进行统一加工和包装，运输批量大，可以降低加工成本、节约包装材料、降低运输成本，产生规模效益。

4. 配送中心可以控制商品质量

配送中心频繁大量进货，与多家厂商建立了业务联系，对生产企业比较了解，可以有效地控制所购进商品的质量。

6.3.3 配送中心的类型

配送中心按不同的分类方法有以下几种：

1. 按服务对象分

①生产企业配送中心。服务对象是生产制造企业，配送业务包括用于生产的原材料、零部件、在制品流转、产成品销售等。生产企业配送中心对企业的生产物流起着控制、调解和平衡的作用。

②商业配送中心。商业配送中心是专门为商品流通中的批发、零售、连锁店、超

市等提供配送服务的配送中心。其业务范围相对比较稳定,经营品种多,配送业务复杂。

2. 按企业性质分

①自有型配送中心。是企业自己投资建立,自行使用和管理的配送中心。通常只为本企业服务。

②公用型配送中心。公用型配送中心是专业化、社会化服务的独立型配送中心。面向社会提供配送服务。特点是规模较大、设施齐全、服务完善、成本较低。是配送中心的主要形式。

③合同制配送中心。合同制配送中心是通过签订合同,为签约方提供长期配送服务的配送中心。配送业务相对单一。

3. 按功能分

①流通型配送中心。以流通配送为主,储存为辅。流通型配送中心的商品周转速度快、经营的品种多、配送作业比较复杂,理货区面积所占比重较大。

②加工型配送中心。此配送中心以流通加工为主要业务。通常少品种大批量进货,在配送中心根据顾客的订货要求进行各种流通加工作业。例如:进行商品分级、改换包装、刷标记、贴标签等。

③储存型配送中心。储存型配送中心以物品储存为主要业务。特点是库存量大、品种单一、配送作业比较简单、储存设施齐全。

4. 按经营范围分

①机电产品配送中心。经营产品为机电设备。为机电产品用户提供配送服务。

②日用百货配送中心。以经营日用百货为主业。

③纺织品配送中心。以经营纺织品为主业。

④食品配送中心。以经营食品为主业。

⑤农产品配送中心。以经营农副产品为主业。

按经营范围分类,配送中心可以分为许多种专业配送中心。这里不再详述。

6.4 配送路线的优化

配送路线是指各送货车辆向各个用户送货时所要经过的线路。配送路线的合理与否对配送速度、车辆利用率和配送费用的影响至关重大。因此,配送路线的优化问题是物流研究的热点问题之一。

6.4.1 配送路线的优化目标及约束条件

配送路线对配送速度、成本、效益影响很大，采用科学合理的方法来确定配送路线是配送活动中非常重要的一项工作。

1. 配送路线的优化目标

优化目标的选择是根据配送的具体要求、配送中心的实力及客观条件来确定的。具体有如下几个目标函数：

①效益最高。即以利润的数值最大为目标。

②成本最低。即以成本最低为目标。

③路程最短。即以运行距离最短为目标。当成本与路程相关性较强，而与其他因素微相关时，可以选择此目标。

④"t · km"数最小。即以配送周转量最小为目标。

⑤准确性最高。强调配送准确性，减少失误。它是配送中心重要的服务指标。

当然还可以选择运力利用最合理、劳动消耗最低等作为目标。

2. 配送路线优化的约束条件

一般制订配送路线时应该考虑以下约束条件：

①满足所有收货人对货物品种、规格、数量的要求。

②满足收货人对货物到达时间范围的要求。

③配送时间在允许车辆通行的时间段内。

④配货数量不得超过车辆容积和载质量的限制。

⑤在配送中心现有运力条件范围内。

6.4.2 配送路线的优化方法

配送用户的增加将使配送路线复杂化。配送路线的优化一般要运用数学方法并应用计算机求解来制订合理的配送方案。下面介绍确定配送方案的一种常用方法——节约里程法（简称节约法）。

1. 节约法的假设条件

节约法确定配送路线的主要出发点是：根据配送中心的运输能力（车辆数、载质量）和配送中心到各个用户以及各用户之间的距离来制订配送路线，使车辆运输的"吨 · 千米"（t · km）数最小。

为使计算简便，假设如下条件：

①每次配送的物品相同。

②各用户的地理位置及需求量均为已知。

③配送中心有足够的运力。

2. 节约法的基本原理

在图6-3中,设P点为配送中心所在位置,它分别向用户A和B送货。设P到A和B的距离分别为a和b,用户A和B之间的距离为c,送货方案有两种:

(1)派2辆车从配送中心分别向用户A和B送货,配送线路为:

$$P \rightarrow A \rightarrow P \qquad P \rightarrow B \rightarrow P$$

总配送运距为:
$$D_1 = 2a + 2b \tag{6-1}$$

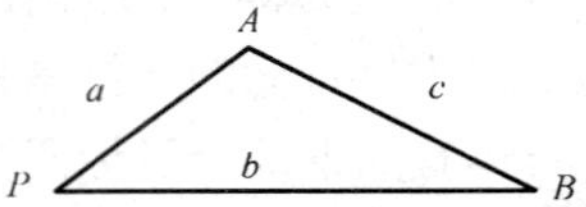

图6-3 节约法原理图

(2)派1辆车从配送中心向用户A和B同时送货,配送线路为:

$$P \rightarrow A \rightarrow B \rightarrow P \quad 或 \quad P \rightarrow B \rightarrow A \rightarrow P$$

总配送运距为:
$$D_2 = a + b + c \tag{6-2}$$

对这两个方案中配送运距进行比较,由公式(6-1)减(6-2)可得:

$$D_1 - D_2 = 2a + 2b - (a + b + c) = a + b - c \tag{6-3}$$

由三角形的几何性质可知,任意两条边之和均大于第三边。因此,可以认定式(6-3)的结果是大于零的,即:

$$D_1 - D_2 > 0 \text{;即:} D_1 > D_2$$

所以,方案(2)优于方案(1)。这种分析方案优劣的思想就是节约法的基本思想。为了便于分析计算,我们定义一个概念:“节约量”用S_{ij}表示,它的值由下式确定:

$$S_{ij} = D_1 - D_2 = a + b - c \tag{6-4}$$

根据节约法的基本思想,在确定配送路线时,若有多个客户,将其中能够取得最大“节约里程”的两个客户连接在一起,进行巡回送货可以获得最大节约里程。在载质量允许的情况下,可以纳入另外的客户(按节约里程大小排序)巡回送货,制订出合理的配送路线。

3. 节约法的解题步骤

结合下面例题说明节约法的解题步骤。

例6-1:设某配送中心P向8个客户配送货物。配送网络如图6-4所示,A、B、C、D、E、F、G、H分别为8个用户,括号内的数字为客户的需求量(单位:t),两点间连线上的数字为两个客户间的距离(单位:km)。设配送中心有额定载质量分别为2t和4t的货车两种,要求车辆一次运行距离不超过30km。试确定合理的配送方案。

解:1. 依据配送网络图中给定的已知条件,计算出配送中心P与各客户及各客户间的最短距离,结果如表6-1 。

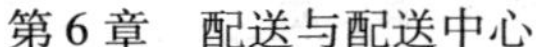

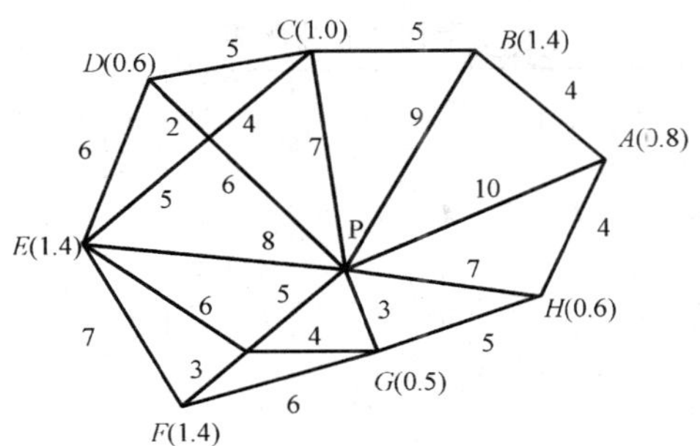

图6-4　配送网络示意图

最短距离表(km)　　表6-1

	P	A	B	C	D	E	F	G	H
P		10	9	7	8	8	8	3	7
A			4	9	14	18	15	9	4
B				5	10	14	17	12	8
C					5	9	15	10	13
D						6	13	11	15
E							7	10	15
F								6	11
G									5
H									

2. 从最短距离表中计算出用户间的节约里程：

$A \to B$：　　$a + b - c = 10 + 9 - 4 = 15$

$A \to C$：　　$a + b - c = 10 + 7 - 9 = 8$

以此类推得出节约里程如表6-2。

3. 把节约里程表中的节约里程由大到小排序，列出表6-3。

节约里程表(km)　　表6-2

	A	B	C	D	E	F	G	H
A		15	8	4	0	3	4	13
B			11	7	3	0	0	8
C				10	6	0	0	1
D					10	3	0	0
E						9	1	0
F							5	4
G								5
H								

节约里程排序表 表6-3

排序	1	2	3	4	4	6	7	7	9	10	11	11	13	13	13	16	16	16	19	19
用户名	A↓B	A↓H	B↓C	C↓D	D↓E	E↓F	A↓C	B↓H	B↓D	C↓E	F↓G	G↓H	A↓D	A↓G	F↓H	A↓F	B↓E	D↓F	C↓H	E↓G
节约里程	15	13	11	10	10	9	8	8	7	6	5	5	4	4	4	3	3	3	1	1

4. 根据节约里程排序表确定配送路线。

(1)第一条路线:由于 $A\rightarrow B$ 节约里程为15km,将 A、B 联合送货,运距为23km < 30km,载质量2.2 t < 4 t ;

$A\rightarrow H$ 节约里程为13km,将 A、B、H 联合送货,运距为24km < 30km,载质量2.8 t < 4 t ;

$B\rightarrow C$ 节约里程为11km,将 A、B、H、C 联合送货,运距为27km < 30km,载质量3.8 t < 4 t ;

若再增加用户,载质量将大于4t 。所以,第一条路线为:

$P\rightarrow C\rightarrow B\rightarrow A\rightarrow H\rightarrow P$,即派额定载质量为4t 的货车1辆,运距27km,载质量为3.8t。如图6-5所示。

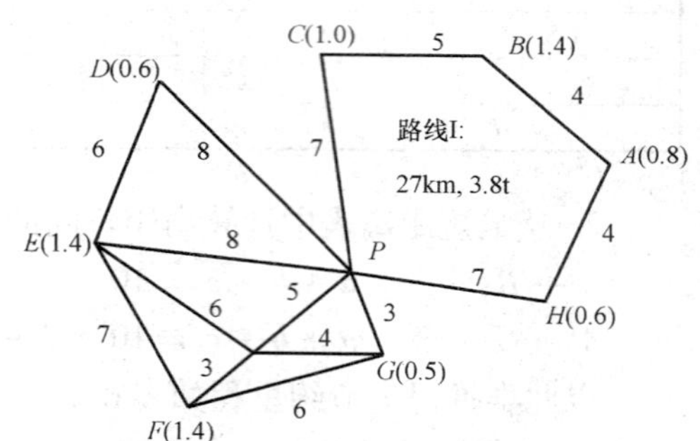

图6-5 配送路线 I 示意图

(2)第二条路线:由于 $D\rightarrow E$ 节约里程为10km,将 D、E 联合送货,则:运距为22km<30km,载质量为2.0t<4t ;

$E\rightarrow F$ 节约里程为9km,将 D、E、F 联合送货,则:运距29km<30km,载质量为3.4t<4t ;

$F\rightarrow G$ 节约里程为5km,将 D、E、F、G 联合送货,则:运距达到30km,载质量为3.9t < 4t 。所以,第二条路线为:

$P\rightarrow G\rightarrow F\rightarrow E\rightarrow D\rightarrow P$,即派额定载质量为4t 的货车1辆,运距为30km,载质量为3.9t。如图6-6所示。

对路线Ⅰ、路线Ⅱ不同巡回配送方向所发生的周转量进行比较,确定最终配送方案见表6-4。

最终配送方案　　表6-4

线路	巡回线路构成	运距	载质量	配车
Ⅰ	$P \to C \to B \to A \to H \to P$	27km	3.8t	1台4t车
Ⅱ	$P \to G \to F \to E \to D \to P$	30km	3.9t	1台4t车

按上述路线巡回配送，可使“t·km”数最小。最终方案如图6-7所示。

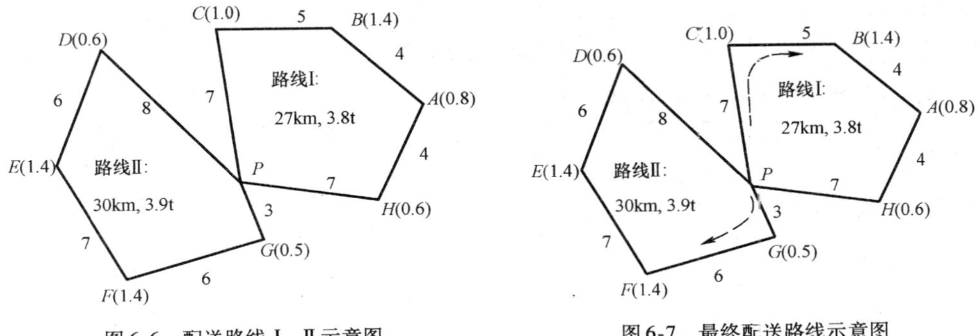

图6-6　配送路线Ⅰ、Ⅱ示意图　　图6-7　最终配送路线示意图

6.5　提高配送经济效益的方法

配送是物流系统中的重要环节，配送成本占整个物流成本的比重较大，所以，降低配送成本，提高配送经济效益对提高物流系统的经济效益至关重要。

6.5.1　合理确定配送区域

生产企业生产的物品可以通过两种途径送到消费者手中，一种是由生产企业直接送货到消费者（简称直送），另一种是由配送中心送货到消费者（即配送）。两种送货方式各具特点。对多品种、小批量货物采取配送方式可以集小量为大量，高效率、低成本地进行送货，而若采取直送方式，由于不同收货点的小批量、多品种货物，必然会产生多次频繁地送货，大量的小额运输既增加了发货次数又浪费了运力。所以，不同种类、不同批量的货物各有其适用的送货方式。此外，总有一部分客户所在地，无论是在成本上还是在时间上都倾向于采取直送方式更为有利。配送与直送各有优势领域。配送合理化首先应选择合理的送货方式，正确地划分配送区域。

配送和直送方式选择的标准是物流费用低。对于不同种类不同批量的商品，可以通过测定配送和直送成本的方法，找到配送和直送方式的成本分歧点，作为划分两种送货方式的分界线，确定合适的送货方式。对于在不同位置和不同距离区段的用

户来说,其送货方式的选择应通过确定配送与直送成本分歧点,划分配送与直送的区域范围。下面介绍配送区域的确定方法。

1. 客户位置分布

在某个区域内,有一个工厂和一个物流配送中心,周围随机分布若干个客户,如图 6-8 所示。将客户按其所在位置分为 4 类:

①Ⅰ类客户 ★:在工厂与配送中心连线上且位于工厂左侧的客户。

②Ⅱ类客户 *:在工厂与配送中心连线上且位于配送中心右侧的客户。

③Ⅲ类客户 ◆:位于工厂与配送中心连线之间上的客户。

④Ⅳ类客户 ▼:其余所有客户。

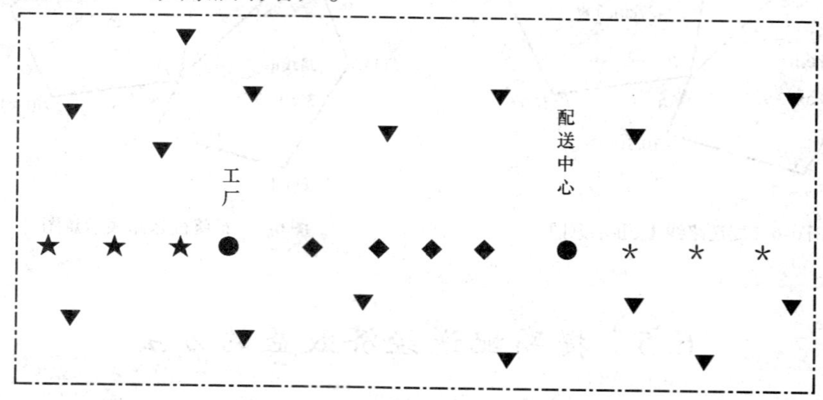

图 6-8 配送中心及工厂与客户分布位置图

★-Ⅰ类客户;*-Ⅱ类客户;◆-Ⅲ类客户;▼-Ⅳ类客户

2. 客户送货方式的确定

假设送货成本只与运送距离有关,而其他条件不变。

①Ⅰ类客户 ★:因为Ⅰ类客户中任何客户到工厂的距离都小于它到配送中心的距离,所以,对Ⅰ类客户应由工厂直送。

②Ⅱ类客户 *:因为Ⅱ类客户位于配送中心右侧,所以,对Ⅱ类客户应由配送中心配送。

③Ⅲ类客户 ◆:因为Ⅲ类客户位于工厂与配送中心之间,靠近工厂的客户应由工厂直送,而靠近配送中心的客户应由配送中心配送。为了具体确定哪些客户采用直送、哪些客户采用配送,应该找出直送与配送的分界点。下面利用成本分歧点法确定直送与配送区域。如图 6-9 所示。

以工厂所在位置为坐标原点,纵坐标表示运输成本(元/t),横坐标表示运送距离(km)。图中直线 a 为由工厂直送的成本费用,直线 b 的长度为工厂至配送中心的运输成本与配送中心的费用之和,折线 b_2 为配送中心向其右侧延长线上客户配送货物的成本费用,折线 b_1 为配送中心向其左侧(工厂方向)延长线上客户配送货物的成本费用,

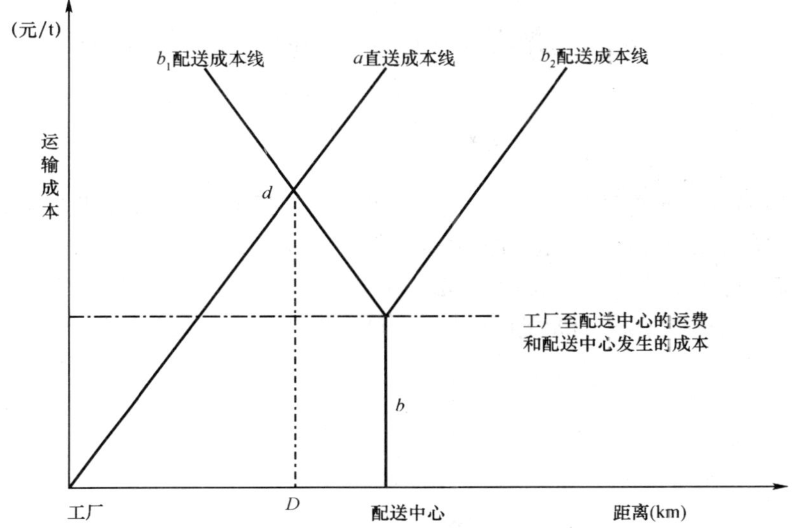

图 6-9　直送与配送区域确定原理图

折线 b_1 与直线 a 的交点 d 为配送与直送的成本分歧点，d 点所对应的距离 D 即为直送与配送的分界点。所以，Ⅲ类客户中距离工厂小于 D km 的客户由工厂直送，大于 Dkm 的客户由配送中心配送。正处于 D km 的客户既可以由工厂直送又可以由配送中心配送。

④Ⅳ类客户 ▼：由于Ⅳ类客户不在工厂与配送中心的连线上，不能直接得出结论，应采用理论计算的方法具体确定哪些为直送客户和哪些为配送客户。

设在工厂直送方式中：

P_1——工厂到客户 n_i 的运输单价（元／（t・km））；

S_1——工厂到客户 n_i 的运距（km）；

F_1——工厂直送的固定费用。

所以，工厂直送方式的成本为：

$$C_1 = P_1 \times S_1 + F_1$$

设在配送中心配送方式中：

P_2——配送中心到客户 n_i 的运输单价（元／（t・km））；

S_2——配送中心到客户 n_i 的运距（km）；

F_2——配送中心的固定费用。

所以，配送中心配送方式的成本为：

$$C_2 = P_2 \times S_2 + F_2$$

确定工厂与配送中心的送货区域，首先要找出直送与配送成本相等的分界线，即：

$$C_1 = C_2$$

$$P_1 \times S_1 + F_1 = P_2 \times S_2 + F_2$$

$\because$ $P_1 = P_2$(同一地域中一种运输方式的运输单价相同)

$\therefore$ $$P_1 \times (S_1 - S_2) = F_2 - F_1$$

$\therefore$ $$S_1 - S_2 = \frac{F_2 - F_1}{P_1}$$

此式说明直送与配送成本相等的分界线应使工厂到客户的直线距离 S_1 与配送中心到客户的直线距离 S_2 之差为定值。由解析几何可知:到两点距离之差为定值的轨迹是双曲线,此双曲线即为直送与配送的分界线。在图 6-10 中,双曲线的外侧(左侧)为工厂的直送区域,双曲线的内侧(右侧)为配送中心的配送区域。

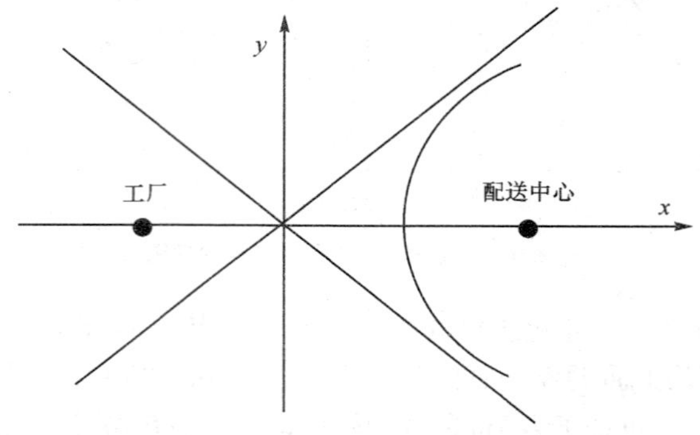

图 6-10　直送与配送区域的划分示意图

6.5.2 组织共同配送

共同配送(joint distribution)是"由多个企业联合组织实施的配送活动"(GB/T 18354 -2006)。共同配送以提高经济效益为目标,由几个配送企业联合起来集小量为大量,共同利用同一配送设施或配送车辆进行配送的方式。在配送中,当单独配送的数量较少,车辆满载率不高时,可以采取几个配送企业共同配送的方式,互相补充货源,有利于提高设备利用率,降低配送成本。共同配送有以下 3 种方式:

1. 共同集货型

几个配送企业联合组织进货,采用联合运输的方式从各个进货点提取货物后,将货物送交给各配送企业,然后,各配送企业分别向客户配送货物。

2. 共同送货型

各配送企业分别单独进货,向客户配送时采取联合运输的方式进行共同送货。

3. 共同集送型

兼有共同集货和共同送货两种配送方式的特点,是一种比较理想的配送模式。即配送企业联合组织进货和配送,以充分利用运力,节约能源。

共同配送是配送企业间开展横向经济联合的一种形式。能否实行的关键问题是如何解决配送企业间的配送成本和效益分摊。

6.5.3　实行计划配送

在配送业务活动中,紧急配送、临时配送和随时配送会造成人力、运力和装卸机械的浪费,增加成本,降低配送效率。

临时配送是计划不周,没能提前制订正确的配装方案和配送路线,到了送货截止日期,匆忙安排车辆进行单线配送,一般车辆装载亏吨,浪费运输里程;紧急配送是因为客户的紧急订货,为保证按时送到货物,不得不单独派车送货,造成运力的浪费;随时配送是不做计划安排,有一批送一批,随机性强。要提高配送效率,降低物流成本,应尽可能控制配送量的波动,使发货量稳定,配送路线要标准化、计划化。

思考题

1. 配送的概念及特点?
2. 配送的意义及种类?
3. 配送中心的概念及作用?
4. 配送中心有哪些种类?
5. 配送路线的优化目标是什么?
6. 简述节约里程法的基本原理。
7. 提高配送经济效益的方法有哪些?

第7章 物流技术

7.1 基本概念

物流技术(logistics technology)是“物流活动中所采用的自然科学与社会科学方面的理论、方法,以及设施、设备、装置与工艺的总称”(GB/T 18354—2006)。物流技术是指流通技术和物品输送技术,它不同于生产技术,生产技术是为社会生产某种产品,为社会提供有形物质的技术。物流技术是将生产出的各种物品进行储存、输送,为社会提供无形服务的技术。物流技术的作用是把各种物品从生产者转移给需求者。物流技术是与现实物流活动紧密相关的,物流技术水平的高低直接关系到物流活动各项功能的完善和有效地实现。物流技术包括硬技术和软技术,具体有以下内容:

硬技术:物流设施(仓库、车站、港口、机场、中转站、物流设施节点、信息设备等)。
物流机械(装卸机械、输送机械、包装机械、起重机械、运输机械)。
物流材料(包装材料、集装材料)。

软技术:物流管理(物流计划、库存管理、劳务管理、成本管理、信息管理、供应链管理等)。

本章将对物流技术的主要内容进行概括介绍,详细内容可以参考其他有关书籍。

7.2 物流机械技术

物流机械技术是实现物质实体物理流动的重要技术手段,物流机械技术包括物流机械设施和运用管理两方面。物流机械的种类很多,只有合理选择使用,才能充分发挥物流机械的最佳效能。掌握物流机械的结构特点和工作原理是合理选择物流机械的前提。

7.2.1 物流装卸搬运机械

装卸搬运机械是对物品进行装卸和短距离运送的机械。被广泛运用于货物中转站、车厢内、货场等。主要有叉式装卸车、单斗车、牵引车、平板车、搬运车等。

1. 叉式装卸车(叉车)

叉式装卸车即叉车,也称铲车,是装卸搬运机械中应用最广泛的一种。它由可自

行的轮胎底盘、能垂直升降且前后倾斜的货叉、门架等组成。如图7-1所示。

1)叉车的特点及作用

①机械化程度高。使用各种自动取货装置可实现机械化。

②机动灵活。尺寸小,质量轻,机动灵活,使用率高。

③一机多用。配用货叉、铲斗、臂架、串杆、货夹、抓取器等,可适用于不同的货物及品种。

④提高仓容利用率。使用叉车一般货物堆码高度可以达到3~5m。

⑤有利于开展托盘成组运输和集装箱运输。

⑥成本低,投资少。叉车与大型起重机械相比投资费用少。

2)叉车的分类

(1)按动力装置分:

按动力装置不同,叉车可以分为内燃叉车和电瓶叉车。

(2)按结构用途分:

①平衡重式叉车。

平衡重式叉车是应用最为广泛的一种叉车,约占80%以上。

特点:货叉在正前方伸出,货物重心在轮外,后部配有平衡重,前后移动实现叉卸作业。

②插腿式叉车(图7-2)。

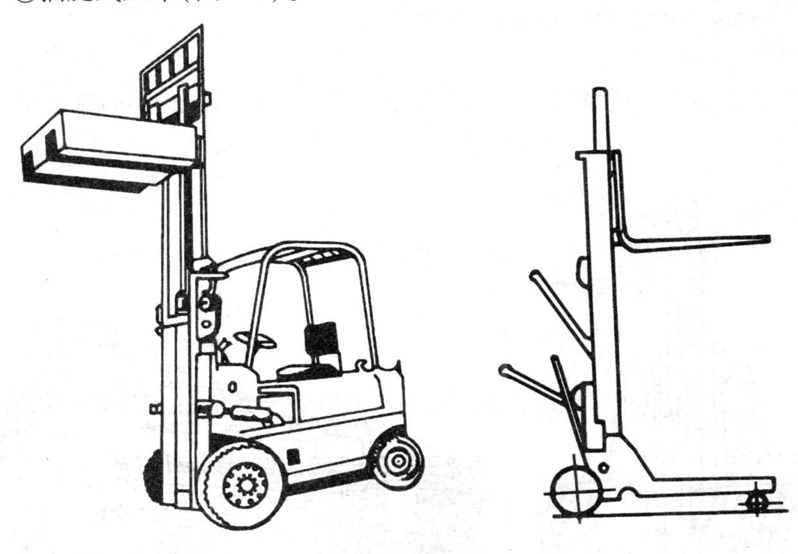

图7-1　叉式装卸车　　　　图7-2　插腿式叉车

插腿式叉车前方安装带有小轮的支腿,但由于此支腿位置很低,并不影响叉取货

物,稳定性好,一般为电瓶式。起重量小于2t。

特点:结构简单,自重轻,外形小,适于狭窄通道及室内作业。速度低,由于支腿下小轮直径较小,对路面平整度要求高。

③前移式叉车。

货叉可沿叉车纵向前后移动,取卸货时伸出,运行时货叉退回接近车体位置,行驶稳定性好。

④侧叉式叉车(图7-3)。

门架和货叉位于车体中部的一侧,适用于叉取长件货物。

工作过程:千斤顶着地,门架外移,叉取货物,起升,门架后退,货叉下降,货物放置在车台上,千斤顶收起,叉车行驶。

特点:行驶稳定性好,速度高,视野好,只能一侧工作,多以柴油机驱动为主,起重量为2.5~54.5t。

⑤跨运车(图7-4)。

跨运车,简称为跨车。它由门形车架、抱叉及提升架组成。

特点:起重量大,行驶速度高,装卸快。由于它的重心高,空车行驶稳定性差。一般为内燃机驱动,起重量为10~50t。

⑥三节门架叉车(图7-5)。

此种叉车比普通叉车多一节门架,起升高度可达7~8m。

特点:门架全伸时,比两节高,全缩时,比两节小。

⑦自由起升叉车(图7-6)。

自由起升叉车适用于低矮场所。它又分为全自由起升叉车(图7-6a)和部分自由起升叉车(图7-6b)

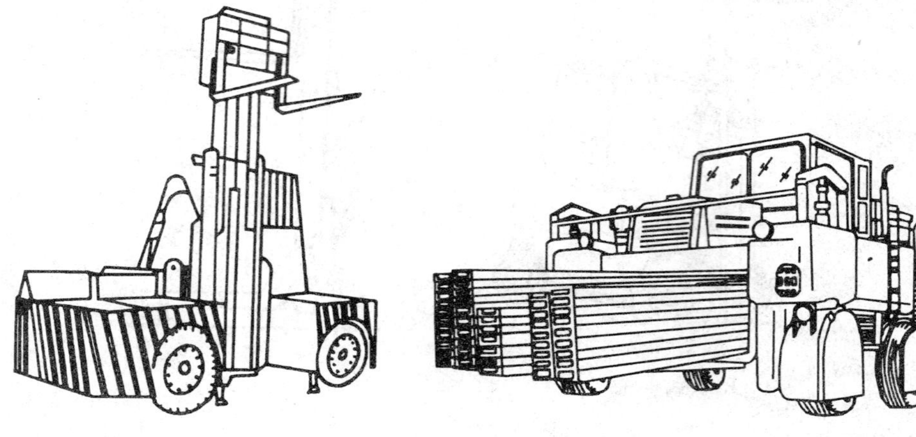

图7-3　侧叉式叉车　　　　图7-4　跨运车

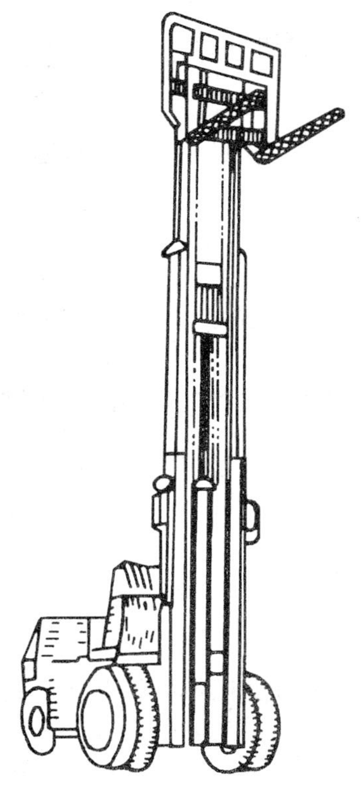

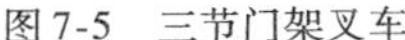
图7-5　三节门架叉车

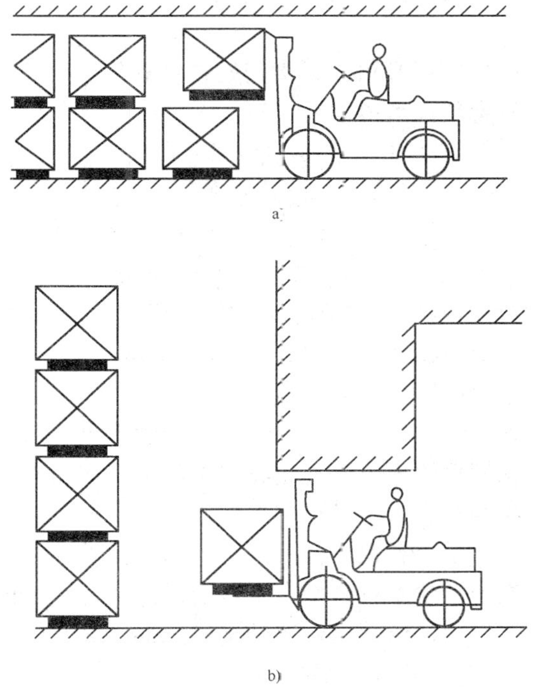

图7-6　自由起升叉车
a)全自由起升叉车;b)部分自由起升叉车

3)叉车的主要技术参数

(1)额定起重量 Q,载荷中心距 C。

额定起重量是指门架处于垂直位置,货物重心位于载荷中心距范围以内时,允许叉车举起的最大货物质量(t)。

载荷中心距是指设计规定的额定起重量的标准货物重心到货叉垂直段前臂的水平距离(mm)。

额定起重量 Q 与载荷中心距 C 是叉车的两个相关指标。使用中如果货物重心超过 C 值,应减小起重量。

(2)最大起升高度 H,自由起升高度。

最大起升高度 H 是指门架处于垂直位置,货叉满载起升至最高位置,从叉面至地面的垂直距离(m)。

自由起升高度是指不改变叉车的总高时,货叉可能起升的最大高度。

(3)门架的倾角 α、β。

门架的前倾角 α 是指门架自垂直位置向前的最大倾角。门架的前倾角便于叉、卸货物。

门架的后倾角 β 是指门架自垂直位置向后的最大倾角。门架的后倾角可以防止叉车行走货物滑落。

一般 α 为 3°~5°,β 为 10°~12°。

(4)起升速度 $v_{起}$、行驶速度 $v_{行}$。

起升速度 $v_{起}$ 是指门架处于垂直位置,货叉满载上升的平均速度(m/min)。一般港口作业起升速度 $v_{起}$ 为 15~20m/min。

行驶速度 $v_{行}$ 是在平坦的硬路面上,叉车满载行驶的最大速度,港口作业时,内燃叉车一般行驶速度 $v_{行}$ 为 15~25km/h。

(5)最大牵引力。

最大牵引力分为轮周牵引力和拖钩牵引力。

轮周牵引力为驱动轮轮周上产生的切向力(黏着力)。

拖钩牵引力为叉车尾部拖钩上剩余的牵引力。

(6) 最小转弯半径 R。

最小转弯半径是指在平坦的硬路面上,叉车空载低速前进并以最大转向角行驶时车体最外侧所划出轨迹的半径(mm)。

(7)直角堆垛的最小通道宽度。

直角堆垛的最小通道宽度是指叉车在路边垂直道路方向堆垛时所需的最小通道宽度。

(8)直角交叉的最小通道宽度。

叉车能在直角交叉处顺利转弯所需的最小通道宽度。

(9)最小离地间隙 X。

最小离地间隙是指除车轮以外,车体上固定的最低点至车轮接地表面的距离。

(10)最大爬坡度。

最大爬坡度是指在正常路面上叉车以低挡等速行驶时所能爬越的最大坡度(以 0°或% 表示)。

叉车除以上技术参数外,还包括其他一些技术参数,例如:外形尺寸、前后桥负荷、轮压、轴距、轮距。

4)叉车的主要性能

①装卸性:指起重能力和装卸快慢的性能。装卸性能的好坏对叉车的生产率有直接影响。起重量大、载荷中心距大、工作速度高,叉车的装卸性能好。

②牵引性：指行驶及加速能力、牵引力、爬坡能力大小等方面的性能。行驶和加速快，牵引力大、爬坡度大，叉车的牵引性好。

③制动性：它表示叉车根据需要所具有的减速及停车的性能，通常以制动距离表示。

④机动性：它表示叉车机动灵活的性能。最小转弯半径小、直角交叉通道宽度和直角堆垛通道宽度小，叉车的机动性好。

⑤通过性：它表示叉车克服道路障碍通过不良路面的能力。外形尺寸小、轮压小、离地间隙大、牵引力大，叉车的通过性好。

⑥操纵性：指叉车操作的轻便性和舒适性。

⑦稳定性：指叉车抵抗倾覆的能力。

⑧经济性：主要指叉车的造价、营运费用。

5）叉车的型号标注

叉车的型号标注，国家规定由5项组成：组型代号、主参数和动力形式（用燃料代号表示），传动方式和改进代号。叉车的型号标注形式如下：

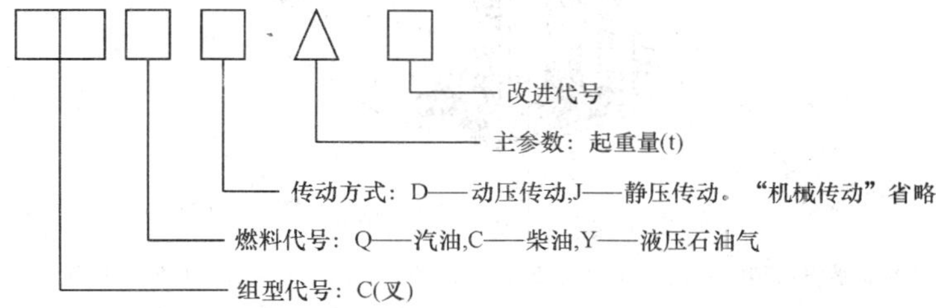

例7-1：“CPQD2B”型，表示经过二次改进、2t汽油发动机式、动压传动的平衡重式叉车。

6）叉车的主要构造

叉车主要由动力装置，工作装置，轮胎底盘组成。

（1）车的动力装置。

叉车的动力装置分为内燃机、蓄电池—电动机两大类。

①内燃机。内燃机叉车作业持续时间长，功率大，爬坡能力强，对路面平整度要求低。但其结构复杂（传动、减速），噪声大，有废气污染，维护营运费用高。

②蓄电池——电动机。电动叉车运行平稳无噪声，没有废气排放，操作简单，营运费用低，寿命长，但需充电设备，连续作业时间短，对路面平整度要求高，功率小。

一般当起重量Q＞3t，在非易燃品库作业，对空气洁净要求不高时，选用柴油叉车。当起重量Q＜3t，在非易燃品库作业，对空气洁净要求不高时，选用汽油叉车。当通道狭窄，运距短，起重量较小，路面良好，在冷冻库（易起动）、易燃品库作业，要求空

气洁净的地方,选用电瓶叉车。

(2)叉车的工作装置(图7-7)。

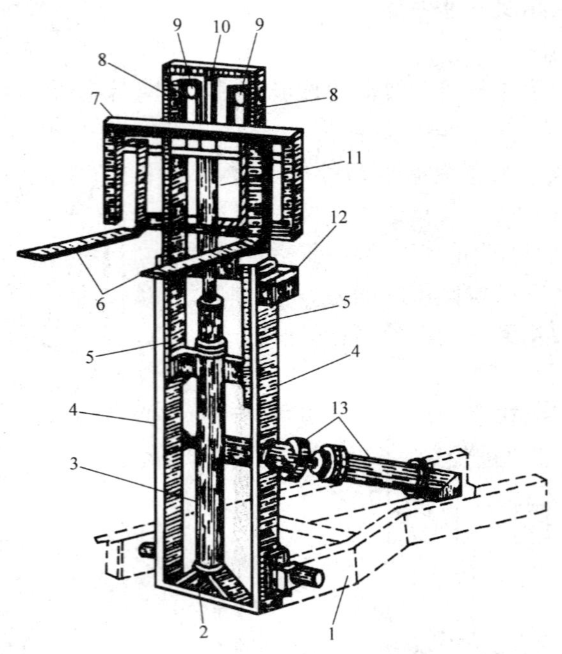

图7-7　叉车的工作装置

1-车架;2-外门架下横梁;3-起升油缸;4-外门架;5-内门架;6-货叉;7-叉架;8-链条;9-链轮;10-内门架上横梁;11-柱塞;12-外门架上横梁;13-倾斜油缸

叉车工作装置的作用是叉取、卸放、升降和堆码货物。叉车工作装置由货叉、叉架、门架、链条、链轮、起升油缸、倾斜油缸等组成。

(3)叉车的底盘。

叉车的底盘与普通汽车底盘相似,具有传动系、制动系、转向系、行使系等组成。

7)叉车的选用原则

叉车的种类繁多,选用叉车时应遵循以下原则:

①满足使用性能要求。对叉车的起重量Q、工作速度v、起升高度、门架倾斜角度等参数进行综合考虑,使所选叉车满足使用性能要求。

②使用费用低,经济效益高。应选用使用费用低,燃料消耗少,维护保养费用低,经济效益好的叉车。

2. 牵引车和挂车

牵引车用来牵引挂车或半挂车。如图7-8为解放J6重型牵引车,图7-9为半挂车。

图7-8　牵引车

图7-9　半挂车

1)牵引车的分类

①平头式:驾驶员视线好,轴距短,转弯半径小。但驾驶员受振动大,舒适性差。

②长头式:与平头式牵引车的特点相反。

③半拖挂式:只用于牵引,与半挂车配合运输,利用率高。

④全拖挂式:本身可单独运输,也可再牵引一辆全挂车。

⑤公路运输牵引车:高速,长距离,多挡变速。

⑥货场运输牵引车:用于港口、货场的短距离运输,机动性能好,挂、脱方便,视野好。

2)挂车的分类

挂车分为全挂车和半挂车两种。半挂车具体又可分为以下5种。

①公路用半挂车:外廓尺寸、轮压、轴荷均符合国家标准。车上装有固定集装箱的旋锁装置。

②货场用半挂车:外廓尺寸不受国标限制,锁具简单。

③平板式半挂车:承载部位为平面,可运载集装箱、长大型件货。

④骨架式半挂车:承载部位为骨架结构,一般运载集装箱,车体质量减轻。

⑤自装自卸式半挂车:自带装卸装置。

7.2.2 起重机械

1. 起重机械的作用及应用

1)起重机械的概念

起重机械是升降货物(或人)的机械设备的总称。

2)起重机械的作用

起重机械可以减轻或代替人的体力劳动、提高劳动生产率、保证作业质量、降低生产成本、改善劳动条件、实现机械化和自动化。

3)起重机械的应用

起重机械在社会经济的各个部门得到了广泛的应用,例如港口、铁路枢纽、仓库等。

2. 起重机械的工作特点和分类

1)起重机械的工作特点

起重机械的各机构进行周期性、间歇循环工作。一个工作循环包括:取物(装载)——提升——运移——下降卸载——返回装载5个工作过程。

2)起重机械的分类

起重机械具有很多类型,可以按不同的划分方式分为以下3种:

①按动作多少分为单动作和复杂动作两类。单动作起重机械包括千斤顶、绞车、升降机。复杂动作起重机械包括桥式类型起重机、旋转类型起重机。

②按结构性能分为轻小型起重机、桥式类型起重机、臂架类型起重机、升降机和堆垛机。

③按使用范围分为通用式和专用式两类。通用式起重机包括桥式起重机、门式起重机和装卸桥;专用式起重机包括冶金用起重机和防爆起重机等。

3. 起重机械的基本参数

起重机械的基本参数是表征起重机技术性能的指标,也是设计和选用起重机的依据。

(1)起重量。即最大额定起重量,是指起重机正常工作时所允许起升的最大重物

的质量，单位为吨(t)。当起重机使用吊钩时，起重量为吊钩以下重物的质量；当起重机使用抓斗或吸盘等吊具时，起重量应包括吊具本身的质量。起重量的大小影响生产率。

(2)幅度(外伸距)。起重机吊具伸出起重机支点以外的水平距离，单位为米(m)。对回转臂架起重机幅度是指回转中心线与吊具中心线间的距离；对非回转臂架起重机幅度是指臂架下铰点至吊具中心线的距离；对桥式起重机外伸距是指临水侧轨道中心线至吊具中心线的最大距离。幅度(外伸距)的大小与货物的尺寸和作业条件有关。

(3)起升高度。是起重机将额定起重量起升的最大垂直距离，单位为米(m)。

(4)工作速度。起重机的工作速度包括起升、变幅、回转、运行 4 个机构的速度。

①起升速度。是起重机械起升额定起重量时货物匀速上升的速度(m/min)。

②变幅速度。是起重机吊具从最大幅度至最小幅度，沿水平方向运动的平均速度(m/min)。

③回转速度。是回转起重机转动部分在匀速转动状态下每分钟回转的圈数(r/min)。

④运行速度。是起重机械或起重小车匀速运行时的速度(m/min)，对无轨机械称为行驶速度(km/h)

以上速度直接影响起重机的生产效率，应根据实际需要进行选定。

(5)生产率。起重机的生产率是指单位时间内吊运货物的总吨数(t/h)。它是一个综合指标。

(6)轨距、跨度和基距。轨距是指有轨运行起重机或其小车行走轨道中心线之间的水平距离(m)。跨度是指桥架类起重机的运行轨道中心线之间的水平距离或固定式起重机的支腿之间的水平距离(m)。基距是指沿轨道方向上起重机两支腿中心线的间距(m)。对于无轨运行的起重机，通常为轮距或轴距。

4. 起重机械的驱动方式

起重机械的驱动形式分为手动、电动、内燃机驱动、内燃机—电力驱动、内燃机—液力驱动。电力驱动是港口起重机械最主要的驱动形式，其特点是用电简便经济；不污染环境；传动系统简化(可分别独立驱动)；维护简便；操纵机动；可调速、换向；工作安全可靠，可带载起动。内燃机驱动适用于无轨运行的移动式起重机，其特点是机动性能好，结构紧凑。但结构复杂，需装离合器(不可带载起动)、换向装置(不可反转)、变速器(调速困难)，对环境产生噪声和废气污染。内燃机—电力驱动是由内燃机带动直流发电机发电，使直流电动机产生动力。其特点是具有电力驱动的优点且机动灵活，但造价高，结构庞大。内燃机—液压驱动是由内燃机带动高压油泵，高压

油泵驱动液压马达(油缸)产生动力。其特点是结构简单、质量轻、可以换向、传动比大,具有无级调速和过载保护功能。但系统效率低、有漏油现象。

5. 起重机械经济性能指标

选用起重机械,除考虑技术性能外,还应考虑一定的经济指标。这里介绍两个重要的经济性能指标。

(1)比功率。即单位起重量下所消耗的能量($K_{功率}$)

$$K_{功率}=N/Q$$

式中:N——起重机的总功率(kW)

Q——起重机的额定起重量(t)。

比功率 $K_{功率}$减小,经济性能提高。

(2)比重量。即单位载荷力矩下起重机所需的自重($K_{重}$)。计算公式如下:

桥式起重机: $K_{重}=G/(Q\times L)$

旋转类起重机: $K_{重}=G/(Q\times R)$

式中:G——起重机的自身质量(t);

Q——起重机的额定起重量(t);

L——外伸距(m);

R——工作幅度(m)。

7.2.3 输送机械

1. 输送机械的特点

输送机械(即连续输送机械)是沿着一定的输送路线运输货物的机械。它具有以下特点:

①可以不间断地搬运货物,装、运、卸连续。

②线路固定,动作单一,结构简单,便于自动控制。

③通用性较差,每一机型只适用一定类型的货物种类。

④不能自行取货,需采用供料设备。

2. 输送机械的分类

输送机械具有多种类型,按分类方法的不同,可以有以下 3 种:

①按输送货物的种类分为件货输送机和散货输送机。

②按输送机械的结构形式分为辊式输送机、链式输送机、轮式输送机、胶带式输送机、滑板式输送机、悬挂式输送机。

③按输送机的传动特点分为有挠性牵引构件输送机和无挠性牵引构件输送机。有挠性牵引构件输送机包括带式输送机、板式输送机、刮板输送机、埋刮板式输送机、

斗式提升机和悬挂式输送机;无挠性牵引构件输送机包括螺旋输送机、辊道式输送机和振动式输送机。

3. 输送机械在现代物流系统中的作用

在现代物流系统中,尤其是在港口、铁路货场、货运中转站内,输送机械承担着大量货物的输送任务,将物流各节点衔接起来,具体作用为:运送物体,衔接物流各站点,形成“物流”;是生产物流中的重要设备,一般生产中的物料搬运费占加工总成本的15.5%;输送机械提高了物流效率,降低了物流成本。

7.2.4 物流专用机械

物流专用机械是根据特定的货种、流向、车船类型等而专门设计的用于港口、车站、货栈某一装卸作业的机械。

1. 物流专用机械的分类

物流专用机械的种类较多,按不同的分类方法可以分为以下几种:

①按货物种类分:散货专用机械、件货专用机械。

②按工作特点分:连续工作专用机械、间歇重复工作专用机械。

③按装卸作业环节分:装船机械、卸船机械、舱内机械、库场机械、装车机械、卸车机械等。

2. 物流专用机械简介

1)散货装船机

散货装船机是用于大宗散货装船作业的连续式机械,它与后方输送机系统相衔接。图7-10为墩柱式散货装船机,通常采用转盘式回转支承机构,装船机固设在墩

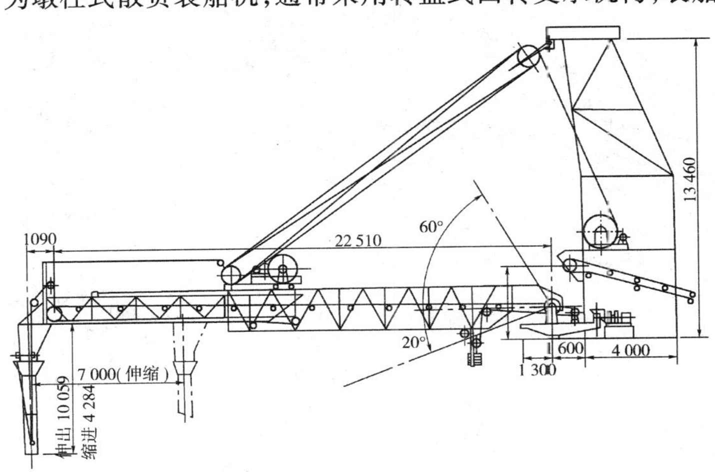

图7-10 墩柱式散货装船机

座上,其悬臂胶带机与转盘铰接,另一端通过变幅钢丝绳吊挂在固定立柱顶端。悬臂胶带机可通过其伸缩机构改变装船的工作幅度,还可以通过变幅和溜筒伸缩适应船型和水位的变化。墩柱式散货装船机结构紧凑,布置方便,性能可靠。一般适用于中小船舶。

2)散货连续式卸船机

与散货装船相比,卸船更加困难。所以,卸船机械的性能更显得重要。图 7-11 是波形挡边带式卸船机。它是利用旋转叶轮或水平螺旋等挖取物料,以波形挡边输送带进行提升和输送物料。

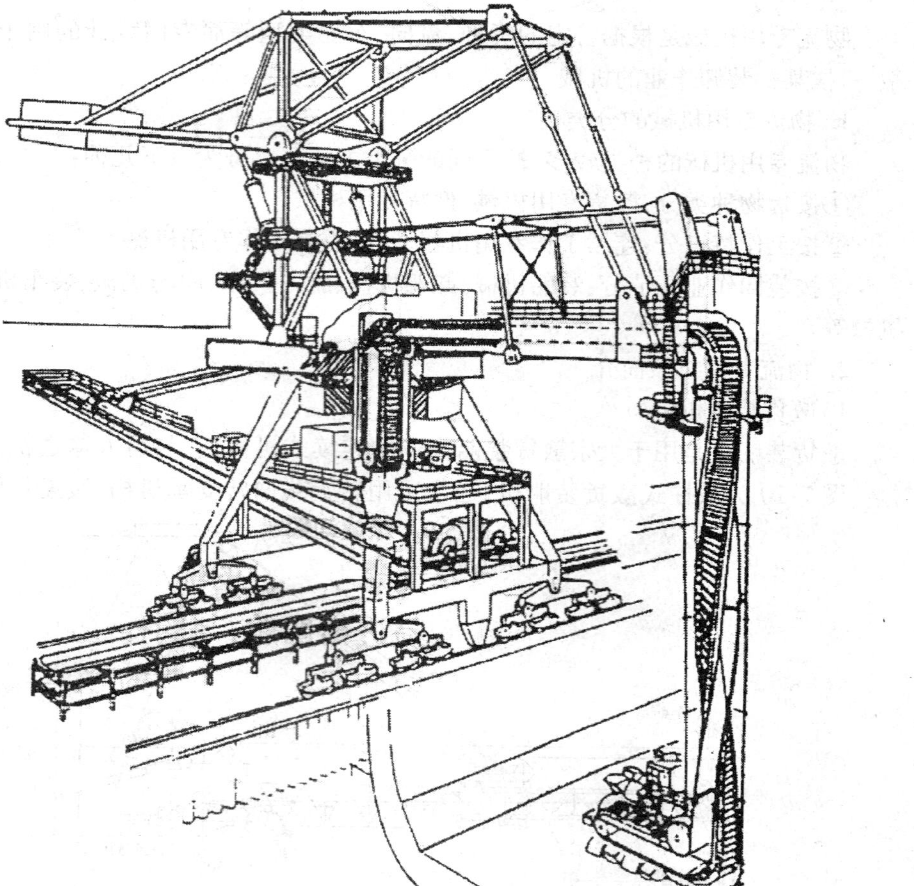

图 7-11　波形挡边带式卸船机

7.3 物流仓储技术

商品的仓储活动是由商品生产和商品消费之间的客观矛盾所决定的。所谓仓储是指通过仓库对物资进行储存和保管。与运输的概念相对应,仓储是以改变“物”的时间状态为目的的活动,从而在克服产需之间的差异中获得更好的效用。它随着物资储存的产生而产生,又随着生产力的发展而发展。仓储是商品流通的重要环节之一,也是物流活动的重要支柱,在社会分工和专业化生产的条件下,为保持社会再生产过程的顺利进行,必须储存一定量的物资,以满足一定时间内社会生产和消费的需要。在现代物流中,仓储观念由单纯保管、存储发展成为对物流系统的调节、缓冲。现代化仓库已成为促进物流各环节平衡运转的物资集散中心。

7.3.1 仓库与仓储

伴随着人类社会生产力的发展,有了剩余产品,就有了储存的需要,也就出现了储存物品的建筑或场所——仓库(Warehouse)。仓库的概念狭义地理解是保管、储存物品并对其数量和价值进行登记的建筑物或场所的总称;广义地理解是用于保管物品的设施。这里所说的设施是指用于防止减少或损伤物品的建筑物及其他作业场地,还包括用于防止减少或损伤物品而进行作业的土地或水面。仓库保管的物品不同,则所需的设施也不同。为了保护这些物品的使用价值,就必须配备不同保管条件的仓库。

1. 仓库的分类

仓库的分类方法很多,下面介绍几种主要的分类方法。

(1)根据仓库保管条件的不同分为:普通(通用)仓库、专用仓库和特种仓库。其中特种仓库包括恒温恒湿库、冷藏冷冻库、石油仓库和化学危险品仓库。

(2)根据仓库的建筑形式分为:

①按构造不同分:单层(简易、平房)库、多层(楼房)库、立体(高层货架,也属于单层)库和罐式库。

②按建筑材料不同分:钢筋混凝土库、混凝土预制板库、钢骨架库和木质库。

(3)根据仓库的管理体制和使用对象不同分:自用仓库、公用(营业)仓库和保税仓库。

(4)根据仓库在社会再生产过程中所处的领域和作用不同分为:

①生产领域仓库。包括:物资供应(储备)仓库、中间(半成品)仓库、在制品仓库、产成品仓库和工具仓库。

②流通领域仓库。包括:储运(中转)仓库和供销企业的自用(储备)仓库。

③消费(商业)仓库。包括:采购供应仓库、商业批发仓库、商业零售仓库、中转仓库和商业加工仓库。

(5)根据仓库建筑物空间位置的不同分:地面仓库、半地下仓库和地下仓库。

(6)根据仓库所处位置的不同分:港口仓库、车间仓库、汽车终端仓库、工厂仓库和流通仓库。

另外还可按仓库作业的机械化程度,仓库所属部门系统或保管物品的不同分类。以上分类是按照目前状况划分的,随着社会的发展,经济体制的改革,仓库的类别也将不断变化。

2. 仓储的作用

仓储是以改变"物"的时间状态为目的的活动,从克服产需之间的时间差异中获得更好的效用。

①仓储是物流的要素之一。

②仓储是时间价值的创造者之一。

③仓储是社会物质生产的必要条件之一。

④仓储是利润的重要源泉之一。

7.3.2 自动化立体仓库

1. 自动化立体仓库概述

自动化立体仓储(automatic storoge & retrieval system,简称 AS/RS)作为 20 世纪 70 年代以后出现的新的保管方式,与情报网、道路网的发展相结合,构成了物流的重要组成部分。自动化立体仓库由于塔式起重机等专用装卸机械的发展,使其高层化而且高速化,从节省人力和加快物品流通两方面受到各企业的重视。它的最大高度已达 40m,最大库存量可达数万甚至 20 万 ~30 万个货物单元,可以做到全程自动化控制,并且对仓库可以实现计算机网络管理。

自动化立体仓库技术是现代物流技术的核心,它集高架仓库及规划、管理、机械、电气于一体,是一门综合性的技术。所谓自动化仓库是指由电子计算机进行管理和控制,不需要人工搬运,而实现收发作业的仓库。立体仓库是指采用高层货架以货箱或托盘储存物品,用巷道堆垛起重机及其他机械进行作业的仓库。

(1)自动化立体仓库的组成:

①建筑物。对于低层自动化仓库,则多为普通建筑物。对中、高层自动化仓库,则需要专门设计和建造专用建筑物。

②货架。货架的作用是存放货物,它是自动化仓库的重要部分。货架的种类很多。

③理货区。理货区是指整理货物或倒货的区域,和高层货架区相衔接。在中、高

层自动化仓库中是和高层货架区域相邻的1～2层建筑物，由分货场、暂存站台和出入卡车的停车场构成。

④管理区。是出入库管理及库存管理区域。对于计算机管理的自动化仓库，管理区域也就是计算机控制管理室。

⑤堆垛机械。对于低层自动化仓库一般使用叉车，对于中、高层自动化仓库一般使用巷道堆垛机或桥式堆垛机等。

⑥配套机械。是指除货架外的出入库搬运作业、理货作业以及卡车装卸作业所使用的主要机械。例如：出入库台车、托盘装载装置、叉车、输送机等，为了特别防止出入库时货物散垛，有些仓库备有压缩包装机。对于分拣仓库，还备有自动分拣、配货装置。

(2)自动化立体仓库的发展趋势。

①自动化程度不断提高。

②与工艺流程的结合更为紧密。

③储存货物品种多样化。

④库存周转率不断提高。

⑤仓库运转可靠性与安全性不断提高。

⑥拣选自动化设备和系统不断完善。

如何合理规划和设计自动化立体仓库，如何实现仓库与生产系统或配送系统的高效联接，已经成为21世纪的重要研究课题。

2. 自动化立体仓库的分类

自动化立体仓库的种类是随着生产的不断发展和进步而变化的。物流系统的多样性，决定了立体仓库的多样性。通常有如下几种分类方法：

1)按仓库的建筑形式分为

(1)整体式(一体式钢架仓储系统)。

整体式立体仓库的货架与仓库建筑物构成一个不可分割的整体，货架不仅承受货物的载荷，还要承受建筑物屋顶和侧壁的载荷。这种结构质量轻、抗震性能好。一般高度在12m以上，如图7-12a)所示。

(2)分离式(自立式钢架仓储系统)。

分离式立体仓库的货架和建筑物是独立的，适用于利用原有建筑物做库房，或者在厂房和仓库内单独建一个高货架的场合。由于这种仓库可以先建库房后立货架，所以，施工安装比较简单灵活。一般高度在12m以下，但也有15～20m的。如图7-12b)所示。

2)按仓库的高度分为

按仓库的高度不同，可分为高层、中层和低层。一般5m以下为低层，5～12m为中层，12m以上为高层。

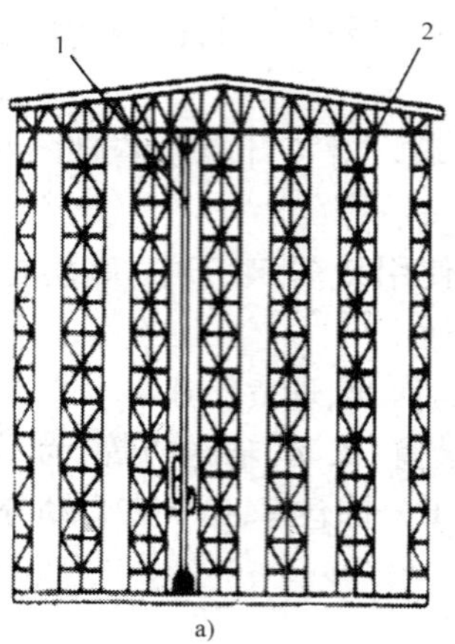

a)

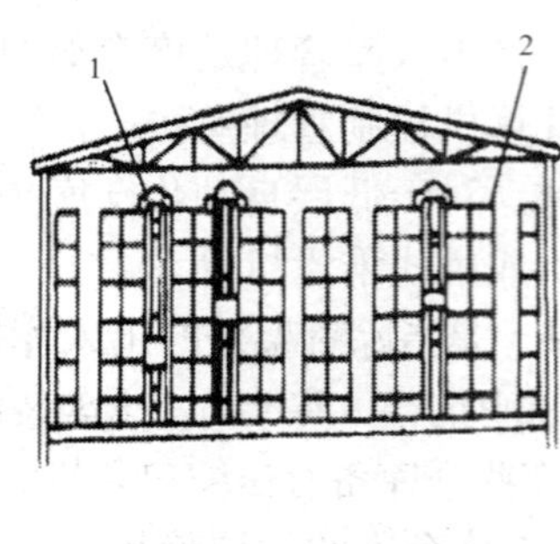

b)

图 7-12 立体仓库结构示意图

a)整体式;b)分离式

1-堆垛机;2-货架

3)按仓库的作业方式分为

(1)单元式仓库。

在这种仓库里,货物存放在标准容器中或托盘上储存(也叫货物单元),中途不拆散,出库和入库都以整个单元进行。所用的设备都是适用于整个单元搬运的叉车或带伸缩货叉的巷道堆垛机等。

(2)拣选式仓库。

在这种仓库里,货物虽以单元化方式入库和储存,但出库时是根据提货单的需求从货物单元中拣选一部分出库,其拣选方式可分为两种,第一种是拣选人员乘拣选式堆垛机到货格前,从货格中拣选所需数量的货物出库,这种方式叫"人到货前拣选"。第二种方式是将存有所需货物的托盘或货箱由堆垛机搬运至拣选区,拣选人员按出库提货单的要求拣出所需的货物,然后再将剩余的货物送回原址,这种方式叫"货到人处拣选"。对整个仓库来讲,当不需要整个单元出库时一般采用"人到货前拣选"的方式;如果仓库作业中有相当一部分货物需要整个单元出库,或者拣选出来的各种货物还需要按用户的要求进行组合选配时,一般采用"货到人处拣选"的方式。

4)按货架的形式分为

按库内货架形式的不同,自动化仓库可以分为单元货格式货架仓库、贯通式货架仓库、旋转式货架仓库和移动式货架仓库。

5)按仓库的容量分为

立体仓库的容量一般以所能储存货物的单元托盘数表示。一般库容量在 2000

托盘以下为小型库；库容量在 2000～5000 托盘的为中型库；库容量在 5000 托盘以上的为大型库。

6）按仓库在生产和流通中的作用分为

（1）储存型仓库。

货物以单元化形式入库之后，在货架上储存一定的时间，需要时出库供使用，绝大多数立体仓库都是这样的。

（2）配送型仓库。

在这种仓库里，各种货物先是各自以货物单元的形式储存在货架上，出库时，往往需要根据订单的要求将不同货物以不同的数量进行选配，组成新的货物单元，送往需要的地方供使用。

3. 仓库货架技术

1）货架的种类

就一般字面而言，货架泛指存放货物的架子，在仓库设备中，货架是指专门用于存放成件物品的保管设备，货架在物流及仓库中占有非常重要的地位。

①通道式货架。这种形式的货架需按人工作业或机械作业方式，根据所使用不同的机械类型预留一定宽度的通道。包括货柜式货架、托盘（单元格）货架、悬臂式货架和贯通式货架。

②密集型货架。这种形式的货架可大大节省通道面积，包括移动式货架和重力式货架等。

③回转式货架。这种形式的货架便于对储存货物的拣选，包括水平回转货架和垂直回转货架等。

2）几种典型货架

（1）货柜式货架。

一般用于储存小件、零星货物，根据需要可有各种不同格式，其中又可以分货格式及抽屉式等。这种货架一般每格都有底板，货物可直接搁置在底板上，这种货架的作业方式一般都是人工拣选。

（2）托盘（单元格）货架。

托盘货架是存放装有货物托盘的货架。其特点是货架沿仓库的宽度方向分为若干排，每两排货架为一组，其间有一条巷道，供堆垛机和其他仓储机械作业。每排货架沿仓库纵向（L 向）分为若干列，沿垂直方向（H 向）分为若干层，从而形成大量货格，用以储存货物。通常，对于托盘货架有如下一些术语：

货格：货架内储存货物的单元空间。

货位：货格内存放一个单元货物的位置。

排：宽度方向上货位数的单位。

列:长度方向上货位数的单位。

层:高度方向上货位数的单位。

按结构不同,托盘(单元格)货架分为牛腿式和横梁式。牛腿式货架,每个货格只能存放一个货物单元;横梁式货架,每个货格一般存放两个货物单元。

采用托盘货架,每一个托盘占一个货位,可实现机械化装卸作业,便于单元化存取,库容利用率高,可提高劳动生产率,实现高效率的存取作业,便于实现计算机的管理和控制。

(3)悬臂式长形料架。

悬臂式长形料架又称悬臂架。它是由3~4个塔形悬臂和纵梁相连而成。这种货架,分单面和双面两种,悬臂架用金属材料制造,为防止材料碰伤或产生刻痕,在金属悬臂上垫上木质衬垫,也可用橡胶带保护。悬臂架的尺寸不定,一般根据所放长形材料的尺寸大小而定。

(4)驶入式货架。

这种货架采用钢质结构。钢柱上一定位置有向外伸出的水平突出构件,当托盘送入时,突出的构件将托盘底部的两个边托住,使托盘本身起架子横梁作用,当架上不放托盘货物时,货架正面便成了无横梁状态,这时就形成了若干通道,可方便出入叉车等车辆作业。

驶入式货架能起到保管场所及叉车通道的双重作用,但叉车只能从架子的正面驶入。这样,从一个方面看可提高空间利用率,从另一方面看,很难实现货物先进先出的原则。因此,每一巷道只宜保管同一品种货物,此种货架只适用于保管少品种、大批量以及不受保管时间限制的货物。驶入式货架可实现高密度存放货物,库容利用率可达90%以上。

(5)移动式货架。

移动式货架有普通商品货架和托盘货架两种。这种货架底部装有轮子,可在地面敷设的轨道上移动,固定式货架一般每两排货架需有一个通道,而移动式货架可在较多排架中只留出一条通道。通过货架移动,选择所需通道的位置,让出通道,由叉车装卸。移动式货架一般为电动,但轻型移动式普通商品货架也可以用手动。控制货架移动有两种方法:一是操纵设在货架上的按钮开关;二是声音或遥控装置控制,叉车驾驶员可在车上用声音或遥控装置控制。货架上装有自动防碰的安全装置。这种货架移动速度较慢,设备结构也较复杂,只适用于进出库不太频繁的保管系统。

(6)重力式货架。

重力式货架有两类:一类是储存整批纸箱包装商品,另一类是储存托盘商品。储存纸箱包装商品的重力式货架比较简单,由多层并列的辊道传送带所组成。储存托盘商品的重力式货架一般为2~4层,每层货架内设置重力滚道。滚道由左右两组辊

轮、导轨和缓冲装置组成。其坡度一般为1.5%～3.5%，滚道长度一般可存放5～12个托盘，每个托盘载质量为500～1500kg。商品进库存放时，用叉车从货架后面将托盘送入货格，托盘依靠本身重力沿滚道向前滑行，也可采用电磁阀控制托盘定位。取货时，则用叉车从货架前面将托盘取出。

(7)旋转式货架。

旋转式货架设有电力驱动装置(驱动部分可设于货架上部，也可设于货架底座内)。货架沿着由两个直线段和两个曲线段组成的环形轨道运行。由开关或用小型电子计算机操纵。存取货物时，把货物所在货格编号由控制盘按钮输入，该货格则以最近的距离自动旋转至拣货点停止，提高拣货效率。

旋转式货架的货格样式很多，一般有提篮状、盆状、盘状等，可根据所存货物的种类、形态、大小、规格等不同要求选择。货格可以由硬纸板、塑料板制成，也可以是金属架子。透明塑料密封盒则适于贮存电子元件等有防尘要求的货物。

旋转式货架适用于小物品的存放，尤其对于多品种的货物更为方便，它贮存密度大，货架间不设通道，易管理、投资少，由于操作人员位置固定，故可采用局部通风和照明来改善工作条件，因而节约了大量能源。

旋转式货架分为整体旋转式(整个货架是一个旋转整体)和分层旋转式(各层分设驱动装置，形成各自独立的旋转体系)。其中整体旋转式又分为水平旋转式(货架的旋转轨道平行于地面，即旋转轴垂直于地面)和垂直旋转式(货架的旋转轨道垂直于地面，即其旋转轴与地面平行)。

7.3.3　仓储机械设施

在前一节我们已经介绍了一些物流机械，下面我们再简单介绍一些仓储机械。

1. 托盘

托盘(pallet)是“在运输、搬运和存储过程中，将物品规整为货物单元时，作为承载面并包括承载面上辅助结构件的装置”(GB/T 18354—2006)。在平台上集装一定数量的单件货物，并按要求捆扎加固，组成一个运输单位，便于运输过程中使用机械进行装卸、搬运和堆存。

托盘的出现也促进了集装箱和其他集装方式的形成和发展。现在，托盘已成为和集装箱一样重要的集装方式，形成了集装系统的两大支柱。托盘以简单、方便在集装领域中颇受青睐。

1)托盘的分类

(1)托盘按结构不同，有以下3种常见形式：

平板托盘：由双层板或单层板另加底脚支撑构成，无上层装置。

箱形托盘：以平板托盘为底，上面有箱形装置；四壁围有网眼板或普通板，顶部可以有盖或无盖。

柱形托盘:以平板托盘为底,四角有支柱,横边有可以移动的边轨,托盘装货时便于按照需要调整长度或高度。

(2)托盘按材质不同分为木质、钢质、塑料及复合等多种托盘。

2)托盘的尺寸

国际标准化组织(ISO)标准托盘尺寸为:1140mm×1140mm、800mm×1200mm、1000mm×1200mm、1100mm×1100mm、1016mm×1219mm;美国常用的国家标准托盘尺寸为:1219mm×1016mm(48×40inch);加拿大和墨西哥为:1000mm×1000mm;澳大利亚为:1165mm×1165mm 和 1100mm×1100mm。欧洲国家采用 800mm×1200mm 尺寸的较多,而德国、英国和荷兰都采用 800mm×1200mm 和 1000mm×1200mm 2 种尺寸,北欧各国拥有 800mm×1200mm 的统一型托盘。亚洲国家,以日本、韩国、新加坡和我国台湾地区为核心,采用 1100mm×1100mm 尺寸的比例较大,普及率在逐年升高,并逐渐影响我国,其应用范围将逐渐扩大至整个亚洲。

我国国家标准(GB/T 2934—1996),将联运通用平托盘的平面尺寸规定为:800mm×1200mm、1000mm×1200mm、1016mm×1219mm、1140mm×1140mm。GB/T 2934—2007《联运通用平托盘 主要尺寸及公差》新的国家标准中最终确定了 1200mm×1000mm 和 1100mm×1100mm 2 种托盘规格,且特别注明 1200mm×1000mm 为优先推荐规格。

2. 搬运车辆

1)手推车

手推车是一种以人力为主,在路面上水平输送物料的搬运工具。其特点是轻巧灵活、易操作、回转半径小,适于短距离搬运轻型物料。由于运输物料的种类、性质、质量、形状及行走道路条件不同,手推车的形式是多种多样的。

2)托盘搬运车

托盘搬运车是一种小型搬运设备,它有两个货叉式的插腿,可插入托盘底部,插腿的前端有两个小直径的行走轮,用来支撑托盘货的质量。货叉可以通过手动油缸抬起,使托盘或货箱离开地面,然后使之行走。这种托盘搬运车广泛应用于收发站台的装卸或车间内各工序间不需堆垛的搬运作业。

3)无人搬运车

无人搬运车即无人驾驶的自动搬运车。它是一种能自动导向、自动认址、自动程序动作的搬运车辆。主要由导向系统、移动装置、转向机构及安全设施 4 大部分组成。

3. 巷道式堆垛机

巷道式堆垛机的主要用途是在高层货架的巷道内来回穿梭运行,将位于巷道口

的货物存入货格,或取出货格内的货物运送到巷道口。

巷道式堆垛机由升降机构、运行机构、货叉、伸缩机构、机架以及电气部分组成。

1)起升机构

起升机构由电动机、制动器、减速机、滚筒或链轮以及柔性件组成。起升机构的工作速度一般为15~25m/min,最高可达45m/min。但不管选多大的工作速度,都应备有慢速挡,一般3~5m/min,主要使运动机构能平衡准確地停在指定位置,以便存取货物。

2)运行机构

运行机构由电机、连轴节、制动器、减速箱和行走轮组成。按运行机构所在位置的不同可以分为地面运行式、上部运行式、中间运行式等,其中地面运行式使用最广泛。运行机构的工作速度视仓库长度和需要的出入库频率而选定。

3)载货台及取货装置

载货台是货物单元承接装置,通过钢丝绳或链条与起升机构联接。取货装置是货叉伸缩机构,货叉可以横向伸缩,以便向两侧货格送入(取出)货物。

4)机架

机架由立柱和上、下横梁联接而成,是堆垛机的承载构件。机架有单立柱和双立柱两类。单立柱结构的机架只有一根立柱和一根下横梁,这种结构一般适用于高度不到10m,轻载荷的堆垛机。双立柱的机架由两根立柱和上、下横梁组成一个长方形框架,这种结构适用于起重量较大或起升高度较高的堆垛机。

5)电力拖动装置

巷道式堆垛机的电力拖动装置除极个别外,都采用变速的电力拖动系统,常用的有以下几种:可控硅供电直流调速系统,交流变极电机换速,交流双电机变速,可控硅交流定子调压调速,涡流制动器调速,变频调速等。

6)控制方式

控制方式分为手动控制、半自动控制、全自动控制和远距离集中控制方式。

7)安全保护装置

由于巷道堆垛机是在又高又窄的巷道内快速运行的设备,对它的安全必须特别重视。除一般起重机常备的安全装置与措施外,还应结合实际需要增加各种保护。例如:强迫减速开关、断绳捕捉器、下降超速保护、货格虚实探测装置、空出库检测、伸叉受堵保护、货物位置和外形检测等。

4. 自动分拣机

分拣是指为进行输送、配送,把很多货物按不同品种、不同地点和单位分配到所设置的场地的作业。自动分拣是从货物进入分拣系统送到指定的分配位置为止,都是按照人们的指令靠自动分拣装置来完成的。这种装置是由接受分拣指示情报的控

制装置、计算机网络、把到达分拣位置的货物送到别处的搬运装置、在分拣位置把货物分送的分支装置、在分拣位置贮放货物的贮存装置等构成。

自动分拣机的分拣系统由一系列各种类型的输送机、各种附加设施和控制系统等组成,大致可分为合流、分拣信号输入、分拣和分流、分运4部分。

常用分拣机有挡板型、浮出型、倾斜型和滑块型等。

5. 自动货柜

自动货柜是集声、光、机、电及微机管理为一体的高度自动化的仓储系统。自动货柜其外形就像一个大柜子,主要由货柜框架、升降装置、输送小车、信息控制系统4部分组成。整体布局为前后布置,以充分利用现有存储面积。货柜按空间划分,大致可分为前、中、后3部分,前面部分用于布置工作台及货架,中部为输送小车上下运动空间,后部为货架。

自动货柜特别适合于小型物品的存贮及管理,并由于其可通过微机、条码打印机、条码识别器等智能工具进行管理,因此,非常适合于多品种、大批量的物品管理,这些是大型货架及普通商用物流设备所不具备的。

7.3.4 仓储物品保管

商品在入库之后,出库之前处于保管阶段。所谓商品保管就是在一定的仓库设施和设备条件下,为保存商品使用价值而在流通领域进行的生产活动。商品在储存期间,其内部时刻进行着各种生物化学变化,这些变化一般都会影响商品的使用价值。为此,需要根据储存商品的性能,采取相应的措施消除或延缓这些变化过程。

商品保管主要包括库房布置、商品分区分类定位、商品堆码、商品数量管理和商品养护等内容。

1. 库房布置

库房布置的主要任务就是合理地利用库房面积。在如何安排库房面积的问题上,商品储存与库内作业往往产生矛盾。设法协调这两种不同的需要,保证库房面积得到充分的利用,就成为库房合理布置所要解决的中心问题。库房布置主要包括仓库总平面布置、仓库作业区布置和库房内部布置。

1)仓库总平面布置

仓库总平面布置不只包括库区的划分以及建筑物、构筑物平面位置的确定,还包括运输线路的组织与布置、库区安全防护及绿化和环境保护等内容。当然主要是进行功能分区,仓库总平面一般可以划分为仓储作业区、辅助作业区、行政生活区,还包括铁路专用线和库内通道。

2)仓库作业区的布置

仓库作业区布置要求以主要库房和货场为中心对各个作业区域加以合理布置。

特别是有铁路专用线的情况，专用线的位置和走向制约着整个库区的布局。如何合理地安排各个区域，力求最短的作业路线，减少库内运输距离和道路占用面积，以降低作业费用和提高面积利用率是仓储作业区布置的主要任务。布置时应该主要考虑以下几方面：吞吐量、机械设备的使用特点、库内道路和仓库业务以及作业流程。

3）仓库内部布置

仓库内部布置的主要目的是提高仓库内作业的灵活性和有效利用仓库内部的空间。仓库内部布置应在保证商品储存需要的前提下，充分考虑到库内作业的合理组织，协调储存和作业的不同需要，合理地利用仓库空间。按照仓库作业的主要内容，仓库可以分为储备型和流通型两大类，这两类仓库由于主要作业内容不同，对于库房的布置要求也就不同。储备型主要考虑货物存储的安全性、进出货物的先后性；而流通型则主要考虑货物的周转效率、存储时间。

2. 商品分区分类定位

实行分区分类定位保管是仓库对储存商品进行科学管理的一种方法。分区是指根据仓库的保管条件把仓库分成若干保管区，以适应商品储存的需要。分类是指根据商品的性能及储存要求，把商品分成若干大类，以便分类集中储存。定位保管是指在分区分类的基础上，固定每种商品的存放位置。由于仓库储存的商品很多，实行分区、分类和定位保管，使每种商品都有固定的存放位置，不但有利于加强对商品的科学养护，而且有利于提高商品出入库的速度，减少差错。

3. 商品堆码

商品堆码就是根据商品的包装形状、质量和性能特点，结合地面负荷、储存时间，将商品分别堆码成各种垛形。商品的堆垛方式直接影响着商品的保管，合理堆垛能够使商品不变形、不变质，保证商品储存安全。同时，还能提高仓库的利用率，并便于商品的保管、养护和收发。

商品堆码作业时要合理、牢固、定量、整齐和节约，并留有5距：墙距、柱距、顶距、垛距和灯距。根据商品的基本性能、外形等的不同，堆码作业的基本形式有重叠式、纵横交错式、仰伏相间式、压缝式、宝塔式、通风式、栽柱式、鱼鳞式、衬垫式、五五式、架式和托盘式。

4. 商品数量管理

库存商品的数量管理是指对库存商品进行记载、统计、准确计算和按时清点，核实数量等业务活动的总称。其内容主要包括：建立商品的保管账、保管卡，定期盘点。

商品保管账是仓库正确记载商品进、出、存情况的正式记录。它是掌握商品库存数量的主要方式，应严格按照正确的程序登记商品保管账。

商品保管卡是挂在货垛上的库存商品记录。保管人员可以随时从保管卡上了解货垛商品的动态，有利于商品的日常管理，避免差错。

库存盘点就是定期对库存商品和保管账进行核实,以确定商品保管账的真实性。

5. 商品养护

商品养护是防止商品质量变化的重要措施,是仓储保管中一项经常性的工作。商品养护工作就是针对商品的不同特性积极创造适宜的储存条件,采取适当的措施,以保证商品储运的安全,保证商品质量,减少商品的损耗,节约费用开支,为企业创造经济效益和社会效益。

1)商品养护的基本措施

①掌握商品的性能,适当安排储存场所。

②严格验收入库商品的质量。

③合理选择商品的堆码方式。

④加强仓库温湿度管理。

⑤坚持商品在库质量检查。

⑥严格执行商品先入先出制度。

2)商品的养护技术

商品养护是一项综合性应用技术,根据商品的性能和影响商品质量变化因素的不同,商品的维护保养技术也不同。常见的养护技术有:温湿度控制技术、防锈蚀技术、防尘技术、防日晒技术、防霉和虫害技术、防腐和防毒技术、防火和防爆技术。

7.4 物流信息技术

物流信息所包含的内容和对应的功能可从狭义和广义两个方面说明。从狭义来看,物流信息是指与物流活动(如运输、保管、包装、流通加工等)有关的信息。在物流活动的管理与决策中,需要详细和准确的物流信息,因为物流信息对运输管理、库存管理、订单管理、仓库作业管理等物流活动具有支持保证的功能。

从广义来看,物流信息不仅指与物流活动有关的信息,而且包含与其他流通活动有关的信息,如商品交易信息和市场信息等。广义的物流信息不仅能起连接整合从生产厂家、经过批发商和零售商最后到消费者的整个供应链的作用,而且在应用现代信息技术的基础上能实现整个供应链活动的效率化,具体说就是利用物流信息对供应链各个企业的计划、协调、顾客服务和控制活动进行更有效的管理。

物流信息技术是现代信息技术在物流各个作业环节中的应用,是物流现代化的重要标志。物流信息技术也是物流技术中发展最快的领域,从数据采集的条形码系统到办公自动化系统中的微型计算机、互联网、各种终端设备等硬件以及计算机软件都在日新月异地更新换代。同时,随着物流信息技术的不断发展,产生了一系列新的物流理念和物流经营的模式,推进了物流的改革。

物流信息技术主要由通信、软件、面向行业的业务管理系统 3 部分组成，包括基于各种通信方式基础上的移动通信手段、全球卫星定位（GPS）技术、地理信息（GIS）技术、计算机网络技术、自动化仓库管理技术、智能标签技术、条形码、射频技术、信息交换技术等现代尖端科技。

1. 物流条码技术

条码是一种供光电扫描识读设备自动识读并实现信息自动输入计算机的图形标记符号，是由不同粗细平行线按特定格式安排间距的条码符号和字符组成的一种标记。若将条码定位，印刷（标贴）在不同的商品或包装上，通过光电扫描输入电脑，我们能在数秒内得知不同商品的产地、制造厂家、产品属性、生产日期、价格等一系列信息。

1）常用物流条码的码制

物流条码的码制是指条码符号的类型，每种类型的条码符号都是由符合特定编码规则的条和空组合而成，都有固定的编码容量和条码字符集，虽然现在正在使用的条码码制很多，但国际上公认的物流条码只有 3 种，即 EAN-13 码，储运单元条码和 EAN/UCC-128 条码。

①EAN-13 码。EAN－13 码是国际物品编码协会在全球推广应用的商品条码，它是一种定长，无含义的条码，没有自校验功能。EAN-13 码使用的字符仅为 0～9 共 10 个字符。常用在单个大件商品的包装箱上。

②储运单元条码。储运单元是为便于搬运、仓储、订货、运输等由消费单元组成的商品包装单元，它分为定量储运单元和变量储运单元。储运单元条码即是交插二五条码，在仓储和物流管理中被广泛采用。它是一种连续、非定长、具有自校验功能，且条空都表示信息的双向条码。它由左侧空白区、起始符、数据符、终止符及右侧空白区构成。

③EAN/UCC-128 条码。在物流配送过程中，如果需要将生产日期、有效日期、运输包装序号、质量、体积、尺寸、送出地址、送达地址等重要信息条码化，以便扫描输入，这时就可应用 EAN/UCC－128 条码。它是由国际物品编码协会、美国统一代码委员会和自动识别制造商协会共同设计而成的。是一种可变长度的连续型条码，它是用一组平行的条、空及其相应的字符表示，由起始符号、数据符、校验符、终止符及左右侧空白区组成。每个条码字符由 3 个条、3 个空共 11 个模块组成。

2）二维条码

二维条码简单地说就是将一维条码存储信息的方式在二维空间上扩展，从而存储更多的信息，即从一维条码对物品的“标识”转为二维条码对物品的“描述”。二维条码是用某种特定的几何图形按一定规律在平面（二维方向）上分布的条、空相间的图形来记录数据符号信息。

二维条码从大类上分为堆叠(层排)式和矩阵式二维条码两大类。

PDF417 条码是一种高密度、高信息含量的便携式数据文件,其特点为:信息容量大、编码应用范围广、保密防伪性能好、译码可靠性高、修正错误能力强、条码符号的形状可变、可以表示多种语言文字和图像数据。

3)复合码技术

为了加强对物流商品的单品管理,提高物流管理中商品信息自动采集的效率,国际物品编码协会(EAN)和美国统一代码委员会(UCC)于 1999 年初联合推出了一种全新的适用于各个行业应用的物流条码标准——复合码(CS,Composite Symbology)。

复合码是将一维条码与二维条码有机地叠加在一起,实现在读取商品的单品识别信息的同时,还能够获取更多描述商品物流特征的信息。复合码中的一维条码可以是任何形式的缩小面积的条码(RSS),也可以是普通的 EAN/UCC 条码。其作用在于,一是单品标识,二是作为二维条码的定位符,用于成像仪识别时的定位。复合码中的二维条码部分由 PDF417 条码构成,用于表示附加的应用标识符的数据串,诸如产品的批号、保质期等商品的描述性信息。

4)条码识读设备

目前,条码识读设备虽然种类很多,但大体上分为两大类,即在线式和便携式阅读器。在线式阅读器一般直接由交流电源供电,在阅读器与计算机或通信装置之间由电缆连接传输数据。而便携式阅读器则配有数据储存器,通常由电池供电,当数据收集后,先把数据存储起来,然后转储主机,适用于脱机工作的场合。

2. 电子数据交换(EDI)

电子数据交换(electronic data interchange)是计算机与计算机之间结构化的事务数据交换,它是通信技术、网络技术与计算机技术的结晶。简单地说就是企业的内部应用系统之间,通过计算机和公共信息网络,以电子化的方式(电子邮包),按一定规定进行加密和解密,并以特殊标准和形式进行商业文件的传输过程。

近年来 EDI 在物流中广泛应用,被称为物流 EDI。所谓物流 EDI 是指货主、承运业主以及其他相关的单位之间,通过 EDI 系统进行物流数据交换,并以此为基础实施物流作业活动的方法。

由上述可知,EDI 是一套报文通信工具,它利用计算机的数据处理与通信功能,将交易双方彼此往来的文档转成标准格式,并通过通信网络传输给对方。其最大的特点就是利用计算机与通讯网络来完成标准格式的数据传输,不需要人为的数据重复输入。也就是说,数据是在物流公司的应用程序与货物业主的应用程序之间电子化转移的,没有另外的人为干预或重复输入。

EDI 涉及到的技术十分广泛。概括地说,实现 EDI 的技术主要有 3 个方面,即数据通信网络技术、标准化和计算机应用技术。

由于电子文件在处理、储存及传输过程中容易被更改或伪造,而且不法分子可能侵入或盗听网络,因此,EDI系统需要提供安全服务功能,例如:数字签名、加入数据识别码、顺序码、时间。用非对称加密法(如RSA)所产生的数字签名是目前EDI领域最广泛使用的安全保护法。

3. 地理信息系统(GIS)

地理信息系统(geographic information system)是用于获取、处理、分析、访问、表示和在不同用户、不同系统、不同地点之间传输数字化空间信息的系统。一个完整的地理信息系统通常由计算机硬件环境、软件环境、地理空间数据、系统维护和使用人员4个部分组成。其理论基础主要有地球科学和信息科学两大支柱。

1)GIS的定义

GIS是计算机科学、地理学、测量学、地图学等多门学科综合的技术。因为GIS涉及的面太广,所以,站在不同的角度,给出的定义也不同。

①面向功能的定义:GIS是采集、存储、检查、操作分析和显示地理数据的系统。

②面向应用的定义:根据应用领域的不同,将GIS分为各类应用系统,如土地信息系统、城市信息系统、仓库规划信息系统等。

③工具箱定义方式:GIS是一组用来采集、存储、变换和显示空间数据的工具的集合,这种定义强调GIS提供的用于处理地理数据的工具。

④基于数据库的定义:GIS的数据有空间次序,并且提供一个对数据进行操作的操作集合,用来回答对数据库中空间实体的查询。

⑤基于计算机系统的定义:GIS是处理地理数据输入、输出、管理、查询、分析和辅助决策的计算机系统。

2)GIS的研究内容

(1)数据的获取(输入)。

数据的获取是将系统外部的原始数据传输到系统内部,并将它们从外部格式转换为系统能够识别和处理的内部格式存储于系统的地理数据库中。

(2)数据的存储与管理。

数据的存储是把数据以某种形式记录在计算机的内部或外部存储器上,GIS系统采用了分层技术,即根据地图的某些特征,把它分为若干层,整张地图正是所有层的叠加结果。这样用户操作时就只涉及到一些特定的层,而不是整幅地图。数据管理包括图形库管理和属性库管理。

(3)数据的处理和分析。

数据处理包括两个方面:一是对输入的数据进行质量检查与纠正;二是对输入的图形数据进行整饰处理,使其满足地理信息系统的各种应用要求。

数据分析即空间分析是指根据确定的应用分析模型,通过对空间图形数据的拓

扑运算及空间、非空间属性数据的联合运算等各种操作运算来分析一定区域的各种现象,以获得更有独立自主的数据或某一特定问题的解决方案。

4. 全球卫星定位系统(GPS)

全球卫星定位系统(global positioning system)是利用导航卫星进行测时和测距,使在地球上任何地方的用户,都能计算出他们所处的方位。当前有两个 GPS 系统可以利用,分属美俄两国。因为美国的已公开对外,所以,一般提到的 GPS 系统都是美国所属的。目前中国和欧盟正在联合开发新的 GPS 系统。

GPS 是由美国国防部发射的 24 颗卫星组成的全球定位、导航系统。这 24 颗卫星分布在高度为 2 万 km 的 6 个轨道上绕地球飞行。其中 21 颗作为工作卫星,3 颗作为备用卫星。

GPS 由 3 大子系统构成:空间卫星系统、地面监控系统、用户接收系统。

GPS 定位方式有绝对(单点)定位和相对定位。

绝对定位也叫单点定位,通常是指在协议地球坐标系中,直接确定观测站相对于坐标系原点(地球质心)绝对坐标的一种定位方法。

相对定位是在两个或若干个测量站上,设置 GPS 接收机,同步跟踪观测相同的 GPS 卫星,测定它们之间的相对位置。

随着人们对 GPS 认识的加深,GPS 不仅在测量、导航、测速、测时等方面得到了广泛的应用,而且应用领域还将不断扩大。例如:汽车自定位、跟踪调度、陆地救援、内河及远洋船队最佳航程、安全航线的实时调度和救生。

5. 智能运输系统(ITS)

智能运输系统(intelligent transportation system)是各国竞相研究的交通领域前沿科学之一。它是指利用先进的信息通信技术,形成“人—车—路”三位一体的系统,从而大大提高道路交通的安全性、运输效率、行车的舒适性以及有利于环境保护的道路交通系统。

在广义信息意义下,ITS“智能”的特点体现在信息技术的 4 个方面,如智能感测技术、智能通信网、智能信息处理、智能控制等。此处的“智能”不只是指具有学习、推理的能力,而且指在特定的环境和适当的条件下,快速有效地获取信息,准确地传输信息,高效地处理信息,并成功地利用信息以达到预期目的的能力。“智能”的特点体现在每一组成部分中,即车内系统、路边信息管理中心、需求管理系统、交通管理控制系统都是智能化的系统,而且它们之间可以自动进行信息交换。

ITS 作为一种使路桥资源、出行车辆与道路使用者有机地综合成一个整体,使时间和空间两种资源均得到充分利用,能够科学地解决飞速发展的交通问题的系统,主要由如下的子系统组成:

①先进的交通管理系统(advanced transportation management system,ATMS);

②先进的驾驶员信息系统(advanced driver information system, ADIS);

③先进的公共交通系统(advanced public transportation system, APTS);

④营运车辆调度管理系统(commercial vehicle operation management, CVOM);

⑤先进的车辆控制管理系统(advanced vehicle control system, AVCS);

⑥电子收费系统(electronic toll collection, ETC)。

6. 射频技术(RF)

射频技术(radio frequency)的基本原理是电磁理论。射频系统的优点是不局限于视线,识别距离比光学系统远,射频识别卡可具有读写能力,可携带大量数据,难以伪造和有智能等。

RF适用的领域:物料跟踪、运载工具和货架识别等要求非接触数据采集和交换的场合,由于RF标签具有可读写能力,对于需要频繁改写数据内容的场合尤为适用。对于RF识别的特定情况应考虑传送距离、工作频率、标签的数据容量、尺寸、质量、定位、响应速度及选择能力等。

近年来,便携式数据终端(PDT)的应用多了起来,PDT可把那些采集到的有用数据存储或传送至一个管理信息系统,把它与适当的扫描器相连,可有效地用于许多自动识别应用中。PDT存储器中的数据可随时通过射频技术传送到主计算机。操作时,先扫描位置标签,货架号码、产品数量就都输入到PDT,再通过RF技术把这些数据传送到计算机管理系统,可以得到客户产品清单、发票、发送标签,该地所存产品代码和数量等。

我国的一些高速公路的收费站口,使用RF可以不停车收费,我国铁路系统使用RF记录货车车厢编号的试点已运行了一段时间,一些物流公司也正在准备将RF用于物流管理中。

7. 电子自动订货系统(EOS)

EOS是指企业间利用通讯网络(VAN或互联网)和终端设备以在线联结(ON-LINE)方式进行订货作业和订货信息交换的系统。EOS按应用范围可分为企业内的EOS(如连锁店经营中各个连锁分店与总部间建立的EOS系统),零售商与批发商间的EOS系统以及零售商、批发商和生产商之间的EOS系统。

EOS系统能及时准确地交换订货信息,企业在应用时应注意:

①订货作业的标准化,这是有效利用EOS系统的前提条件。

②商品代码的设计。在零售行业的单品管理方式中,每一个商品品种对应一个独立的商品代码,商品代码一般采用国家统一规定的标准。对于统一标准中没有规定的商品则采用本企业自己规定的商品代码。商品代码的设计是应用EOS系统的基础条件。

③订货商品目录账册(Order Book)的制作和更新。订货商品目录账册的设计和

运用是 EOS 系统成功的重要保证。

④计算机以及订货信息输入和输出、终端设备的添置和 EOS 系统设计是应用 EOS 系统的基础条件。需要制订 EOS 系统应用手册并协调部门间、企业间的经营活动。

8. 销售时点信息系统(POS)

销售时点信息(point of sale)系统是指通过自动读取设备(如收银机)在销售商品时直接读取商品销售信息(如商品名、单价、销售数量、销售时间、购买顾客等),并通过通讯网络和计算机系统传送至有关部门进行分析加工以提高经营效率的系统。

POS 系统一般应用于超市。因为超市商品的条码普及率较高。

POS 系统通过条码识读设备快速识读商品外包装上的条码标识,传输相应的商品信息数据。例如:商品名称、规格、价格、数量,然后由计算机完成结算,并自动生成账单。

超市实施了 POS 系统管理后,可以记录销售过程中的每一笔交易,每售出一件商品,POS 系统数据库中就相应地减少该商品的库存记录,并能自动完成商品的盘点。

在商场完善的 POS 系统建立的同时,也建立了商场管理信息系统(management information system,MIS,实际是 POS 系统网络的后台管理部分)。这样,在商品销售过程中的任一时刻,商品的经营决策者都可以通过 MIS 了解和掌握 POS 系统的经营情况,实现商场库存商品的动态管理,使商品的存储量保持在一个合理的水平,减少了不必要的库存。

实施 POS 系统管理后,经营管理人员对销售环节的各种信息以及某种商品销售情况的好坏、商品是否过期可随时掌握,解决了超前付款和削价处理的损失。

POS 系统的差错率很低,据统计在 1/3000000 以下。

9. 快速反应系统(QR)

快速反应系统(quick response)是美国零售业者和纺织服装生产厂家合作,共享信息资源,为实现销售额的增长而建立的一种服务系统。

快速反应关系到一个厂商是否能及时满足顾客需求的能力。信息技术提高了在最近的可能时间内完成物流作业和尽快地交付所需货物的能力。这样就可减少传统上按预期的顾客需求过度地储备存货的情况。快速反应的能力把作业的重点从根据预测和对存货储备的预期,转移到对顾客需求做出反应方面上来。不过,由于在还不知道货主需求和尚未承担任务之前,存货实际上并没有发生移动。因此,必须仔细安排作业,不能存在任何缺陷。

这里需要指出的是应用 QR 的初衷是为了与进口商品竞争,但并没有出现这样的结果。相反,随着竞争的全球化和企业经营业务全球化,QR 系统管理迅速在各国企业界扩展。航空运输为国际间的快速供应提供了保证。现在,QR 方法已成为零售

商实现竞争优势的工具。同时随着零售商和供应商结成战略联盟,竞争方式也从企业与企业间的竞争转变为战略联盟与战略联盟之间的竞争。

思考题

1. 物流技术的概念及主要内容是什么?
2. 叉车的种类及特点。
3. 起重机械的工作特点、种类及基本参数。
4. 输送机械的特点及种类。
5. 仓库的种类有哪些?
6. 自动化立体库有哪些特点?
7. 常用的仓储机械有哪些?
8. 物流信息技术包括哪些内容?

第 8 章　物流管理

8.1　物流管理机制

物流管理(logistics management)是“为达到既定的目标,对物流的全过程进行计划、组织、协调与控制”(GB/T 18354—2006)。生产过程中,根据物质资料实体流动的规律,应用管理学的基本原理和科学方法,对物流活动进行计划、组织、指挥、协调、控制和监督,使各项物流活动实现最佳的协调与配合,以降低物流成本,提高物流效率和经济效益。

现代物流管理的基本任务就是按照市场经济发展的要求,为经济建设和提高人们生活水平提供优质的服务,确保物质产品实体流动过程中,按质、按量、及时、准确地供给生产和消费的需要,不断降低物流费用,实现货畅其流,物尽其用,促进国民经济持续、快速、健康地向前发展。

8.1.1　现代物流管理的研究内容

具体地讲,现代物流管理研究的内容有以下几个方面:

1)研究物品在空间上位移的合理化问题

解决物品由生产地点到需要地点的空间位移的合理化问题,创造物品的空间效用,实现其使用价值,满足社会需要,是物流研究的首要问题。一般来说,物品的空间位移是通过运输和配送实现的。运输是物流的中心环节。

2)研究物品在产需之间的时差效用

要解决物品在生产与消费之间的时间差异,就要建立一定量的储存,这是保证生产和消费连续性的必要条件。因此,储存具有创造物品时间效用的功能。要储存就必然要发生对物品进行维护、保养、堆放、管理等保管活动,而且为了降低储存费用,还要考虑库存量的控制、仓储设施的设置、结构用途及合理使用、保管方法及保管技术的选择等。尤其重要的是,要创造物品的时间效用,必须考虑如何使物品按质、按量、按时满足消费需要,使储存场所发挥物流中转站的作用。

3)研究包装、装卸和搬运、流通加工、信息处理、技术经济管理等问题

包装、装卸和搬运、流通加工、信息处理是上述两个方面之外的物流基本功能，结合技术经济管理对这几个方面进行研究、管理，能更好、更有效的反应现代物流管理的内涵。以降低物流成本，提高物流效率和经济效益。

这些问题与创造物品空间效用和时间效用直接相关。通俗地讲，物流管理的内容可分为以下 3 个方面：

①对物流活动诸要素的管理。具体包括运输、储存、包装、配送、装卸、搬运和流通加工等环节的管理。

②对物流系统诸要素的管理。即对其中人、财、物、设备、方法和信息等 6 大要素的管理。

③对物流活动中具体职能的管理。主要包括物流计划、质量、技术、经济等职能的管理。

8.1.2　现代物流管理的研究范围

1. 微观物流

微观物流主要研究企业生产经营中的物流活动。在生产社会化及专业化水平不断提高，科学技术水平高度发展的时代，物流与企业的每项业务都有密切联系，它贯穿于从生产（经营）计划到生产出产品并送达顾客手中的整个循环过程之中。研究微观物流的目的，是为了有效地组织和控制企业内部，工序之间以及销售过程中的物流。

2. 中观物流

中观物流一般是指区域性物流。例如：城市物流，它包括了城市与城市之间的物流，城市内部的物流和城市与农村之间的物流。城市物流是伴随城市经济的形成和发展而形成和发展的物流。城市物流组织及其管理是城市经济管理的重要组成部分。特别是对现代化大城市物流的组织管理的研究，对解决城市拥挤，交通堵塞，物流不畅的问题有着重要的意义。

3. 宏观物流

宏观物流是对物品从原材料供应到进入生产领域，并经过生产，流通直到产成品运达消费者手中的整个循环过程进行系统研究。即研究整个经济社会运行中的物流系统。其目的是为了促进整个社会物质资料从生产领域向消费领域迅速转移，实现产品的使用价值，使物流社会消费最省，整体效益最大，服务水平最好，并根据资源供给状况和消费者的需求状况采取相应的宏观物流对策。

4. 国内物流

国内物流是以一个国家为一个研究区域，认真研究在不同经济发展水平下，国内物流的合理化，实现国内物流的低成本、高效率。

5. 国际物流

国际物流是伴随国际贸易而形成的物流。认真研究当代国际物流的现状,探索国际物流的发展趋势,对实现对外贸易中物流的合理化,增强出口商品在国际市场上的竞争力,具有十分重要的意义。

6. 物流系统

主要研究物流系统内部各要素及其相互间的功能关系,它们与其周围环境的联系以及当外部环境变化时的适应能力。现代物流研究就是从研究物流系统的外部经济环境和内部结构入手,揭示物流系统存在和运行的普遍规律;并按照这些规律的要求,进行物流基础设施的建设,统筹物流网络的布局,建立物流管理(组织)体系。

综上所述,现代物流管理研究的实质是研究如何有效地控制整个经济社会运行和企业生产经营中处于持续流转过程中的物品流动。其目的是衔接产需,从数量和质量上保证供应,创造时间和空间效益,以使物流总费用最低,整体效率最高,服务水平最佳。

8.1.3 现代物流管理的研究方法

物流管理研究的方法,是在马克思辩证唯物主义和历史唯物主义的指导下,运用综合职能研究和系统分析的方法。研究的方法大体上分为 3 种类型:

1. 商品划分法

它以特定商品作为研究对象来论述和分析流通问题,然后再将整个流通理论化,这种方法把流通研究视为某一部门的经济学,虽然能使具体研究成为可能,但往往跳不出政府行政管理部门的职能范围,这就极大地限制了考察问题的眼界,难以提示出全社会范围内的各种商品流通过程的共有规律性。

2. 体制划分法

它按照构成流通的社会结构的体制,即批发、零售、运输、仓储等,以此进行说明和分析,并以其为主线,建立流通理论体系。这种方法可以说很具体,但不易得出一般结论。

3. 职能研究法

它是选出与全部体制有关的职能进行分析,并将整个流通的结构理论化。这种方法是实现逻辑体系化的基本方法。采用这一研究方法,目的是要建立起这样几个方法的逻辑体系:

①宏观经济环境与物流系统相互作用的结构,其中包括物流的产生与发展,市场经济运行与物流系统等。

②物流管理与效率、效益、经济发展之间的因果关系结构。例如:物流组织管理,费用管理,现代化管理和物流合理化数量分析,以及城市物流管理,国际物流管理。

在运用综合职能研究方法的同时，现代物流管理研究还要运用系统分析法、科学抽象法、静态—动态分析法和定性—定量分析法等。

8.2 物流管理组织

组织是进行有效管理的手段，建立健全合理的物流管理组织是实现物流合理化的基础和保证，管理是为经营目的服务的，组织是为管理服务的，这里所说的物流管理组织，是指在企业或整个社会中为进行物流管理，把责任和权限体系化了的组织。物流管理组织的职能，是通过建立一定的物流管理机构，确定与其相应的职位、职责和职权，合理传递信息等一系列活动，将物流各要素联结成一个有机的有秩序的总体。物流要素的结合，最终体现在人的劳动结合上，即把人们承担的物流任务组织成一个体系，以便有助于人们共同为实现企业（社会）的经营战略目标而工作。

8.2.1 物流管理组织的内容

1. 组织设计

组织设计是指为了有效地实现经营目的而探索应该如何设计组织结构，它是实现组织职能的重要环节，是物流组织的建立过程或改善过程。它不仅包括进行社会物流高层次决策组织体系、生产（企业）物流组织体系、专业物流职能管理组织体系的设计，还要根据设定的物流组织体系的目标和企业物流业务分工，规定物流部门的职位、职权和职责，规定它与其他部门之间的关系、协调原则和方法，建立责任制度以及指令和反馈信息的渠道和程序。

2. 组织管理

组织设计是物流管理的静态组织，组织管理则是物流组织体系的运行过程，即组织体系对物流过程的动态管理，使物流系统的各组成部分按明确的业务分工，准确无误地执行各自的职能，保证物流总体活动的系统协调进行。

8.2.2 建立物流管理组织的基本原则

物流管理组织形成的基本条件在于如何明确业务范围，如何进行业务分工以及如何实施物流管理的统一化，基于这一条件，设计物流管理组织要有系统观念，在物流管理组织建立过程中，应从具体情况出发，根据物流系统管理的总体需要，体现统一指挥、分级管理原则，体现专业职能管理部门合理分工、密切协作的原则，使其成为一个有秩序、高效率的物流管理组织体系。具体地说，建立和健全物流管理组织必须遵循以下基本原则。

1. 有效性原则

有效性原则是物流管理组织基本原则的核心,是衡量组织结构合理与否的基础,有效性原则要求物流管理组织必须是有效率的,在实现物流活动的目标方面是富有成效的。

2. 统一指挥原则

统一指挥原则是建立物流管理指挥系统的原则,其实质在于建立物流管理组织的合理纵向分工,设计合理的垂直机构、物流管理组织机构是企业、公司以及社会的物流管理部门,是负有不同范围的物流合理化使命的部门。在统一指挥原则下,一般形成三级物流管理层次,即最高决策层、执行监督层和物流作业层。管理层次的划分,体现纵向指挥系统的分工和分权原则。

3. 合理管理幅度原则

管理幅度是指一名管理者能够直接而有效地管理其下属的可能人数及业务范围,它表现为管理组织的水平状态和组织体系内部各层次的横向分工,管理幅度与管理层次密切相关,管理幅度大就可以减少管理层次,反之,则要增加管理层次。

4. 职责与职权对等原则

无论是管理组织的纵向环节还是横向环节,都必须贯彻职责与职权对等原则,职责即职位的责任,职权是指在一定职位上,在其职务范围内为完成其责任所应具有的权力。职责与职权的相适应的权限,即权力限定的责任范围内,权力的授予要受职务和职责的限制,不能有职无权,无职也不能授权,这两种情况都不利于调动积极性,影响工作责任心,降低工作效率。

5. 协调原则

物流管理的协调原则是指对管理组织中的一定职位的职责与具体任务要协调,不同职位的职能要协调,不同职位的任务要协调。具体地讲,就是物流管理各层次之间的纵向协调,物流系统各职能要素的横向协调和部门之间的横向协调。

8.2.3 物流管理组织的结构形式

物流管理的组织职能是以一定的组织结构形式体现的,组织结构的形式是物流组织各个部分及其与整个企业经营组织之间关系的一种模式,物流管理组织的结构形式是与企业经营发展的不同阶段,管理机构的复杂程度以及整个企业经营管理组织形式的特点相适应的。也就是说,最初的物流管理活动是分散在企业其他部门之中的,并没有专门的机构进行组织。随着现代企业经营管理组织的改组,企业内部专业的物流管理组织机构开始出现,并逐步发展成为与生产、销售部门并列的社会化的物资综合管理机构。

现代企业经营管理组织结构形式的不断演变,使物流管理组织结构形式也不断发展变化,一般来讲,组织机构都应包括决策指挥层、执行监督层及反馈、参谋机构,但从具体形式上归纳,有5种基本形式:

(1)直线型物流管理组织结构。

最简单的一种管理形式,特点是企业各级行政领导按照直线从上而下进行垂直管理,不另设专业管理机构。优点是机构层次少,权力集中,决策和执行迅速,工作效率高。缺点是管理者需要处理的事物太多,不利于提高企业的经营管理水平。适用于经营规模较小,经营对象简单的小型物流企业。

(2)职能制物流管理组织结构。

特点是最高层的领导者把专业管理的职责和权限交给相应的职能管理机构,由他们在专业管理活动上直接经营指挥业务机构的活动。优点是能够充分发挥职能机构专业管理的作用和专业管理人员的专长,加强了管理工作的专业化分工,实现内行领导,达到管理的正确性和高效率。缺点是各职能机构都有指挥权,形成多头领导,相互协调比较困难。

(3)直线职能制物流管理组织结构。

是一种按职能划分部门的纵向一体化的职能结构。特点是企业内部按职能(如生产、销售、开发等)划分成若干部门,各部门独立性很小,均由企业高层领导直接进行管理,即企业实行集中控制和统一指挥。它保持了直线制的集中统一指挥的优点,并吸收了职能制发挥专业管理职能作用的长处。适用于市场稳定、产品品种少、需求价格弹性较大的环境。但是,随着企业规模不断扩大,使这种结构的缺陷日渐暴露:高层领导们由于陷入了日常生产经营活动,缺乏精力考虑长远的战略发展,且行政机构越来越庞大,各部门协调越来越难,造成信息和管理成本上升。

(4)事业部制的物流管理组织结构。

这种结构的基本特征是,战略决策和经营决策分离。根据业务按产品、服务、客户、地区等设立半自主性的经营事业部,公司的战略决策和经营决策由不同的部门和人员负责,使高层领导从繁重的日常经营业务中解脱出来,集中精力致力于企业的长期经营决策,并监督、协调各事业部的活动和评价各部门的绩效。

(5)物流子公司——物流管理组织结构的新形式。

组织结构是一种多个法人实体集合的母子体制,母子之间主要靠产权纽带来连接。这种组织结构较多地出现在由横向合并而形成的企业之中,这种结构使合并后的各子公司保持了较大的独立性。总公司则通过各种委员会和职能部门来协调和控制子公司的目标和行为。这种结构的公司往往独立性过强,缺乏必要的战略联系和协调,因此,公司整体资源战略运用存在一定难度。

8.3 物流成本管理

8.3.1 物流成本管理概述

物流成本管理是物流管理的一个非常重要的内容。物流企业的物流服务项目,物流技术及组织管理水平,与物流成本有很大关系。物流成本(logistics cost)是“物流活动中所消耗的物化劳动和活劳动的货币表现”(GB/T 18354—2006)。物流活动包括物品在空间位移和静止状态。物流成本也称物流费用。具体地说,物流成本包括物流各项要素活动的成本,例如:商品包装、装卸、运输、配送、储存、流通加工、信息处理等各个方面所支出的人力、物力、财力的总和。

降低物流成本和提高服务水平是物流管理所肩负的两大使命,正确处理和协调两者之间的关系是物流管理的重要内容,应该合理兼顾两方面的要求,不可偏废任何一方。但是,从对物流管理所肩负的这两方面任务的要求来说,这两者之间却又存在着一种矛盾对立的状态。从对物流服务的角度来讲,要求物流系统提供尽可能高的服务水平和服务标准,而从提高企业经济效益的角度来说,又要求产生尽可能低的物流成本,将物流管理的目标订为谋求最高的服务水平和最低的物流成本,这是一种理想化的模式,在现实中,最高的服务水平和最低的物流成本二者是不可能同时存在的。因为在高水平服务和低物流成本之间,存在着一种“二律背反”的关系,两个事物是不相容的,这种关系见图 8-1 所示。

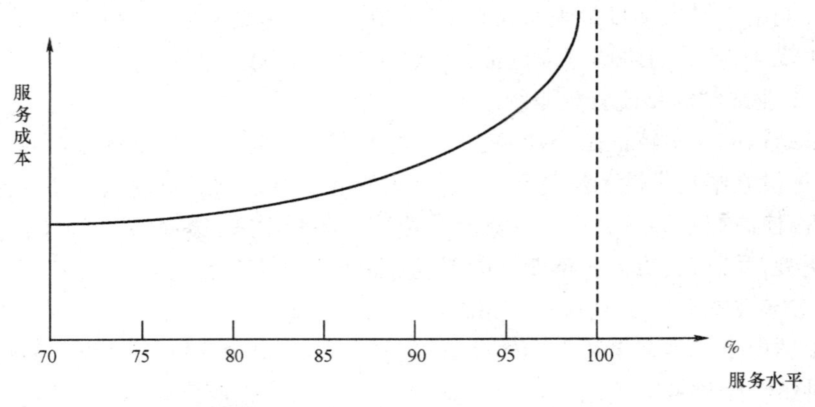

图 8-1　服务水平与服务成本关系图

在管理中,当我们谋求的某一项目标可以达到,而另一项目标却不能同时达到的情况下,就应权衡利弊,进行抉择,用综合的方法来求得两者之间的平衡,以取得最佳

的综合经济效益。因此，我们运用效率系统的概念来定义物流管理的目标是旨在实现有效率的系统。所谓系统的效率，是指一个系统的产出与投入之比。物流系统的产出是物流服务，产出的多少可以用服务水平的高低来衡量与评价。物流系统的投入是为提供物流服务所消耗的活劳动与物化劳动，体现为物流成本。以最低的物流成本达到所要求的物流服务水平，这样的系统就是一个有效率的系统。

作为物流系统的构成要素，物流的各项活动之间是相互联系、相互制约的，其中一项活动的变化会影响到其他活动相应地发生变化。例如：商品储存数量和仓库设置地点的改变，会影响到运输次数和运输距离的变化，物流系统要素间的相关性就使得在发挥功能方面，物流的各项活动之间具有相互弥补、相互替代的可能。例如：为降低保管费用而减少商品储存的数量，必须有快速的运输作为弥补，以防止缺货。所以，在物流系统的活动中，同样的服务水平是可以通过物流各项活动间不同的组合方式来实现的。不同的组合方式，必然产生不同的物流成本。

物流系统各要素间相互影响，产生了物流各项成本间交替损益的关系。所谓交替损益，是指改变系统中的任何一个要素，都会影响其他要素，使系统中任何一个要素增益都将对系统其他要素产生减损作用。例如，减少商品储存的数量可以降低储存成本，但由于储存数量减少，在市场规模不变的前提下，为了满足同样的需求，势必要频繁地进货，增加了运输次数，从而导致运输成本的上升。也就是由于储存成本的下降导致了运输成本的上升，在追求储存合理性时又牺牲了运输的合理性。因此，虽然物流总成本是由物流各要素成本组成，但并非是简单地成正比或反比的关系，而是各项成本之间相互影响、相互作用的综合结果。

物流系统中各子系统的最优并不等于，也不能代替物流大系统本身的最优。要获得物流大系统的最优，就要以物流大系统的目标来协调所有子系统的活动，物流大系统目标和经济性体现在物流总成本最低。所以，我们只有把所有相关的物流成本放到同一场所，用总成本这个统一尺度来计算，从综合经济效益上衡量比较总的损益、得失、优劣、好坏，才能做出正确的决策。

物流成本管理并不是管理物流成本，而是通过成本去管理物流。这两者的区别在于，前者只重视物流成本的计算，把计算成本本身当作目的，这样虽然掌握了成本，却不知如何利用成本去管理物流。而后者则是把成本作为一种手段来管理物流。换句话说，物流成本管理就是以成本为手段的物流管理。

利用成本可以对物流进行管理的原因是：

①物流成本能真实地反映物流活动的实际状况，通过物流成本的计算，可以进行物流经济活动的分析，发现和找出企业在管理中存在的问题和差异。

②物流总成本是衡量和评价物流合理化的统一尺度。物流成本与服务之间的二律背反关系，物流活动各要素成本间交替损益的状态，都使人们无法以某一环节活动

的优劣和某一单项指标的高低去评价物流系统的合理性。而物流服务与成本之间的协调,物流各项活动成本之间的相互影响,最终都将体现在物流总成本上。因此,物流总成本就成为衡量与评价物流综合经济效益和物流合理化的统一尺度。

8.3.2 物流成本计算

利用物流成本进行物流管理,必须建立统一的物流成本计算标准,确定计算物流成本应遵循的基本原则,划分物流成本的范围,确立统一的计算口径与方法。如果没有统一的计算标准,就会使计算出的结果没有科学性,而难以成为企业决策的依据;如果在计算范围和计算方法上存在着很大的差异,得出的数据难以进行比较对照,又缺乏可比性。并且,由于受物流概念范围不同的影响,企业财务账目中提取物流成本或物流成本汇总方法不明确等原因,也有可能造成只计算了部分物流成本,并非如实地反映企业物流成本全貌的状况。日本早稻田大学的西泽修教授对这一现象提出了“物流冰山”的说法,西泽修教授指出,盈亏计算中的销售费用和一般管理费用栏中记载的外付运费和外付保管费的金额只是海洋中露出的冰山一角,大量的物流费用是在企业内部消耗的。

1. 物流成本分类

在计算物流成本时,首先应确定计算口径,因此,必须对物流成本进行科学的分类。

1)按物流范围分类

这是按照以物流特性划分的范围来进行成本分类的方法。

①供应物流费:是指从商品采购直到批发、零售业者进货为止的物流过程中所需要的费用。

②企业内物流费:是指从购进的商品到货或由本企业提货时开始,直到最终确定销售对象的时刻为止的物流过程中所需要的费用,包括运输、包装、保管、配货等费用。

③销售物流费用:是指从确定物流对象时开始,直到商品送交到顾客为止的物流过程中所需要的费用。包括包装、商品出库、配送等方面的费用。

④回收物流费:是指包装材料、容器等由销售对象回收到本企业的物流过程中所消耗的费用。

⑤废弃物流费:是指在商品、包装材料、运输容器、资材的废弃过程中而产生的物流费用。

2)按支付形态的不同分类

按支付形态的不同进行物流成本的分类,是以财务会计中发生的费用为基础,将物流成本分为本企业支付的物流费和其他企业支付的物流费;本企业支付的物流费

又可分为企业本身的物流费和委托物流费用;其中企业的物流费又分为材料费、人工费、公益费、维护费、一般经费和特别经费。

3)按物流的功能分类

按物流的不同功能进行分类,即为考察物流费用是由哪种物流功能产生的费用而进行的分类。

①物品流通费:是指为完成商品、物资的物理性流通而发生的费用,可进一步细分为包装费、运输费、保管费、装卸搬运费、流通加工费和配送费。

②信息流通费:指因处理、传输有关的物流信息而产生的费用。包括与储存管理、订货处理、顾客服务有关的费用。

③物流管理费:指进行物流的计算、调整、控制所需要的费用。既包括作业现场的管理费,也包括企业物流管理部门的管理费。

2. 物流成本计算

在计算物流成本时,必须把握一个基本原则,就是从按支付形态不同分类入手,来计算物流费用。首先,从企业财务会计核算的全部相关科目中抽出所包含的物流成本,然后以表格形式逐步计算物流成本。

①材料费:是指因物料的消耗而发生的费用。由物资材料费、燃料费、消耗性工具、低值易耗品摊销及其他物料消耗等费用组成。直接材料费可以通过各种材料的实际消耗量乘以实际的购进价格来计算。实际消耗量可以按物流成本计算期末统计的材料支出量计算。当难以通过材料支出单据进行统计时,也可以采用盘存计算法,即:

$$本期消耗量 = 期初结余 + 本期购进 - 期末结余$$

材料的购进价格应包括材料的购买费、进货运费、装卸费、保险费、关税、购进杂费等。

②人工费:人工费是指对物流活动中消耗的劳务所支付的费用。物流人工费的范围包括职工所有报酬(工资、奖金、其他补贴)的总额、职工劳动保护费、按规定提取的福利基金、职工教育培训费等。

报酬总额按计算期内支付给从事物流活动人员的报酬总额或按整个企业职工的平均报酬额计算。剩余费用都需要从企业这些费用项目的总额中把用于物流人员的费用部分抽出来。当实际费用很难抽出计算时,也可将这些费用的总额按从事物流活动的职工人数比例分摊到物流成本中。

③公益费:是指对公共事业所提供的公益服务(自来水、电、煤气、取暖、绿化等)支付的费用。严格地讲,每一个物流设施都应安装计量表直接计费。但对没有安装计量仪表的物流费,也可以从整个企业支出的公益费中按物流设施的面积和物流人员的比例计算得出。

④维护费:是由土地、建筑物、机械设备等固定资产的使用、运行、维护和保养而产生的维修费、大修费、折旧费、房产税、土地使用税、车船使用税、租赁费、保险费等费用。

维护费根据实际发生额计算,对于经过多个期间统一支付的费用,可按期间分摊计入本期相应的费用中。对于物流业务中可以按业务量或物流设施来掌握和直接计算的物流费,可直接算出维护费。对于不能直接计算出的,可按建筑物面积和设备金额等分摊到物流成本中。

⑤一般经费:是指差旅费、交通费、会议费、书报资料费、文具费、邮电费、零星购进费、城市建设税、能源建设税及其他税款,还包括物资及商品损耗费、物流事故处理及其他杂费等一般性支出。

一般经费中对于差旅费、交通费、会议费、书报资料费等人员和使用目的明确的费用,可直接计入物流成本。对于一般经费中不能直接计入物流成本的,可按职工人数比例分摊到物流成本中。

⑥特别经费:是指采用不同于财务会计的计算方法所计算出来的物流费用,包括按实际使用年限计划的折旧费和企业内利息等。企业内部物流利息的计算,对物流活动中使用的固定资产以征收固定资产占用税时的评估价额乘以企业内利息率;对存货以账面价额乘以企业内利息率来计算。

⑦委托物流费:是指将物流业务委托给物流业者时向企业外支付的费用。委托物流费根据本期实际发生额计算。包括托运费、市内运输费、运费、装卸费、保管费和出入库费、委托物流加工费等。除此以外的间接委托物流费要按一定标准分摊到各功能的费用中。

⑧其他企业支付费用:在物流成本中,还应包括向其他企业支付的物流费,例如:商品购进采用送货制时包含在购买价格中的运费及商品销售采用提货制时因顾客自己取货而扣除的运费。其他企业支付费用以本期发生购进时其他企业支付和发生销售时其他企业支付费用的商品质量或件数为基础,乘以费用单位计算。

根据计算物流成本的需要,可以将以上通过计算得出的数据填入特定的表格中,然后进行分类汇总,得出按物流功能、支付形态划分的成本支出情况,这样就可以了解哪个范围、哪种功能的物流成本高。计算物流成本时要注意,每进行一次物流成本的计算,都要明确计算的范围,以使计算结果具有可比性。

8.3.3 物流系统成本分析法

1. 量本利分析方法

1)物流成本的划分

根据物流成本与物流业务量的变动关系,可以将物流成本划分为固定成本与变

动成本(半变动成本)。

固定成本:包括两部分,一是约束性固定成本,是因形成和维持一定的生产经营规模和生产能力而发生的总额保持不变的成本。如固定成本的折旧费、财产保险费、管理人员工资费用等。二是酌量性固定成本,是物流企业决策者根据企业生产经营方针和组织管理第三方物流经营活动的需要,编制一定时期的生产费用预算而确定的总额保持不变的成本。如销售广告费、产品开发费、职工培训费等。酌量性固定成本与物流企业生产经营活动无直接联系。而约束性固定成本与业务量的变化范围有关,如增添固定成本,扩充管理机构和人员。

变动成本:包括燃料成本、物流作业成本、计件工资等。其特性决定了其随着物流业务量的增加而增长,而单位业务量变动成本在一定物流业务量范围内保持相对稳定。

半变动成本:这种成本是总额受业务量变动的影响,但变动的幅度与业务量增长不保持比例关系的成本。如辅助材料成本、生产设备维修费用等。半变动成本可以划分为混合式半变动成本和阶梯式半变动成本。混合式半变动成本同时包括固定成本和变动成本;阶梯式半变动成本是在相关范围内保持不变,当物流业务量超过相关范围时,其总额将成跳跃式上升。由于半变动成本通常在总成本费用中所占比例很小,在经济分析中一般近似地认为它也随产量成正比例变化。

2)盈亏平衡模型

在设计物流服务项目时,有时需要运用盈亏平衡模型帮助决策分析。在不考虑销售税金的情况下,物流系统量本利三者之间的关系可以用基本计算公式表示:

$$P = R - (V + F) = KQ - (V_C Q + F) = (K - V_C)Q - F$$

式中:P——销售利润;

R——销售收入;

V——变动成本总额;

F——固定成本总额;

Q——销售(业务)量;

K——单位产品(业务量)销售价格;

V_C——单位产品(单位业务量)的变动成本。

用以上关系进行分析物流系统有关问题,就构成了物流量本利分析。见图 8-2。

图 8-2 中纵坐标表示销售收入与成本费用,横坐标表示销售数量。销售收入线 R 与总成本线 C_T 的交点 B 称盈亏平衡点,也就是盈利与亏损的临界点。在 B 的左边,总成本大于销售收入,项目亏损;在 B 的右边,销售收入大于总成本,项目盈利。

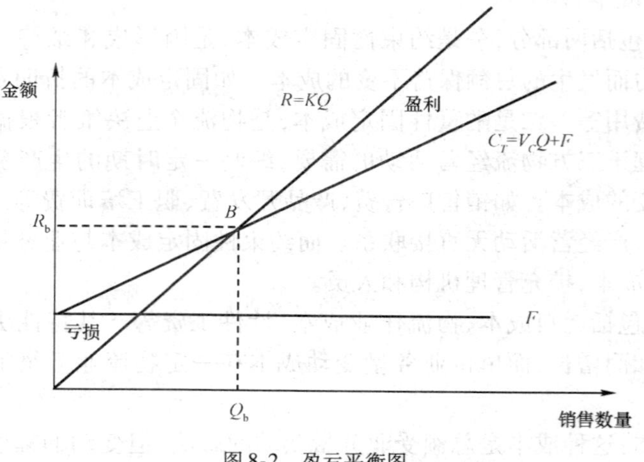

图8-2　盈亏平衡图

物流系统在盈亏平衡时(B 点)有以下关系:

$$KQ = V_C Q + F$$

此时的业务量 Q 即为盈亏平衡时的业务量 Q_b,即:

$$Q_b = \frac{F}{K - V_c}$$

若项目设计生产能力为 Q_C,则盈亏平衡生产能力利用率 E 为:

$$E = \frac{Q_b}{Q_c} \times 100\% = \frac{F}{(K - V_c) Q_c} \times 100\%$$

若按设计能力进行生产和销售,则盈亏平衡销售价格 K_b 为:

$$K_b = \frac{R}{Q_c} = \frac{C_T}{Q_c} = V_c + \frac{F}{Q_c}$$

若按设计能力进行生产和销售,且销售价格已定,则盈亏平衡单位产品变动成本 V_c 为:

$$V_c = K - \frac{F}{Q_c}$$

经营安全率:

$$q = \frac{Q - Q_0}{Q} \times 100\%$$

一般认为,经营安全率为30%以上为安全;25%~30%较安全;15%~25%不太好;10%~14%应警惕;10%以下是危险经营。

通过计算盈亏平衡点,结合市场预测,可以对投资方案发生亏损的可能性做出大

致判断。

在实际工作中，盈亏平衡分析广泛地应用于企业经营过程中以下几个方面：

(1)指出企业不亏损的最低年业务量、单价、单位变动成本，分析判断项目经营安全率。

例8-1：某企业目前业务量20万件，设计年业务量为30万件，每个运价10.4元，单位成本为7.4元，预计年销售收入312万元，固定费用为42万元，可变费用为222万元，试用业务量、单位产品变动成本、运输能力利用率和销售单价表示，计算此项目的盈亏平衡点，并判断该项目经营是否安全。

解：用产量表示盈亏平衡点：

$$Q_b = \frac{F}{K - V_C} = \frac{42}{10.4 - 7.4} = 14(\text{万件})$$

用生产能力利用率表示：

$$E = \frac{Q_b}{Q_c} \times 100\% = \frac{14}{30} \times 100\% = 46.7\%$$

用单位产品变动成本表示：

$$V_{cb} = K - \frac{F}{Q_c} = 10.4 - \frac{42}{20} = 8.3(\text{元/件})$$

用销售单价表示BEP：

$$K_b = V_c + \frac{F}{Q_c} = 7.4 + \frac{42}{20} = 9.5(\text{元/件})$$

经营安全率：

$$q = \frac{Q - Q_0}{Q} \times 100\% = \frac{20 - 14}{20} \times 100\% = 30\%$$

(2)通过分析固定成本占总成本的比例对盈亏平衡的影响，指出企业改善经营的方向。

设预期的年业务量为Q，固定成本占总成本比例为S，由$F = SC_T$得：

$$V_c = \frac{C_T(1 - S)}{Q}$$

$$Q_b = \frac{SC_T}{K - C_T(1 - S)/Q} = \frac{QC_T}{(KQ - C_T)/S + C_T}$$

$$V_{cb} = K - \frac{C_T S}{Q}$$

由上式可以看出，固定成本占总成本的比例S越大，盈亏平衡业务量越高，盈亏平衡单位业务量变动成本越低。高的盈亏平衡业务量和低的盈亏平衡单位业务量变动成本，会导致项目在面临不确定因素的变动时发生亏损的可能性增大。可见，控制

固定成本对于盈亏平衡点的下降,有着很重要的意义。

(3)应用盈亏平衡分析进行方案比较、选择。在需要对若干个方案进行比选情况下,如果是某一个共有的不确定因素影响这些方案的取舍,则也可以用盈亏平衡分析方法帮助决策。

设两个互斥方案的经济效果都受某不确定因素 x 的影响,我们把 x 看作一个变量,则两个方案的经济效果指标可表示为:

$$E_1 = f_1(x_1);E_2 = f_2(x_2)$$

当两方案经济效果相同时有 $f_1(x_1) = f_2(x_2)$

解出使这个方程式成立的 x 值,即为方案 1 与方案 2 的盈亏平衡点,也就是决定这两个方案优劣的临界点。结合对不确定因素 x 未来取值范围的预测,就可以做出相应的决策。

2. 物流活动成本法

活动成本法(activity-based costing,ABC)是一种以活动(包括业务、作业、附加价值)等为对象的成本核算与分析方法体系。此时的“活动”是指在生产产品或提供劳务过程中不可缺少的作业活动、操作环节、加工工序等。活动成本法可以为物流企业不断改善经营管理提供准确及时的有关活动、活动量、活动对象的信息,从而可以用活动成本法所提供的信息来改善企业物流成本管理过程。该方法非常适宜在第三方物流企业及其他物流组织中运用。

活动成本法的基本点是基于活动成员承担的活动及其变革所引起的成本的增加和减少。在物流企业组织中,应用此法并进行物流成本管理的要点是:成本分摊和成本分析。

1)成本分摊方式

活动成本法的成本分摊不同于传统的成本分摊方式,其主要内容有:

先要分析物流过程中的活动实施成本,例如:人员工资、设备耗损、停滞时间及所占用设备、设施、空间等的费用。

其次将成本分摊到实施这些活动所使用的相关产品、物流服务项目或生产线上。将成本分摊到这些活动上,就需要分析这项活动有无必要,能否为用户带来增值(附加值),直接与用户的增值需要相联系。物流过程的活动通过这样的成本分摊方式,可以为物流经营管理提供极为有用的信息,例如:这项活动有无必要?能否与其他活动进行合并?

2)成本分析

应用活动成本法进行物流成本分析的要点是:

①分析活动。分析活动的内容包括范围、性质、数量、比较和联系。

②挖掘成本动因。寻找导致不必要活动或不佳活动产生的原因,从而为最终消

除不必要的活动和活动成本找到依据。

③建立活动计量体系。活动分析、成本动因分析都是定期进行的，但是物流活动是每一天都在进行的，为了确保每一项活动都对生产、服务、经营有贡献，需要建立活动计量体系，该体系的主要要点为：确定目标，并将目标落实到人；采用多种计量方法。

3. 物流成本控制

控制是调节系统能达到预期目标的一切手段。物流成本控制是采用特定的理论方法、制度等对物流各环节发生的费用进行有效的计划和管理。

绝对成本控制法是把成本支出控制在一个绝对金额以内的成本控制方法。绝对成本控制从节约各种费用支出、杜绝浪费的途径进行物流成本控制，要求把营运生产过程发生的一切费用支出都列入成本控制范围，标准成本和预算控制是绝对成本控制的主要方法。

相对成本控制是通过成本与产值、利润、质量和功能等因素的对比分析，寻求在一定制约因素下取得最优经济效益的一种控制方法。相对成本控制扩大了物流成本控制领域，要求人们在努力降低物流成本的同时，充分注意与物流成本关系密切的因素，诸如产品结构、项目结构、服务质量水平、质量管理等方面的工作，目的在于控制成本支出的效益，即减少单位产品成本投入，提高整体经济效益。

两种成本控制的比较见表8-1。

绝对成本控制与相对成本控制的比较　　表8-1

比较项目	绝对成本控制	相对成本控制
控制对象	成本支出	成本与其他因素的关系
控制目的	降低成本	提高经济效益
控制方法	成本与成本指标之间的比较	成本与非成本指标之间的比较
控制时间	主要在成本发生时或发生后	主要在成本发生前
控制性质	属实施性成本控制	属决策性成本控制

8.4　物流质量管理

8.4.1　物流质量管理概述

物流质量，是指现代物流活动过程满足现代企业生产需要和顾客消费需要的各个特性的总和。由于现代物流是用系统的观点与方法来指导和处理实际问题，因此，

现代物流质量是一个系统质量,这应该由组成该系统的各个要素的质量来体现。具体地说,现代物流质量既包含物流对象质量,又包含物流手段、物流方法的质量,还包括工作质量,因而是一种全面的质量观。现代物流质量具体包含以下内容:

1. 商品的质量保证及改善

物流的对象是具有一定质量的实体,即有合乎要求的等级、尺寸、规格、性质、外观。这些质量是在生产过程中形成的,物流过程在于转移和保护这些质量,最后实现对用户的质量保证。因此,对用户的质量保证既依赖于生产,又依赖于流通,现代物流过程不单是消极地保护和转移物流对象,还可以采用流通加工等手段改善和提高商品的质量。因此,物流过程在一定意义上说也是商品质量的形成过程。

2. 物流服务质量

物流服务质量(logistics service quality)是"用精度、时间、费用、顾客满意度等来表示的物流服务的品质"(GB/T 18354—2006)。物流业有极强的服务性质,可以说整个物流的质量目标就是其服务质量。服务质量因不同用户而要求各异,要掌握和了解用户要求及商品狭义质量的保持程序;流通加工对商品质量的提高程度;批量及数量的满足程度;配送额度、间隔期及交货期的保证程度;配送、运输方式的满足程度;成本水平及物流费用的满足程度;相关服务(如信息提供、索赔及纠纷处理)的满足程度。

3. 物流工作质量

工作质量指的是物流各环节、各工种、各岗位的具体工作质量。工作质量和物流服务质量是两个有关联,但又不完全相同的概念,物流服务质量水平取决于各个工作质量的总和。所以,工作质量是物流服务质量的某种保证和基础,重点抓好工作质量,物流服务质量也就有了一定程度的保证。

4. 物流工程质量

物流质量不但取决于工作质量,而且取决于工程质量。在物流过程中,将对产品质量发生影响的各种因素(人、体制、设备、工艺方法、计量与测试、环境等)统称为"工程"。

很明显,提高工程质量是进行物流质量管理的基础工作,能提高工程质量,就能做到预防为主的质量管理。

质量管理,是指确定质量方针、目标和责任,并借助质量体系中心的质量策划、质量控制、质量保证和质量改进等手段来实施的全部管理职能的所有活动。所谓全面质量管理是指组织的全体人员及各个部门齐心协力,把经营管理、专业技术、数量统计方法和思想教育结合起来,建立起产品的研究与开发、设计、生产、售后服务等全过程的质量体系,从而有效地利用人力、物力、财力、信息等资源,提供符合规定要求与用户期望的产品和服务。这是一种全面、全过程、全员参与的积极进取型管理,强调

调动人的一切因素，根据系统论的观点把管理对象看成一个整体，分析系统各要素相互联系、相互作用的相关性，采取相应对策，使系统的各环节处于监控状态，从而保证系统质量符合用户需要。

现代物流质量管理，简单地说是指用经济的办法，对现代物流确定和达到质量要求所必需的全部管理职能的所有活动。它有 4 个特点：一是把满足用户需要放在第一位；二是管理的对象全面；三是管理的范围全面；四是全员参加管理。

现代物流质量管理必须满足两方面的要求，一方面是必须保证生产者的产品能保质保量地转移给用户；另一方面是按用户要求将其所需的商品能经济、快速地送交给用户。这两方面的要求基本上是一致的，但有时也有矛盾，例如：过分强调满足生产者的要求，使商品以非常高的质量保证程度送交用户，有时会出现用户难以承担过高的成本。现代物流质量管理的目的就是在"向用户提供满足要求的质量服务"和"以最经济的手段来提供"两者之间找到一条优化的途径，同时满足两个要求。因此，必须全面了解生产者、消费者、流通者等各方面所提出的要求，从中分析出真正合理、各方面都能接受的要求，作为管理的具体目标。

综上所述，尽管现代物流质量管理的内容、范围、对象比较广泛，但其管理的核心是明确的，物流对象（即商品）质量维护管理和物流质量目标（用户满意）管理贯穿于现代物流系统质量管理的始终。其中商品质量维护管理参见第 7 章中的仓储物品保管的内容。在这里，我们仅对物流服务质量管理加以介绍。

8.4.2　物流服务质量管理

1. 物流服务

现代物流管理是以顾客满意为第一目标，在企业经营战略中首先确立顾客服务的目标，然后通过顾客服务实现差别化的战略。顾客服务的内涵和外延十分广泛，有着不同的表述方法，具有代表性的是美国凯斯威斯顿大学的巴罗教授提出的交易全过程论，即顾客服务可以划分为交易前、交易中和交易后 3 个阶段，每个阶段都包含了不同的服务要素。如图 8-3 所示。

此外，日本神奈川大学唐泽丰教授提出顾客服务可以划分为营销服务、物流服务和经营技术服务 3 个领域，不同领域都包含一些相应的可度量或不可度量的要素。

由上可知，顾客服务是一种将生产、经营、物流合而为一的综合行为，它比狭义的物流系统所理解的服务要宽广得多。结合顾客服务的观点，所谓的物流服务是对顾客商品利用可能性的一种保证，它包括 3 个方面：

①拥有顾客所需要的商品（备货保证）。

②在顾客要求的时间内将所需商品运送到正确地点（输送保证）。

③商品具有顾客所期望的质量（品质保证）。

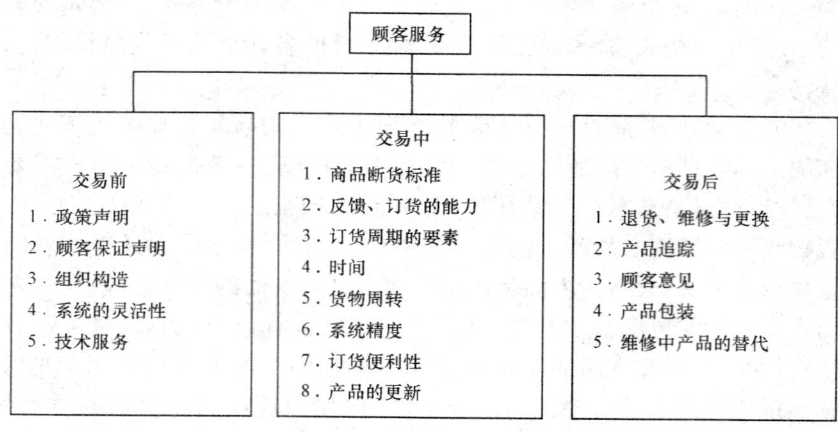

图 8-3　顾客服务的分类

物流服务就是围绕上述 3 点展开的,如图 8-4 所示。

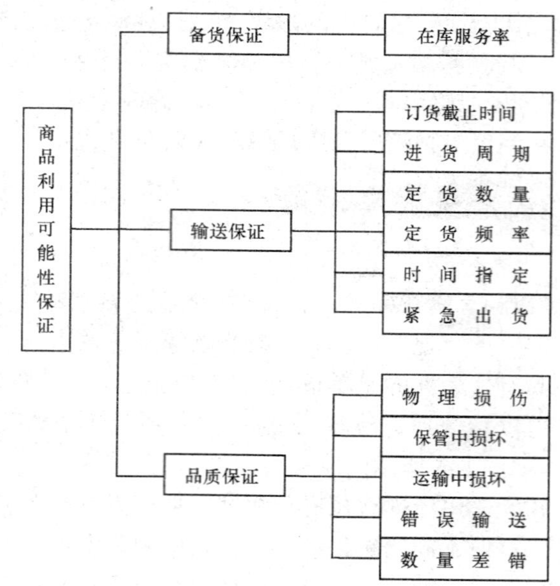

图 8-4　物流服务构成要素

2. 物流服务水平的确定

物流服务管理的目的是以适当的成本实现高质量的顾客服务。一般来讲,物流服务水平与成本之间是一种此长彼短的关系,即物流服务水平提高,物流成本会随之上升,两者之间的关系适用于收益递减法则。正确地确定企业物流服务水平是企业

经营战略决策的重要内容。

物流服务与成本的关系一般有 4 种类型：

①在物流服务水平一定的情况下，降低物流成本。即在保证既定的服务水平的前提下，通过降低物流成本，提高物流的效率。

②在提高物流服务水平的同时，增加了物流成本。

③在物流成本一定的情况下，提高了物流服务水平。

④在提高服务水平的同时，降低物流成本。

以上 4 类关系中，第二种是大部分企业中普遍存在和被公认的关系；第一种是通过管理可以达到的状态；第三、四种是管理达到的更高境界，或者说是一种理想化的状态。

根据企业经营的需要，企业确定物流服务水平的方法主要有以下 3 种：

①采用销售竞争所需要的服务水平。

②在增加的成本与销售收入之间进行权衡抉择，抉择的原则是保证最大限度的利润。

③随着物流服务水平的提高，物流成本中有一部分随着服务水平的提高而上升，而也有一部分不受服务水平提高的影响，如果使此部分成本的降低数额不小于因服务水平提高而增加的成本，那么这种服务水平的确定或调整是适宜的。

3. 物流服务管理流程

如何根据企业经营管理及发展的需要，制订出行之有效的物流服务战略，直接影响到物流服务的绩效以及由此而产生的顾客满意度和企业的竞争力。因此，进行物流服务战略的分析和策划是物流管理中一项十分重要的职能，科学、合理的物流服务管理流程是物流服务战略具体执行得以实施的重要保证。物流服务管理流程主要有以下几个步骤：

①确定物流服务要素：物流服务要素是指构成物流服务的各项活动，具体包括订货周期、缺货比率、配送可靠性、特殊服务等。物流服务要素是物流服务的具体化。

②收集物流服务信息：物流服务既然是提供满足顾客对物流需求的服务，因而，首先就要了解顾客对物流活动的需求，此种信息资源的收集可以采取问卷调查、座谈、访问、客户评议等方式进行，或委托第三方物流公司进行调查。此外，还要掌握竞争企业物流服务水平的信息，例如：服务项目，服务水平、效率及收费标准。

③分析比较确定物流服务水平：在掌握上述信息资料的基础上，可以采取设计物流服务比较问卷表的方法，分析得出客户的服务需求及与同类企业在物流服务上的差异，从而为确定企业物流服务决策提供可靠的依据。

④进行顾客服务需求分类：确定物流服务水平时还应进行顾客服务需求的分类，以便确定以什么样的顾客群体的需求为基准制订物流服务战略和核心服务要素，在

进行分类的过程中,应当充分考虑不同顾客群体对企业的贡献度以及顾客的潜在能力,对于重要的顾客群体,应在资源配置和服务满足等方面予以优先考虑。

⑤根据不同的顾客群体制订出相应的物流服务组合战略。

⑥物流服务的绩效评价:进行评价的目的在于不断适应顾客需求及市场竞争的变化,及时制订出最佳的组合,以保证物流服务的效率化。物流服务水平确定和物流服务实施后的情况如何?给企业带来了哪些效益?确定的服务水平是否得以实现?这些都需要通过企业对物流服务的绩效进行评价,得出结论。

4. 物流服务质量管理的基本准则

1)从产品导向向市场导向转变

产品导向型的物流服务由于是根据供给方自身所决定的,一方面难以真正满足顾客的需求,容易出现服务水平设定失误,另一方面也无法根据市场环境的变化和竞争及时加以调整。而市场导向型的物流服务正好相反,其物流服务水平是根据经营部门的信息和竞争企业的服务水平相应制订的,因此,既避免了过剩服务的出现,又能及时进行控制,在市场导向型物流服务中,与顾客面谈,顾客需求调查,第三方调查等寻求顾客最强烈的需求愿望是决定物流服务水平的基本方法。

2)转向一般消费者群

在决策物流服务要素和服务水平的过程中,需要注意服务的顾客对象应该向一般消费者群转化。例如:如果厂商的物流服务只安排面向批发商的输送,在库管理系统显然是不充分的。在流通渠道逐渐多样化,零售力量逐渐增大的过程中,还应该确立面向零售业,特别是大型零售业、连锁店服务系统和设施,开展符合零售要求的输送及库存服务。

3)制订多物流服务组合

在决定物流服务时,应根据顾客的不同类型采取相应的物流服务。一般来讲,根据顾客经营规模、类型和对本企业贡献度来划分,可以采用支援型、维持型、受动型的物流服务战略。对本企业贡献度大的企业,由于具有直接的利益相关性,应当采取支援型策略;而对本企业贡献小的顾客,要根据其规模、类型再加以区分;经营规模小或专业型的顾客,由于存在进一步发展的潜力,可以采取维持型战略,以维系现有的交易关系,为将来可能开展的战略调整打下基础。相反,经营规模小且属综合型的顾客,将来进一步发展的可能性较高,所以,在服务上采取受动型策略,即在顾客要求服务的条件下才开展服务活动。

物流服务的确定,除了考虑顾客类型外,还与所经营的商品类型相关,亦即一般商品与战略商品的物流服务应当有差异,这可以根据市场营销中产品组合矩阵来确定物流服务的形式。产品发展前景较好的明星类产品,应积极采用较高的物流服务推动产品销售;现金牛类新产品可以通过保持现有服务水平来延长收益;问题类产品

则要根据产品分析的结果采取选择性服务，亦即收缩性的物流服务；而瘦狗类产品由于产品已处于销售的衰退期或淘汰期，可以停止物流服务，撤出相应的市场。

4）开发对比性物流服务

企业在制订物流服务要素和服务水平的同时，应当保证服务的差别化，即与其他企业物流服务相比有鲜明的特色，这是保证高服务质量的基础，也是物流服务战略的重要特征，要实现这一点，就必须具有对比性的物流服务观念，即重视了解和收集竞争对手的物流服务信息。

5）注重物流服务的发展性

顾客服务的变化往往会产生新的物流服务需求，所以，在物流服务管理中，应当充分重视研究物流服务的发展方向和趋势。例如：虽然以前就已经开始实施在库、商品到达期、断货信息、在途信息、货物追踪等管理活动，但是，随着交易对象（如零售业）业务的简单化、效率化革新、EDI 的导入、账单格式统一、商品入库统计表制订等，信息提供服务就成为物流服务的重要要素。

6）重视物流服务与社会系统的吻合

物流服务不完全是一种企业独自的经营行为，它必须与整个社会系统吻合，物流服务除了要考虑原材料供应物流，企业内物流，销售物流外，还要认真研究旨在保护环境，节省能源、资源的废弃物回收物流，所以，物流服务的内容十分广泛，这是企业社会市场营销发展的必然结果，即企业行为的各个方面都必须符合伦理和环境的要求，否则，经济发展的持续性难以实现。除此之外，为了缓和交通混乱，道路建设不足等问题，如何实施有效的物流服务，也是物流在与社会系统相结合的过程中必须考虑的重要问题。

7）建立能把握市场环境变化的物流服务管理体制

物流服务水平是根据市场形势，竞争企业的状况，商品特性以及季节的变化而变化的，所以，在物流部门建立能把握市场环境变化的物流服务管理体制十分必要，当然，根据发达国家实践的经验，物流服务的管理仅由物流部门单独进行往往失败的可能性较大，有效的体制应该是包括生产、销售及物流的综合管理体制。

8）不断对物流服务的绩效进行评价

物流服务的实施情况应该每隔一定时期进行核查，特别需要关注的是，销售部门或顾客是否存在对物流现状的抱怨，是否发生错误配送，事故破损是否严重，另外，是否向顾客做过调查，所设定的服务水平是否得以实现，在物流成本上应保持多大的合理性等问题。总之，对物流服务绩效进行评价的目的在于不断适应需求的变化，及时制订出最佳的顾客服务组合。所以，定期了解顾客满意度，完善物流系统是物流服务中的关键要素。

思考题

1. 现代物流管理的主要内容是什么?
2. 什么是物流成本?物流成本包括哪些内容?
3. 现代物流管理的研究方法有哪几种?
4. 建立物流管理组织的基本原则是什么?
5. 如何理解物流服务与物流成本的关系?
6. 简述量本利分析法的内容。
7. 物流质量管理包括哪些内容?

第 9 章　库存管理

9.1　库存管理概述

9.1.1　库存

1. 库存的含义

库存(stock)是“储存作为今后按预定的目的使用而处于闲置或非生产状态的物品。广义的库存还包括处于制造加工状态和运输状态的物品”(GB/T 18354—2006)。库存被比喻为蓄水池中的水,是暂时派不上用场的备用品。从客观上讲,库存是指用于今后生产、销售或使用的而暂时处于闲置的所有物品和材料(包括原材料、半成品、成品等不同形态)。

2. 库存的分类

库存有不同的形式,从不同的角度可以对库存进行多种不同的分类:

1)按其在生产和配送过程中所处的状态分为

①原材料库存。是指企业通过采购和其他方式取得的原材料、零部件等,是用于支持企业内制造或装配过程的库存。

②在制品库存。是指已经过一定生产过程但尚未全部完工,在销售以前还需进一步加工的中间产品和正在加工中的产品。

③维修、维护库存。由于维修、维护设备的需求和所花时间的不确定性,所以需要有用于维修、维护的经常消耗的物品或零件。不包括产成品的维护活动所用的物品或部件。

④包装物和低值易耗品库存。是指企业为了包装本企业产品而储备的各种包装容器以及由于价值低、易损耗等原因而不能作为固定资产的各种生产资料的储备。

⑤产成品库存。是等待装运发送给客户的完整的、可以对外销售的最终产品。

2)按库存的作用分为

①周转库存。是指企业在正常的经营环境下为满足日常的需要而建立的库存。这种库存随着每日的需要不断减少,当库存降低到某一水平时,就要进行订货来

补充。

②安全库存。是为了应付需求、生产周期或供应周期等可能发生的不测变化而设置的一定数量的缓冲库存。它是一项以备不时之需的存货,在正常情况下一般不动用,一旦动用就必须在下批订货到达时进行补充。

③调节库存。是用于调节需求或供应的不均衡、生产速度与供应速度不均衡、各个生产阶段的产出不均衡而设置的库存。如季节性存货。

④在途库存。是指正处于运输以及停放在相邻两个工作地之间或相邻两个组织之间的库存,这种库存是一种客观存在,而不是有意设置的。该库存的大小取决于运输时间以及该期间内的平均需求。

⑤促销库存。是指为了应对企业的促销活动产生的预期销售增加而建立的库存。

⑥投机库存。是指为了避免因货物价格上涨造成损失或为了从商品价格上涨中获利而建立的库存。

⑦沉淀、积压库存。是指因物品品质变坏不再有效用或因没有市场销路而卖不出去的商品库存。

3)按库存来源分为

①外购库存。是指企业从外部购入的库存,如外购材料等。

②自制库存。是由企业内部制造的库存,如自制材料、在制品和制成品等。

4)按物品所处状态分为

①静态库存。是指长期或暂时处于储存状态的库存,这是人们一般意义上认识的库存。

②动态库存。是指处于制造加工状态或运输状态的库存。

3. 对于库存的不同理解

①闲置。这种观点认为库存是“闲置”,是一种浪费,它掩盖管理中的问题,因此,主张消除库存。通过无库存生产方式不断地降低库存水平,暴露管理问题,然后解决问题,使管理工作得到改进,达到一个新的水平。这是一个循环往复、不断改进的过程,JIT 思想集中体现了这种理念。

②蓄水池与流动的河流。长期以来对库存作用的理解就是因“储备”而存在。库存就像“蓄水池”一样发挥着它的作用。“流动的河流”的观点类似于“蓄水池”的观点,但“蓄水池”观点是静态的,而“流动的河流”观点是动态的。在这种观点中将产品的流动比成水流,在流动的过程中,水并不是匀速流动的。水有时在深水池中停留,有时被隐藏在水面下的岩石或被其它障碍物阻塞。在物流中,水的流动变成了物品的流动,深水池变成了库存,而岩石和障碍物则是运作中的各种缺陷。如果要使物流迅速流动就必须移走岩石和障碍物,而要移走岩石和障碍物就要降低水面(库存),

使岩石和障碍物能够显露出来。

③无缝连接。库存处于供需之间,这一观点表示了库存是“持续流动”或是“批量或排队”。库存一般应该按其使用的概率来确定,如一个时期的需求时常会超过可用的生产能力,这时就有必要持有库存。日益发展的供应链正在通过基于客户实际销售数据进行生产和销售的方式寻求“拉动式”库存,即用客户的需求来拉动库存。

4. 库存的作用

随着科技的不断发展,库存的作用也日趋多样化。

①获得大批量购买的价格折扣。

②大批量运输降低运输成本。

③避免由于出现紧急情况而停产。

④防止涨价、政策的改变以及延长交货等情况的发生。

⑤调整供需之间的季节差异。

⑥保持供应来源。

⑦获得生产的节约。

⑧提高客户服务水平。

5. 库存成本

在许多企业中,库存成本是物流总成本的一个重要组成部分,物流成本的高低常常取决于库存管理成本的大小,而且,企业物流系统所保持的库存水平对于企业提供的客户服务水平起着重要作用。库存成本主要包括以下几个方面:库存持有成本、订货或生产准备成本、缺货成本和在途库存持有成本。

1)库存持有成本

库存持有成本是指为保持库存而发生的成本,它可以分为固定成本和可变成本。固定成本与库存数量的多少无关,如仓库折旧、仓库人员的固定工资等;变动成本与库存数量的多少有关,如库存占用资金的应计利息、破损和变质损失、保险费用等。库存持有成本主要包括以下4项内容:

①资金占用成本。资金占用成本有时也称为利息成本或机会成本,是库存资本的隐含价值。资金占用成本反映的是赢利机会的损失,如果资金投入其他方面,就可能取得投资回报,因此资金占用成本就是这种尚未获得的回报的费用。它是库存持有成本的一个最大组成部分,通常用库存持有的货币价值的百分比来表示,也有用确定企业新投资最低回报率来计算的。

②存储空间成本。此成本包括与产品运入、运出仓库有关的搬运成本以及储存成本,如租赁、取暖、照明费用等,即实物存储与搬运成本。它仅随库存水平的提高或降低而增加或减少。

③库存服务成本。主要是指保险及税金。

④库存风险成本。反映了一种非常现实的可能性,即由于企业无法控制的市场原因等造成的库存贬值。

2)订货或生产准备成本

订货或生产准备成本是指企业向外部的供应商发出采购订单的成本或指企业内部的生产准备成本。它包括以下几个方面:

①订购成本。是指企业为了实现一次订货而进行的各种活动的费用,包括处理订货的差旅费、邮费、电话费、文书等支出。订购成本中有一部分与订货次数无关,如常设采购机构的基本开支等,称为订货的固定成本;另一部分与订货的次数有关,如差旅费、邮资等,称为订货的变动成本。

②生产准备成本。是指当库存的某些产品不由外部供应而是由自己企业生产时,企业为生产一批货物而进行生产准备的成本。

3)缺货成本

缺货成本是指由于库存供应中断而造成的损失,包括原材料供应中断造成的停工损失、产成品库存缺货造成的延迟发货损失和丧失销售机会的损失等。

4)在途库存持有成本

如果企业以目的地交货价出售产品,产品在实际交付前仍是卖方的库存,因为这种在途库存直到交给客户之前仍然属于企业所有,运货方式及所需的时间是储存成本的一部分。有时也归到库存持有成本中。

9.1.2 库存管理

库存管理是根据外界对库存的要求,企业订购的特点,预测、计划和执行一种补充库存的行为,并对这种行为进行控制。它主要有两个基本问题:订货多少和何时订货。在今天的企业环境中,库存管理的任务变得越来越复杂。在实践中,管理者需要根据企业的具体情况来选择合适的库存管理方法以提高企业物流系统的效率,无论企业选择什么样的库存管理方法,总成本最小化是库存管理的关键。

库存是企业之间或部门之间没有实现无缝连接的结果,因此,库存管理的真正本质不是针对物料的物流管理,而是针对企业业务过程的工作流程管理。

库存管理基于两点考虑。一个是用户服务水平,即在正确的地点、正确的时间,有足够数量的合适商品。另一个是订货成本与库存持有成本。

库存管理的目的是在满足顾客服务要求的前提下通过对企业的库存水平进行控制,力求尽可能降低库存水平、提高物流系统的效率,以强化企业的竞争力。库存管理的作用,主要体现在企业经营及物流管理中。良好的库存管理,应该提高客户服务水平、提高销售比率、利润和流动资金利用率而不用借款;最好的库存管理,就是平衡库存成本与库存收益的关系,决定一个合适的库存水平,使库存占用的资金比投入其

他领域创造的收益更高。

库存管理包括:确定需求、入库分类编码、补充库存、确定服务水平、确定安全库存以及采购提前期等。

1. 库存管理的策略目标

物流战略管理目标要求以尽可能低的金融资产维持存货。良好的库存管理是基于5种选择性的策略之上的,即:

①顾客细分化。每一种产品的出售都会获得一定的收益率,从某些顾客中可以获得高额利润并有发展潜力,而从另外一些顾客那里却不一定能得到收益。库存管理就需要把精力集中在满足能够获得高额利润的核心顾客的需求上,有效的物流细分化的关键就在于优先安排支持这些核心顾客的存货。

②产品要求。一个企业会想方设法地对更有利可图的产品提供高度可得性和一致性的货物交付。即企业要对产品进行现实的评估,区分出哪些产品可获得利润但却是低产量的。然而,对于低赢利性产品给予高水平支持,以便为核心顾客提供全方位的服务也是必要的。在此要避免对那些由次要的或非核心顾客购买的低赢利性产品承担高水平的服务责任。因此,在展开一项选择性的库存管理策略时,必须考虑生产线的利润。

③运输一体化。在特定的设施中选择哪些种类的产品进行储备,会直接影响到运输方式的选择。交付形式可以在收到订单时根据实际情况做出决策。对于时间性强,附加值高的货物可以选择航空运输提供快速服务,而对于一般货物则可以采用其他运输方式。

④时间要求。承担快速交付产品的义务以满足顾客的需求,是物流服务的重要驱动力。按时间的需要做出的安排,是想通过提高针对制造或零售顾客的明确需求迅速做出反映的能力来减少总的存货。虽然这种按时间要求做出的规划可以将为满足顾客需求而储备的货物减少到绝对小的程度,但是必须将这种节省的费用与其他在时间敏感的物流过程中所发生的各种费用进行平衡。

⑤竞争表现。在一个与市场竞争隔绝的空间里是无法产生存货管理策略的。实际上企业更希望去做的业务是它能否承诺和履行迅速而又一致的交付。因此,即使这种承担将增加总成本,它也有必要进行适当存货以提高客户服务水平。

2. 库存管理的类型

库存管理的类型有很多种。可以按库存决策的重复性、供应的来源、对未来需求量的知晓度、对前置时间的知晓度以及库存系统的类型等来划分,图9-1表示了库存管理的分类情况。

①重复性。可分为一次性订货和重复性订货。

②供应来源。可分为外部供应和内部供应。

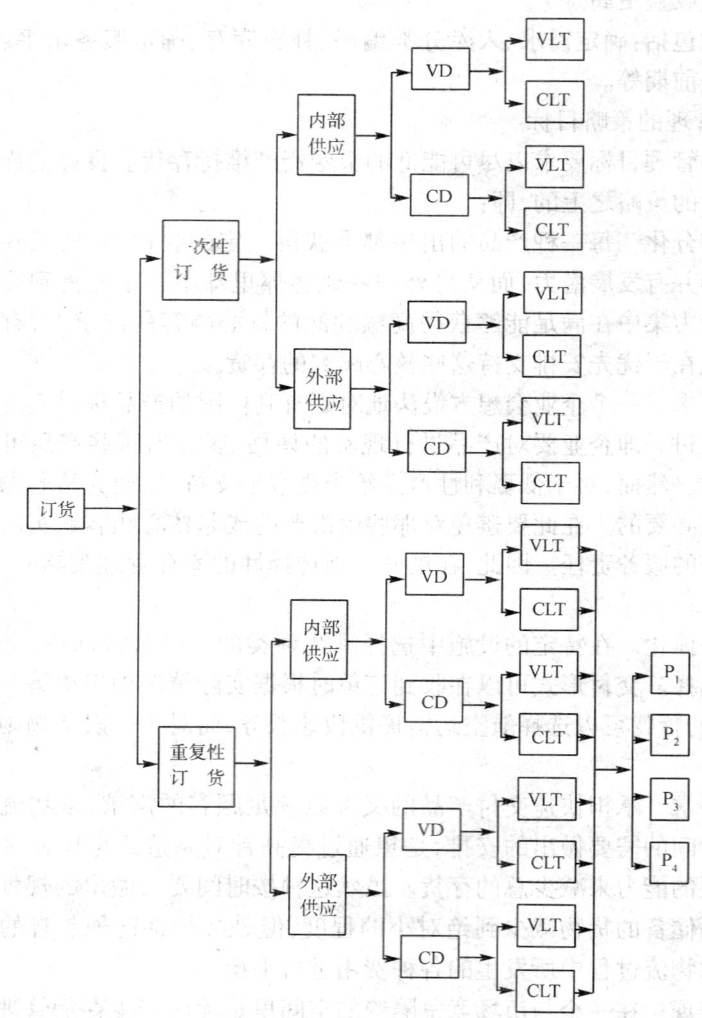

图 9-1 库存管理的分类

CD-不变需求量；VD-可变需求量；CLT-不变前置时间；VLT-可变前置时间；P_1-连续库存系统；P_2-定期库存系统；P_3-物料需求计划系统；P_4-准时生产系统

③对未来需求量的知晓度。可分为不变需求量和可变需求量。

④对前置时间的知晓度。可分为不变前置时间和可变前置时间。

⑤库存系统。可分为连续库存系统、周期库存系统、物料需求计划库存系统和准时生产库存系统。

3. 库存管理的矛盾

库存管理所涉及的目标并不完全一致，甚至也不容易叙述清楚，而且存在许多矛盾。前面我们说过，库存管理的主要目标是使库存投资最少，对用户的服务水平最高和保证企业的有效(低成本)经营。这其中有一些带共性的目标是单位成本低、库存周转率高、质量稳定、与供应商保持良好的关系以及保持供应持续不断等。但同时也很容易看出上述目标很不一致，有的甚至互相直接抵触。因此，要根据现实条件和环境的各种限制很好地把这些目标协调起来。表 9-1 和表 9-2 说明了企业内部各部门对库存的态度。

各部门对库存所持的态度　　表 9-1

职能部门	主要职能	库存目标	库存量的倾向
营销部门	出售产品	对顾客的良好服务	高
生产部门	制造产品	有效的批量	高
采购部门	购入所需物料	单位成本低	高
财务部门	提供流动资金	资金的有效利月	低
工程部门	设计产品	避免陈旧	低

互斥的部门目标　　表 9-2

部门	典型的反映
营销	如果总是缺货或无足够的品种，则不利于销售，也不能留住客户
生产	如果按大批量生产，就可能降低单位成本和有效地经营
采购	如果大批量地购进，就能降低单位成本
财务	从哪里筹集资金来对付存货，库存水准应更低些
仓库	这里已经装满，不能再放了

库存管理是人人关心的事情，但是，人人关心的事往往是人人都不负责。库存的责任通常是分配给各个利益部门。采购部门负责原材料和外购的物品，生产部门负责在制品，营销部门负责成品。这种分工貌似合理，但是这些部门都不一定具有进行正确管理所需的人才和专家。通常最恰当的做法是把全部库存的责任放在物流经理身上。这样，各个部门间的矛盾和“次优化”就不太可能发生了。

库存管理问题不能孤立地来处理。它和分销问题、仓库问题、生产问题、材料运输问题、采购问题、营销问题、财务问题都有千丝万缕的联系。库存管理需要有宽阔的眼界，不应该看作是各项库存物品的一系列互不相关的决策。库存应该服务于组织的既定总目标。库存系统是更大的经营系统的一个组成部分，它应有利于组织总目标的实现。

存货应该进行科学管理而不应作为一般事务来分派。为了克服过去存货管理的不稳定状况,库存管理已经发展成物料管理。物料管理的范围包括所有与物料有联系的职能,如采购、运输、后勤、生产管理、库存,有时甚至包括质量管理等职能。

4. 库存管理术语

库存管理术语及对应符号如下:

需求量 D——用户到仓库来提货的数量。有时称作需求率,指单位时间的需求量。对于制造厂商来说,有时亦称消耗量或消耗率。

订货量 Q——仓库根据需求,为补充某种物资的库存量而向供应商订货或采购的数量。

订货间隔期 T——两次订货之间的时间。

到货延迟期——物品实际到货时间比合同规定到货延迟的时间。到货延迟期可正可负,即迟到或早到。

前置期(或提前期)——从发出订单到物品到达验收为止的一段时间间隔。

在库库存量——已经验收入库的库存量。

在途库存量——已经获得所有权处于运输途中的物品数量。

名义库存量——在库库存量与在途库存量之和。

库存占用金额——库存所占用的流动资金金额。

出库金额——在一段时间内由仓库发出的物资总值。对生产企业来说,即该段时间内消耗的物资的金额。该段时间如为年,即年消耗金额。

库存周转率——仓库年出库金额与年平均库存占用金额之比,即年周转率或年周转次数。

服务水平(CSL)——要根据具体情况,恰如其分地确定安全库存量,使用户的需求满足到一定程度。这种满足需求的程度称为服务水平或称为服务质量标准。

安全系数(K)——用来计算安全库存量的系数。用服务水平指标推算得到,服务水平越高 K 值也越大。

报警点(R)——当库存量下降到某一点时,必须立即进行订货或采购。在这批货物尚未到达验收之前,这一点的库存量应该能够按既定服务水平满足交货期内的需求。该点即报警点,也称订货点。

库存管理水平——经合理地管理库存后,所能达到的水平。一般用服务水平与库存周转率两者综合表示。

安全库存(SS)——用于应对不确定性因素(如大量突发性订货、交货期突然延期等)而准备的缓冲库存(GB/T 18354—2006)。也称保险库存。

经济订货批量(EOQ)——通过平衡采购进货成本和保管仓储成本核算,以实现总库存成本最低的最佳订货量(GB/T 18354—2006)。

库存周期——库存物品从入库到出库的平均时间(GB/T 18354—2006)。

订货处理周期——从收到订单到将所订货物发运出去的时间间隔。

仓储费用——存货人委托保管人保管货物时,保管人收取存货人的服务费用,包括保管和装卸等各项费用;或企业内部仓储活动所发生的保管费、装卸费以及管理费等各项费用(GB/T 18354—2006)。

9.1.3 库存管理系统

企业必须根据自身战略来考虑制订库存管理系统,有效的库存管理系统能为库存管理自动调节创造条件,此时,企业的库存管理只须集中注意例外的情况。一个企业为管理它的存货而可能有一种或多种管理系统,所选择的库存管理系统的种类,对几乎所有的其他活动都将产生影响。

一个有效的库存管理系统要达到下列目标:

①保证获得足够的物品。

②鉴别出超储物品以及畅销品与滞销品。

③向企业决策层提供准确、简明和适时的报告。

④花费最低的成本金额完成前述3项任务。

库存管理系统不仅考虑库存管理模型,还应考虑以下6个方面:

①开展需求预测和处理预测误差。

②选择库存管理模型(EOQ、MRP、JIT等)。

③测定存货成本(订购、持有、缺货成本)。

④用以记录和盘点物品的方法。

⑤验收、搬运、保管和发放物品的方法。

⑥用以报告例外情况的信息程序。

库存管理系统是例行解决订货时间和订货数量问题的常规的联动系统。该系统应该规定如何通过预定的准则和程序来处理常规和例外的情况。常见的库存管理系统有定量订货系统、双堆订货系统、定期订货系统、非强制补充供货系统、MRP及JIT订货系统等。其中定量、双堆、定期和非强制补充供货系统通常适用于最终物品;而MRP和JIT系统适用于用来生产最终产品的材料和零部件。

定量和双堆系统有固定的订货量和可变的检查期,称为固定订货量系统(以数量为基础的系统);定期和非强制补充供货系统有固定的检查期和可变的订货量,称为固定订货间隔期系统(以时间为基础的系统);MRP和JIT系统在于适应计划的生产需求(订货量是可变的、检查期可以是固定的或可变的),称为派生的订货量系统(以产量为基础的系统)。以数量为基础的系统要不断地检查每项需求量,以确定是否发出订单(所以又称连续系统);以时间为基础的系统则要按规定的检查日期对存货进行盘点(所以又称定期系统);以产量为基础的系统仅按预计的制造日程订购存货。

在库存管理系统中有两项主要的变量,这两项主要的变量就是订货数量和订货频率。若其中一个变量保持不变时,另一个变量往往是变动的。定量库存系统保持订货数量不变而让订货频率随需求而变动。定期库存系统通过建立固定的订货期以保持订购频率不变,而让订货数量随需求而变动。在非强制补充供货系统中,检查期保持不变,而订货数量是可变的,但要在存货水平小于或等于订货点时才进行订货。

9.2 库存量预测

所谓预测就是人们对某一不确定的或未知事件的表述。也就是对超出企业控制范围的未来事件或状况进行预计、推测或估计。预测可以推动物流信息系统的计划和协调。

库存量预测是基于对生产、装运或销售等方面的预测或估计以及客户需求的预计而对未来库存量做出的一种推断。其实质就是对市场的预测,对市场需求变化的预测,最终以此为基础,作为确定企业库存量的依据之一。

许多环境因素影响着企业的产品和劳务的需求。永远不可能测量出它们可能产生的影响效果。但我们在预测时要识别其大致的、主要的影响,并力求判明其影响的方向和效果。以下为影响预测的几个主要环境因素:

①自身概况和经济形势。

②竞争对手的行动和反应。

③市场趋势。

④技术创新。

⑤政府的政策、法令。

销售收入、实物数量、货物制造成本、直接工时等都是常用的预测基础量。预测基础量的选择要根据确定必要的生产要素的需求计划来定。大多数的企业都是采用销售量的预测来确定生产水平、促进生产计划、设定库存水平、确定人员负荷、制订采购决策、规定销售条件以及协助制订财务计划等。

预测产品需求量的常用的两种模式是由上往下的预测和由下往上的预测。由上往下的预测就是先对企业经营所处的地区总的经济活动进行预测,再进行行业预测和市场占有率预测。由下往上的预测则从产品开始,先作对每项产品或产品组合的预测,并将这些预测值综合起来得出企业的总体预测;再根据总的经济形势和竞争状况对总体预测进行修正。

9.2.1 预测内容

最终预测的内容一般包含以下几项：

①市场占有率预测。是预测一种产品、一个系列的产品或企业销售的所有产品在市场上占有的比重、变化情况和发展趋势。

②市场需求预测。是对市场上的需求进行的预测，还包括市场潜力、销售前景等。

③市场购买力预测。指预测市场上现有购买力水平和潜在购买力水平情况，消费结构情况。

④营销效果预测。对本企业以及各时期各种产品经销的效果所进行的预测。

⑤商品资源预测。是指预测产品供应市场的可能来源，有哪些来源、发展情况如何、同类企业的竞争对手情况如何等。

⑥商品价格变动趋势预测。指预测价格涨落情况，发展趋势。

⑦商品库存预测。指预测产品库存状况，有关竞争和销售问题以及生产发展安排等问题。

⑧产品生命周期预测。指预测各种产品市场发展水平处在何种周期。

⑨新产品开发预测。指预测新产品的开发方向，新产品的结构变化等情况。

预测是根据过去的资料和经验进行推算，但终究不是现实，为了消除预测偏差，提高可靠性，必须尽量达到以下几点要求：

①要把握预测的对象和目标。

②预测人员必须具备一定的综合知识。

③重视调查研究，重视资料收集。

④反复对比、循环预测。

9.2.2 预测种类

预测按不同的标志和特征分类通常可分为以下多种类型：

①按预测的时间长短分类：可分为长期预测、中期预测和短期预测。长期预测一般是10~15年或更长时间内的库存量变化趋势的预测，为库存管理制订重大决策提供科学依据；中期预测一般是3~5年内市场变化的预测，为制订3~5年计划和长期计划提供实施方案；短期预测一般是1年以内的预测，主要为决定适当的库存管理策略，适时调整产销量，适应市场需求变化提供依据。

②按预测所包括的范围分类：可分为宏观预测和微观预测。宏观预测是为全局发展规划提供库存管理决策的科学依据，是一种扩大的预测，它从比较广的角度去研究市场，分析需求；微观预测是为了有效地搞好库存管理，使企业兴旺、发展，为消费

者服务的重要手段,是一种狭义的预测,它从企业的角度出发,去研究市场变化。但两者又是互相依存的。后者是前者的基础,而前者是后者的前提和条件。

③按预测所表现的数量或性质分:可分为定量预测和定性预测。定量预测是根据事物的历史数据和相关因素,应用数理统计和其他数学方法,研究和推测市场发展状况及其结构关系,预测生产、销售和市场需要等各种趋势;定性预测是根据事物性质和规定进行预测,是一种主观的预测。一般是先定性预测,再定量预测。

④按预测结果的要求分:可分为条件预测和无条件预测。条件预测的结果是以其他事件的实现为条件;无条件预测是预测结果不附任何条件。

⑤按预测因素分:可分为单项预测和综合预测。单项预测是指对某一项产品的预测;综合预测是对包括许多项目的综合影响所进行的预测。

归纳总结以上的预测方法,可分为定性市场预测和定量市场预测两大方法,也就是以市场调查为基础的经验判断法和以统计资料为基础的分析计算法。

9.2.3 预测过程和步骤

市场预测过程可以看成一个系统。见图 9-2 所示。

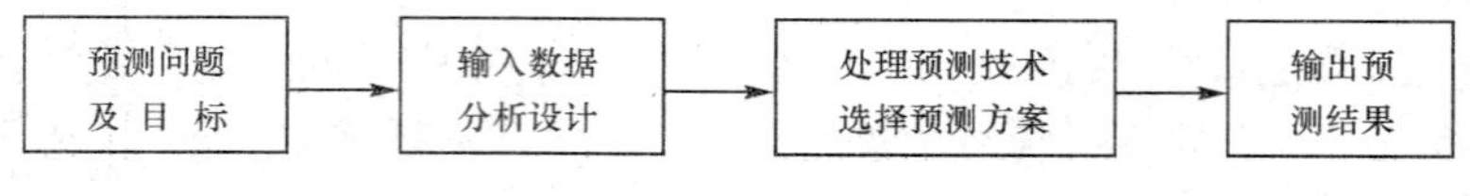

图 9-2　市场预测过程简图

复杂的预测对象是个大系统。由于复杂,需要进行分解预测,即把总预测看作是总系统,分解成若干个子系统(单元)进行预测,子系统再细分成若干个小系统;分解预测之后再逐级用系统观点合成系统预测,见图 9-3 所示。

预测过程大致可以分为以下几步:

①明确目的、确定目标。就是要先解决预测什么,达到什么目标或要求。

②收集和分析历史数据。预测资料的来源包括:国家政府部门的计划和统计资料;本系统的计划、统计和活动资料;商业部门的市场统计数据资料;各研究单位、学术团体的研究成果、核心刊物资料等。

③提出预测模型。对定量预测可以建立数学模型;对定性预测可以建立设想的逻辑思维模型并选定预测方法,进行预测。

④分析评价。对预测过程中的一些与过去不同的新因素,转化成数量概念,分析这些因素的影响范围及程度。

⑤修正预测数量。对未加考虑的因素要进行分析,以修改和充实模拟的预测数量,作为最佳预测的完善数量。

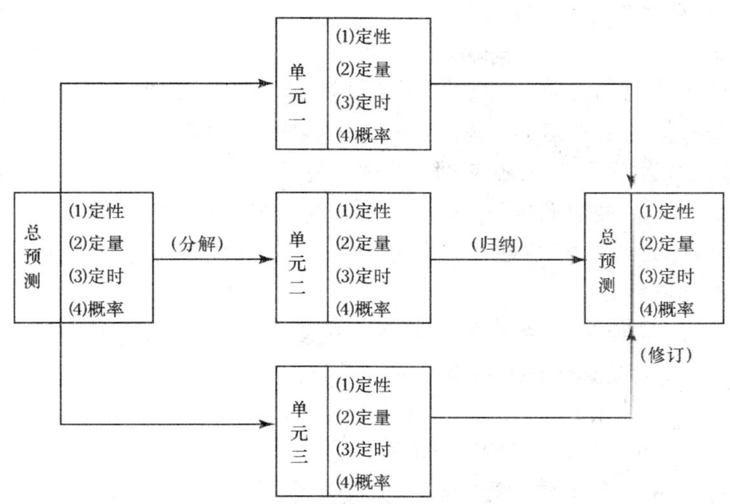

图9-3　市场预测过程分解图

9.2.4 定性预测方法

定性市场预测方法也叫经验判断预测法，就是通过对熟悉情况的有关人员做调查，主要靠个人的主观判断来预测。主要分为以下几种：

1. 一般人员意见法

此方法是逐步累加来自低层的预测。一般分为企业内部和企业外部两个部分。

①企业内部意见。即征求那些处于最基层的离客户最近的最了解产品最终用途和使用情况的本企业的推销人员和服务人员的意见，然后逐层汇总成整个企业的预测数。但由于推销人员和服务人员只接触并了解某一地区或行业，不了解全局的情况，并且个人的看法也有局限性。为了克服这一缺点，可以采用推定平均值法加以预测，其计算公式为：

推定平均值 =(最乐观估计值 +4 ×最可能估计值 + 最悲观估计值)/6

最后再由总经理召集计划、销售、财务等部门负责人，广泛交换意见对市场前景做出预测。

②企业外部意见。即直接听取顾客意见后再确定预测量。通过各种不同的方法(如问卷调查、面谈、电话访问等)收集顾客或用户的购买意向，做出对本企业产品的需求预测量，并检查市场假设是否正确。

2. 历史类比法

将所预测的对象与类似的产品相联系，利用类似产品的历史数据进行预测。这种预测方法对设计开发产品很重要。

3. 专家意见法

专家意见法是应用专家的专业知识和经验加以预测,以专家为索取信息的对象,对过去和现在发生的过程进行分析与综合,对发展的远景做出判断。在提出问题的基础上,征求或调查专家的意见并加以整理。专家意见法一般有以下几种形式:

①专家会议法。是根据预测的目的要求,邀请专家开会,就有关内容进行深入讨论与分析,最后综合与会者的意见做出预测。此法的缺点是与会人数有限,且易受权威人士左右。

②德尔菲法。是先由一组专家独自地对需要预测的问题提出意见、做出回答,由组织者汇集个人意见,整理并形成新的调查问卷,再由该组专家重新回答,经组织者综合整理后再次反馈给每个人,如此重复三四次后,一般可得出一个比较一致的意见。由于接受了新的信息,这对专家而言也是一个学习的过程,而且不存在群体压力或有支配权的个体对整个群体的影响。但此法也是靠主观判断,专家如果选的不合适,预测也难准确;另外,意见往返几次也比较费时间。由于专家对实际情况的了解往往不够具体,此法如用来预测分区域、分顾客的销售数字,就可能不大可靠。

③主观概率法。这是一种以某一个或几个专家的经验为主,对一组专家的意见进行分析评定而预测的方法。在实际工作中有些预测不便于运用德尔菲法和专家会议法,但单凭个人的经验又没有把握,因此分别征求一些专家的意见,然后根据个人的经验,对专家的意见加以综合,以使预测值更加切合实际。这种方法可以把若干专家预测的合理成分集中为一个更为合理的预测结论,比单纯依靠一个人的经验预测,合理因素更多些、可靠性更高些,因而这也是一种较适用的方法。评定专家们的不同意见的可靠性,可以用百分比表示,也就是"主观概率",各个概率的总和为1,即100%。

9.2.5 定量预测方法

定量预测法也就是分析计算法或统计预测法,就是根据比较完备的历史统计资料,运用一定的数学方法进行科学的加工处理,对未来发展做出定量的测算。定量预测法根据其整理资料的不同方式可分为以下几种方法:

1. 时间序列法

时间序列是指在一个给定的时期内按照固定时间间隔把某种变量的数值按时间先后顺序排列而成的序列。基于时间序列的预测方法总是假设通过过去的数值可估计它们未来的数值。虽然这种方法不能确定影响时间序列的变量,但仍然被广泛使用并常常能够得到很好的预测结果。一个典型的时间序列可分成四个部分:长期趋势、季节变动、周期(循环)变动和随机变动。下面分别介绍一下几种不同的时间序列法:

(1)简单预测法。任何一个时期的简单预测值均等于前一个时期的实际值。例如,如果上月的需求是90个单位,那么下月的简单预测值就是90个单位。此方法也可用于预测呈现季节性变动或长期变动的时间序列。例如,如果每月的销售量呈现出季度性分布,那么本年度6月份的需求量可根据上一年度6月份的需求量进行推算。同样,如果时间序列呈现长期变动趋势,那么下一期比本期需求的增量就可从上两个周期间表现出的变化中估计出来。例如,如果6月份的需求量比5月份的增加了70个单位,并且这种变化呈现长期变动趋势,那么7月份的需求量就是把6月份的需求量加上70个单位。

(2)简单平均法。就是利用一系列一定时期库存数据的平均值作为下一时期的预测值。计算公式为:

$$F_t = \left(\sum_{i=1}^{n} D_i \right) \Big/ n$$

式中:F_t—— t 期预测值;

D_i——i 期的需求量(实际值);

n ——观测时段的个数。

此方法中,如果在时间序列中发生了非随机性变动,特别是在序时项数很多的情况下,预测结果对这种变化的反应就有失敏感性。减少序时项数可以提高近期数据的权重,但这样又忽视了距离预测期相对远一点的数据的潜在影响。

(3)简单移动平均法。如果在我们进行预测时所取的序时项数的基础上又有了新的时项数据,那么我们就可以用最新观测值代替最老观测值,而使序时项数不变。其计算公式为:

$$F_t = (D_{t-1} + D_{t-2} + \cdots + D_{t-n})/n$$

式中:F_t——t 期预测值;

D_i——i 期的实际需求量,$i = t-1, t-2, \cdots, t-n$;

n ——移动平均采用的周期数。

(4)加权平均法。当需求模式可能呈现出某种趋势时,在进行预测时需要更注重使用最近的需求数据,也就是说,近期的数据要比远期的数据对下一时期的需求影响更大些。此种方法是赋予时间序列中距离预测期较近的数据以较大的权重,并且各期权重之和为1。计算公式为:

$$F_t = \omega_1 D_1 + \omega_2 D_2 + \cdots + \omega_n D_n$$

式中:F_t——t 期预测值;

D_i——i 期的需求量(实际值);

ω_i——i 期实际需求量的权重值,$\sum_{i=1}^{n} \omega_i = 1$;

n ——观测时段的个数。

(5)指数平滑法。此种方法是一种更精确的加权平均法。即上一期预测值加上时间序列该期实际值与预测值之差的 α 倍,计算公式为:

$$F_t = F_{t-1} + \alpha(D_{t-1} - F_{t-1})$$

式中: F_t——t 期预测值;

F_{t-1}——$t-1$ 期预测值;

D_{t-1}——$t-1$ 期的需求量(实际值);

α—— 平滑常数($0 \leqslant \alpha \leqslant 1$)。

平滑常数 α 决定了预测对偏差调整的快慢。α 的值越接近于0,预测对偏差的调整就越慢(即预测对时间序列做了更大程度的平滑);相反,α 的值越接近于1,预测对偏差的调整就越迅速,同时,平滑效果就越差。

(6)季节变动预测法。季节变动指经济变量每年的定期变动。时间序列的季节性变动呈现出数值定期的上下波动,这种波动与周期性发生的事件紧密联系在一起。有两种季节变动预测模型,即"加法"模型和"乘法"模型。在"加法"模型中,季节变动表现为一个数量值,如20个单位,为了拟合季节变动,需要把这一数量值加上或减去时间序列中的平均数。在"乘法"模型中,季节变动表现为平均(或趋势)值的百分数,如1.25,为了拟合季节变动,需要用时间序列的平均数去乘这一百分数。

还有一种最简单的季节变动模型,即同期平均法。这种方法不是把上一期实际需求量作为预测值,而是把上一"季"实际需求量作为预测值。例如,一年中6月份的预计销售量可根据上一年度6月份的销售量来推定。

2. 线性回归分析

如果把各种事物或每个事物的各个方面用最能反映其本质特征的变量来表示,那么这些变量之间就存在两种状态:有关系或无关系。如果变量间有关系,那么这种关系又可以用变量间的确定性关系与变量间的非确定性关系两种形式表现出来。

变量间非确定性的相关关系不能用精确的函数关系唯一表达出来,但在统计学意义上,它们之间的相关关系可以通过统计的方法给出某种函数表达方程,这种处理变量间相关关系的方法就是回归分析法。回归分析预测法是通过大量收集统计数据,在分析变量间非确定性关系的基础上,找出变量间的统计规律,并用数学的方法把变量间的统计规律较好地表现出来,以便进行必要的预测。

(1)一元线性回归分析法。回归可定义为两个或两个以上相关变量之间的函数关系,它根据一个已知变量去预测另一变量。这种函数关系通常从观测数据中找出,首先做出数据散点图,观察数据是否呈线性或部分线性。在得知这条直线的方程后,就能够对这两个变量的发展变化进行预测。线性回归方程为:

$$y = a + bx$$

式中：y—— 因变量(预测值)；

x—— 自变量，在时间序列分析中 x 代表时间单位；

a——y 轴截距；

b ——直线斜率。

回归直线模型的系数 a 和 b 用最小二乘法求解：

$$\begin{cases} a = \bar{y} - b\bar{x} \\ b = \dfrac{\sum_{i=1}^{n} x_i y_i - n \cdot \bar{x} \cdot \bar{y}}{\sum_{i=1}^{n} x_i^2 - n\bar{x}^2} \end{cases}$$

式中：$\bar{x}$ ——自变量 X 的样本均值，

$\bar{y}$ ——自变量 Y 的样本均值。

在得出了线性方程后，这两个变量的线性相关程度到底有多大却不得而知。相关系数表明两种变量的相关程度和方向。其变化范围在 $-1.00 \sim 1.00$ 之间。相关系数用 r 来表示，其计算公式为：

$$r = \frac{n\sum_{i=1}^{n} x_i y_i - \sum_{i=1}^{n} x_i \sum_{i=1}^{n} y_i}{\sqrt{\left[n\sum_{i=1}^{n} x_i^2 - \left(\sum_{i=1}^{n} x_i\right)^2\right]\left[n\sum_{i=1}^{n} y_i^2 - \left(\sum_{i=1}^{n} y_i\right)^2\right]}}$$

r 为1时，表明一种变量的变化与另一种变量的变化完全一致；r 为 -1 时，表明随着一种变量的增加，另一种变量以相同的幅度减少；r 趋于零时，说明两种变量之间基本不具备线性关系。

(2)二次曲线和多元线性回归。在处理某些预测问题时，如果不适宜采用线性回归模型或者预测中所包含的自变量多于一个，那么这时候就不宜再采用简单回归分析模型。当变量间呈现出非线性关系时，应该引入二次曲线回归分析模型；当预测中所要处理的自变量多于一个时，就需要采用多元回归分析模型。利用此模型进行预测总体上增加数据样本点，每做一次预测都要权衡增加的额外费用代价和可能带来的预测精度上的改变。

3. 计量经济模型法

计量经济模型通常是一组解释与某种经济状况有关的各变量相互作用的联立方程式。这类模型力图体现相关变量，如供应量、需求量、价格和消费者购买力等之间的关系。因为它要分析产生待预测变量，所以模型有时很复杂。通常这种模型要求预测一些结构变量。计量经济分析模型的一种是投入产出预测模型，这种模型研究各个部门之间在各个时间内以及各个时期之间的依赖关系。

计量经济模型的结构关系分为4大类:行为关系、技术关系、制度关系和恒等式关系。行为关系包括反应各个经济单位行为的供应曲线、需求曲线以及其他曲线;技术关系主要是生产函数,表示受技术条件制约的投入产出关系;制度关系由政策法令确定,表明许可的社会行为界限;恒等式关系确定了变量间的平衡关系。

以上我们给出了一些预测方法,但没有哪一种预测方法可适合于各种情况,当就某一种给定情况选择一种预测方法时,市场预测人员必须考虑的两个重要因素是成本和精度。一般来说,精度越高成本也越高。所以,重要的是要审慎地对成本与精度做出权衡。最好的预测方法不见得精度最高或成本最低,而应该通过比较精度和成本,从管理的角度认为最优的预测方法。在选择预测方法时要考虑的其他因素包括预测周期、历史数据的获得性、决策者会不会使用所选的预测方法、需要收集和分析的数据、预测要做的必要准备时间以及以前有没有使用某种预测方法的经验等。

9.3 库存控制

传统的库存控制方法是以单个企业为对象,主要目的是对企业的库存进行分类及重点管理,同时确定订货时点及订货数量,使企业的库存总成本最少,下面分别对几种方法加以简单介绍:

9.3.1 经济订货批量法

企业每次订货数量的多少直接关系到库存水平和库存总成本的大小,企业希望能够找到一个合适的订货数量,使库存总成本最小。

经济订货批量模型(EOQ)是通过平衡进货成本和仓储成本,确定一个最佳的订货数量来实现最低总库存成本的方法。

1. 基本经济订货批量模型

本书第3章已经介绍,可参见采购决策中的内容。

2. 有折扣的订货批量模型

供应商为了吸引顾客一次购买更多的商品,往往根据购买数量进行打折优惠,因此,必须对基本的经济订货批量模型进行必要的修正。

假设折扣价格为:

折扣点	Q_0	Q_1	…	Q_t	…	Q_n
折扣价格	P_0	P_1	…	P_t	…	P_n

求解最佳订货批量(Q^*) 的步骤如下:

(1) 计算最后折扣区间(第 n 个折扣点) 的经济批量 Q_n^*,与第 n 个折扣点 Q_n 进行比较,如果 $Q_n^* \geqslant Q_n$,则最佳订货量 $Q^* = Q_n^*$。否则转向下一步。

(2) 计算第 $t = n - 1$ 个折扣区间的经济订货批量 Q_t^*,并与折扣点进行比较。

如果 $Q_t \leqslant Q_t^* < Q_{t+1}$,则计算经济批量 Q_t^* 和折扣点 Q_{t+1} 对应的总库存成本 TC_t^* 和 TC_{t+1},再比较 TC_t^* 和 TC_{t+1} 的大小

如果 $TC_t^* \geqslant TC_{t+1}$,则令 $Q^* = Q_{t+1}$

如果 $TC_t^* < TC_{t+1}$,则令 $Q^* = Q_t^*$

如果 $Q_t^* < Q_t$,则令 $t = t - 1$,重复步骤(2),直到 $t = 0$ 。

例 9-1:某公司每年需采购单价为 16 元的 A 产品 100,000 个。每次订货成本为 1000 元,每个产品的年持有成本是单价的一半。A 产品的厂商采取以下促销手段(见表)。求在此条件下该公司的最佳订货量。

折扣区间	0	1	2
折扣点(个)	0	5000	8000
折扣价格(元)	16	14.4	12.8

解:(1)计算第二折扣区间的经济批量

$$Q_2^* = \sqrt{2DS/H} = \sqrt{2 \times 100000 \times 1000/(12.8 \times 0.5)} = 5590(\text{个})$$

$$Q_2^* < Q_2 = 8000\ (\text{个})$$

(2)计算第一折扣区间的经济批量

$$Q_1^* = \sqrt{2DS/H} = \sqrt{2 \times 100000 \times 1000/(14.4 \times 0.5)} = 5270(\text{个})$$

由于 $Q_1(5000) < Q_1^*(5270) < Q_2(8000)$

所以计算:

$$\begin{aligned} TC_1^* &= D \times p_1 + \sqrt{2DSH} \\ &= 100000 \times 14.4 + \sqrt{2 \times 100000 \times 1000 \times 14.4 \times 0.5} \\ &= 1477947(\text{元}) \end{aligned}$$

$$\begin{aligned} TC_2 &= D \times p_2 + \frac{Q_2}{2}H + \frac{D}{Q_2}S \\ &= 100000 \times 12.8 + 8000 \times 12.8 \times 0.5/2 + 100000 \times 1000/8000 \\ &= 1318100(\text{元}) \end{aligned}$$

由于 $TC_2 < TC_1^*$

则最佳订货批量 $Q^* = 8000$(个)

3. 推迟购买的订货批量模型

当企业向供应商订货时,在供应商库存不足而发生缺货的情况下,又不能选择其他供应商,供应商为了尽快满足需要,加班生产,快速发货。由于加班生产和快速发货而产生了推迟购买成本,在这种情况下,需要对基本的经济订货批量模型进行必要的修正。如图 9-4 所示。

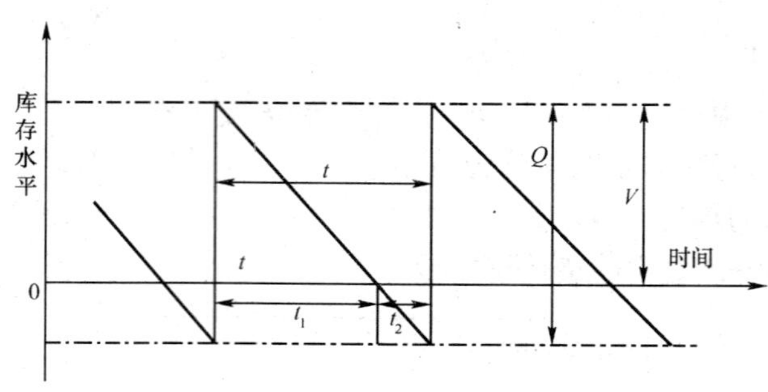

图 9-4 推迟购买的订货批量

V-允许缺货情况下的最大库存水平;Q-每次的订货批量;t-到货间隔期;t_1-到货间隔期内的存货时间;t_2-到货间隔期内缺货的时间

设:BC 为推迟购买成本,B 为单位产品的推迟购买成本。

则:

$$t_1 = (V/D) \times t \text{ 且 } t = t_1 + t_2$$

$$t_2 = [(Q - V)/Q] \times t$$

在推迟购买条件下的总库存成本 TC 如下:

$$\begin{aligned} TC &= PC + OC + HC + BC \\ &= D \times P + (D/Q) \times S + (V/2) \times H + (t_1/t) + [(Q - V)/2] \times B \times (t_2/t) \\ &= D \times P + (D/Q) \times S + (V/2) \times H \times (V/Q) + [(Q - V)/2] \times B \times [(Q - V)/Q] \\ &= D \times P + D \times S/Q + (V^2 \times H)/(2Q) + [(Q - V)^2 \times B]/(2Q) \end{aligned}$$

式中:PC——购买成本;

OC——订货成本;

HC——持有成本;

BC——推迟购买成本。

对上式求微分并令其为零,经整理后得到推迟购买条件下最佳订货量:

$$Q^* = \sqrt{\frac{2DS}{H} \times \frac{H + B}{B}}$$

最大库存水平：

$$V^* = \sqrt{\frac{2DS}{H} \times \frac{B}{H+B}}$$

由于 $\sqrt{\frac{H+B}{B}} > 1$，所以，在推迟购买条件下的经济订货批量大于正常条件下的经济订货批量。当单位产品的推迟购买成本 B 不断增加时，推迟购买条件下的经济订货批量逐渐接近正常条件下的经济订货批量。

由于 $\sqrt{\frac{B}{H+B}} < 1$，所以，最大库存水平小于正常订货时的最大库存水平。当单位产品的推迟购买成本 B 不断增加时，两者逐渐接近。

例 9-2：在例题 9-1 中该公司发生推迟购买，假定 A 产品的单位推迟购买成本为单位购买价格的一半。求在推迟购买条件下的最佳订货量和允许缺货情况下的最大库存水平。

解：最佳订货量：

$$Q^* = \sqrt{\frac{2DS}{H} \times \frac{H+B}{B}} = \sqrt{\frac{2 \times 100000 \times 1000}{8} \times \frac{8 + 0.5 \times 16}{0.5 \times 16}}$$
$$= 7071（个）$$

最大库存水平：

$$V^* = \sqrt{\frac{2DS}{H} \times \frac{B}{H+B}}$$
$$= \sqrt{\frac{2 \times 100000 \times 1000}{8} \times \frac{0.5 \times 16}{8 + 0.5 \times 16}} = 3536（个）$$

4. 价格调整的订货批量模型

当已知采购价格在将来某一时间上涨时，就面临一个涨价前应采购多少数量，以使总库存成本最少的决策问题。如图 9-5 所示。

设：p_1——涨价前的单价；p_2——涨价后的单价。涨价前再购入 Q 单位的物品后，则 t_1 与 t_4 之间的总库存成本 TC_1 为：

$$TC_1 = 购买成本 + t_1 与 t_4 之间持有成本 + 订货成本$$

$$TC_1 = Q \times p_1 + \frac{(Q+q)H(t_4 - t_1)}{2} + S，且 \frac{Q+q}{D} = t_4 - t_1$$

$$TC_1 = Q \times p_1 + \frac{(Q+q)H(Q+q)}{2D} + S$$

假设在涨价前不发生特别订货 Q，而是按正常情况进行补充订货，则 t_1 与 t_4 之间的总库存成本 TC_2 为：

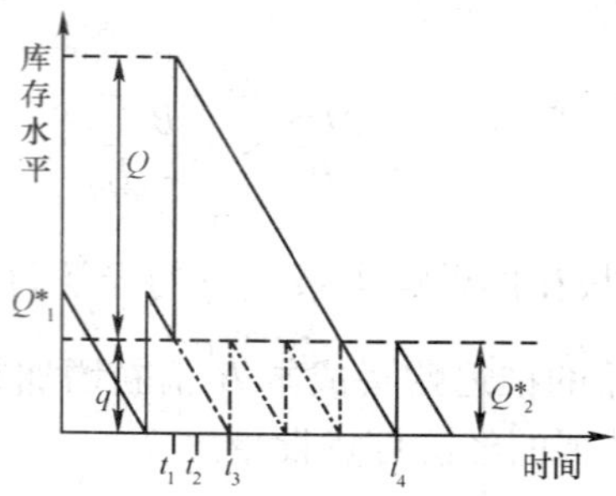

图 9-5 价格调整的订货批量模型

Q_1^*-涨价前的经济批量；Q_2^*-涨价后的经济批量；Q-涨价前的特别订货数量；q-涨价前最后一次订货到货时的原有库存量；t_1-涨价前特别订货的到货时间；t_2-涨价点时间；t_3-没有特别订货情况下涨价后第一次到货时间；t_4-涨价后第一次订货的到货时间

$$TC_2 = \text{购买成本} + t_1 \text{与} t_3 \text{之间的持有成本} + t_3 \text{与} t_4 \text{之间的持有成本} + \text{订货成本}$$

$$= Q \times p_2 + \frac{q}{2} \times H \times (t_3 - t_4) + \frac{Q_2^*}{2} \times H \times (t_4 - t_3) + \frac{Q}{Q_2^*} \times S$$

$$= Q \times p_2 + \frac{q}{2} \times H \times \frac{q}{D} + \frac{Q_2^*}{2} \times H \times \frac{Q}{D} + \frac{Q}{Q_2^*} \times S$$

在单位持有成本 H 与单价是线性关系时，涨价前的特别订货所节约的库存总成本为：

$$TC_2 - TC_1 = Q \times p_2 + \frac{q}{2}H \times \frac{q}{D} + \frac{Q_2^*}{2}H \times \frac{Q}{D} + \frac{Q}{Q_2^*} - Q \times p_1 - \frac{Q+q}{2}H \times \frac{Q+q}{d} - S$$

对 $(TC_2 - TC_1)$ 求微分并令其为零，则可求得最佳特别订货批量为：

$$Q^* = \frac{p_2 - p_1}{p_1 F}D + \frac{p_2}{p_1}Q_2^* - q$$

由上式可知，不同的 q 值产生不同的 Q^*，应该在尽可能接近涨价时进行特别订货购买。

例 9-3：在例题 1 中，A 产品的厂商 9 月 5 日向该公司通报 A 产品的价格在 10 天后(9 月 15 日)上涨至 17 元，此时该公司尚有 A 产品 2500 个库存。假设交货期为 5 天，A 产品每年的持有成本是其单价的一半，问该公司应该在什么时间发出订单？最佳特别订货量为多少？

解：涨价后的经济批量为：

$$Q_2^* = \sqrt{\frac{2DS}{Fp_2}} = \sqrt{\frac{2 \times 100000 \times 1000}{0.5 \times 17}} = 4851(\text{个})$$

当前库存量可维持的天数：

$$M = (2500/100000) \times 365 = 9.12(\text{天})$$

即原有库存量可以维持到9月14日，应提前5天(9月9日)发出订单，到货时点$q=0$。

最佳特别订货量为：

$$\begin{aligned}Q^* &= \frac{p_2 - p_1}{p_1 F}D + \frac{p_2}{p_1}Q_2^* - q \\ &= \frac{17-16}{16\times 0.5}\times 100000 + \frac{17}{16}\times 4851 - 0 \\ &= 17654(\text{个})\end{aligned}$$

9.3.2　定量订货管理法

定量订货管理法是当库存量下降到预定的最低库存量(订货点)时，按规定数量进行订货补充的一种库存管理方式。如图9-6所示。

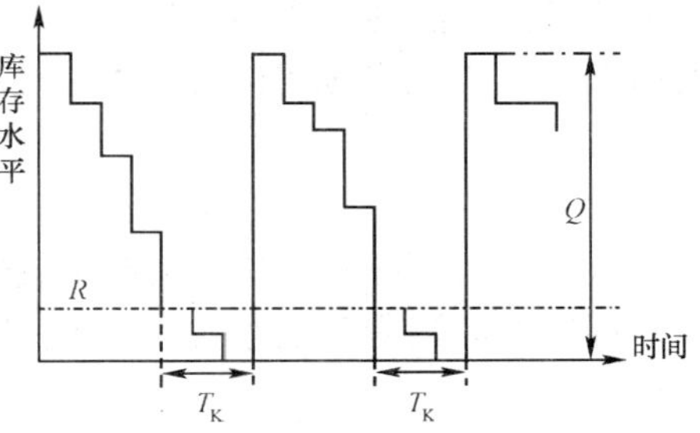

图9-6　定量订货管理

Q-定货量；R-订货点；T_K-交货期

当库存量下降到订货点R时，按预先确定的订货量Q发出订单，经过交货期T_K收到订货，库存水平上升。采用定量订货方式必须预先确定订货点和订货量。

在需求量固定均匀和交货期不变的情况下，不需要设定安全库存。

订货点为：

$$R = T_K \times D/365$$

式中：D——每年需求量。

当需求量发生波动或交货期变化时，订货点的确定比较复杂，且需要安全库存。订货量通常依据经济批量方法确定，即以总库存成本最低时的经济批量为每次订货的数量。

1. 定量订货的作业程序

定量订货方式的作业程序如图9-7所示。这种方法的优点是及时了解掌握库存动态，订货数量固定(预先定好经济批量)，方法简单。但需要经常核对库存，增加维持成本；每个品种单独进行，增加订货、运输成本。因而其适用条件为：品种数目少，资金占用大的A类库存。

2. 订货点的确定

在定量订货法管理中，当库存下降到某个库存水平时就发出订货。发出订货时的库存量水平叫做订货点。库存量不仅是指仓库中的存量，还包括柜台上、生产线中的存量。

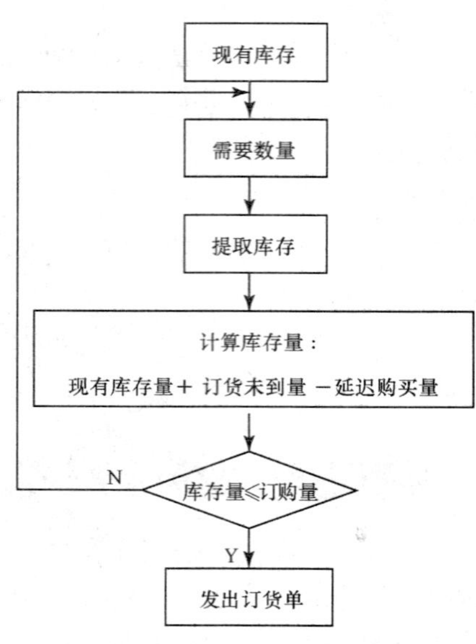

图 9-7　定量订货方式作业流程

订货点是一个库存控制的决策变量，是控制库存水平的关键因素。在实际物流管理中又称为"额定库存量"。

影响订货点的因素为：

①销售速度(需求速度)。用单位时间内的平均销量 R_p 表示。R_p 越高，订货点越高。

② 订货提前期。从发出订单到所订货物入库需要的时间，以 T_K 表示。它的大小取决于运输距离和运输工具。

③订货提前期销售量(需求量)。是按已有的销售速度在订货提前期内发生的销售量，用 D_L 表示。

$$D_L = R_p \times T_K$$

这 3 个因素可能都是随机变量或恒定变量。

订货点应当等于提前期需求量，用 Q_K 表示订货点，则有：

$$Q_K = D_L = R_p \times T_K$$

3. 订货批量的确定

订货批量是指一次订货的数量。影响订货批量的主要因素有：

①需求速度 R_P。R_P 增大，订货批量增大。

②经营费用。通常经营费用低，订货批量大；经营费用高，订货批量小。

在确定订货批量时，需要综合考虑发生的各种费用，根据总费用最低的原则，确定经济订货批量 Q^*(EOQ)。在不同的模型中，因考虑库存费用的种类不一样，所以，订货批量的大小也就不一样。例如：在不允许缺货、瞬间到货的模型中，经济订货批量为：

$$Q^* = \sqrt{\frac{2SD}{H}}$$

9.3.3 定期订货管理法

定期订货管理是指按预先确定的订货间隔期间进行补充库存的一种库存管理方式。企业根据经验或经营目标预先确定一个订货间隔期，每经过一个订货间隔期就进行订货，每次订货数量不同。如图 9-8 所示。

订货量＝最高库存量－现有库存量－订货未到量＋顾客延迟购买量

订货未到量是指已经订货但没有到货入库的数量；顾客延迟购买量是指已经售出但没有出库的数量。

定期订货管理法是从时间上控制订货周期，从而达到控制库存的目的。

1. 定期订货的作业程序

定期订货的作业程序如图 9-9 所示。这种方法的优点是订货间隔期间确定，可同时采购多种货物，降低订货成本和运输成本；不需经常盘点库存，节省管理费用。但对库存动态掌握不及时，容易造成缺货损失；通常库存量较大。因此适用于品种数量大、占用资金较少的 C 类、B 类库存物资。

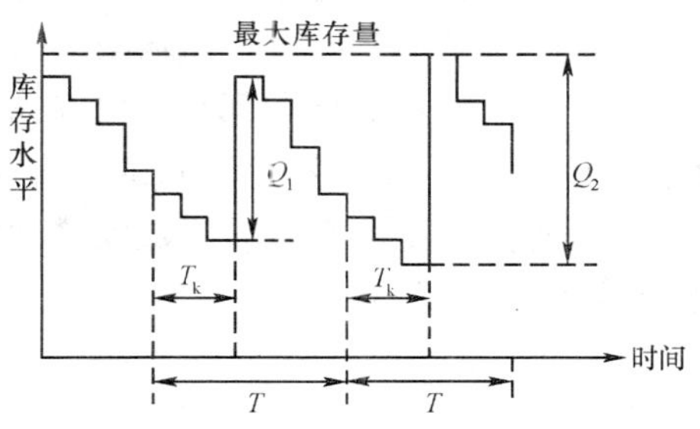

图 9-8　定期订货方式

Q_1-第一次订货量；Q_2-第二次订货量；T_K-交货期；T-订货周期。

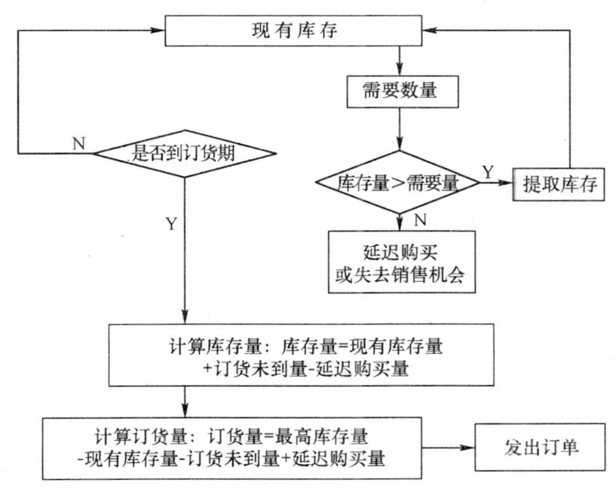

图 9-9　定期订货作业流程

2. 确定订货周期

订货周期决定订货的时机，表现为订货间隔期，订货间隔期总是相等的。订货周期增加，库存水平增加；订货周期缩短，库存水平减小，但订货费用增加。

订货周期的确定原则是总费用最省。也可根据日历习惯、生产周期、供应周期等进行调整。

3. 确定最高库存量

最高库存量应该满足 T 期间的需求量，即：

最高库存量 = 订货周期 T 期间的总需求量 + 安全库存量

4. 确定安全库存量

由于需求量和交货期都是随机变量,在某一交货期内的需求量可能超过平均库存量,为了防止这部分不可预知的突发增量而造成的缺货,就必须有一部分储备,这部分储备称为安全库存量。确定安全库存量需要考虑的因素很多,如:缺货损失的程度,库存费用。

思考题

1. 库存的作用是什么?
2. 库存成本都包括那些?
3. 什么是库存管理?
4. 库存管理的目的是什么?
5. 预测的种类有哪些?
6. 预测的方法有哪些?
7. 什么是德尔菲法?
8. 库存控制方法有哪些?
9. 掌握有关库存管理术语。

第 10 章　物流系统规划与设计

10.1　概　　述

物流系统规划设计是指确定物流系统发展目标并设计达到该目标的策略以及运行的过程。它依据与物流系统相关的因素，通过对物流系统战略意图、战术手段及具体运作进行分析规划，对系统自身进行调整和优化，从而实现物流系统发展的目标。因此，做好物流系统的规划与设计，是保证物流业健康、良性发展的前提条件。

10.1.1　规划设计的原则

物流系统规划设计必须以物流系统整体目标为中心。物流系统整体目标是使人力、物力、财力和人流、物流、信息流得到最合理、最经济、最有效的配置和安排，即：要确保物流系统的各方面参与主体功能，并以最小的投入获取最大的效益。

1. 系统性原则

系统性是指在物流系统规划设计时，必须综合考虑、系统分析所有对规划设计有影响的因素，以获得优化方案。首先，从宏观上来看，物流系统在整个社会经济系统中并不是孤立存在的，它与其他社会经济子系统之间既存在着相互融合、相互促进的关系，同时也存在着相互制约、相互矛盾的关系。因此，在对物流系统进行规划设计时，必须尽量把对其有影响的各种不同的外部因素都考虑在内，达到整个社会经济系统的整体最优。其次，物流系统本身又由若干个子系统（如运输系统、储存系统、信息系统等）构成，这些物流子系统之间既相互促进，又相互制约，即存在着一定的“背反”现象，这些都是物流本身所具有的系统特性的具体体现。因此，在进行物流系统规划与设计时，必须对其外部因素和自身构成要素进行系统化的统筹安排。

2. 可行性原则

可行性原则指的是在物流系统规划设计过程中必须使各规划要素满足既定的资源约束条件。也就是说，物流系统规划设计必须要考虑现有的可支配资源，必须符合自身的实际情况，无论从技术上，还是从经济上都可以实现。为了保证可行性原则，在进行物流系统规划设计时，要与总体的物流发展水平、社会经济的总体水平及经济规模相适应,既要体现前瞻性和发展性,又不能超越企业本身的整体承受能力,以保证物流系统规划设计的实施。

3. 经济性原则

经济性原则是指在物流系统的功能和服务水平一定的前提下,追求成本最低,并以此实现系统自身利益的最大化。显然,经济性也是物流系统规划追求的一个重要目标。经济性原则具体体现在以下几个方面:

①物流系统的连续性。良好的系统规划设计和节点布局应该能保证各物流要素在整个物流系统运作过程中流动的顺畅性,消除无谓的停滞,以此来保证整个过程的连续性,避免浪费。

②柔性化。在进行系统规划设计时,要充分考虑各种因素的变化对系统带来的影响,便于以后的扩充和调整。

③协同性。在进行物流系统规划设计时,要考虑物流系统的兼容性问题,或者说是该物流系统对不同物流要素的适应性。当各种不同的物流要素都能够在一个物流系统中运行时,该物流系统的协同性好,能够发挥协同效应,降低整体物流成本。

④资源的高利用率。物流系统的主体投资在于基础节点与设备,其属于固定资产范畴,不论资源的利用率如何,固定成本是不变的。因此,提高资源的利用率可以降低物流成本。

4. 社会效益原则

社会效益原则是指物流系统的规划设计应该考虑环境污染、可持续发展、社会资源节约等因素。一个好的物流系统不仅在经济上是优秀的,在社会效益方面也应该是杰出的。物流的社会效益原则也越来越受到政府和企业的重视,中国目前正倡导循环经济,绿色物流是其中的重要组成部分。另外,政府在法律、法规上将会对物流系统的社会效益问题做出引导和规定。例如,要求生产某些电子产品的厂家回收废旧产品,这是一个逆向物流的问题。

10.1.2 规划设计的影响因素

物流系统的规划设计是为了更好地配置系统中的各种物流要素,形成一定的物流生产能力,使之能以最低的总成本完成既定的目标。因此,在进行物流系统规划设计时,有必要考察分析影响物流系统绩效的内在和外在因素,做出合理的物流系统规划设计方案。影响物流系统规划设计的因素有以下几点:

1. 物流服务需求

物流服务项目是在物流系统规划设计的基础上进行的。物流服务需求包括服务水平、服务地点、服务时间、产品特征等多项因素,这些因素是物流系统规划设计的基

础。由于物流市场和竞争对手都在不断地发生变化,为了适应变化的环境,必须不断地改进物流服务条件,以寻求最有利的物流系统支持市场发展前景良好的物流服务项目。

2. 行业竞争力

为了成为有效的市场参与者,应对竞争对手的物流竞争力做详细分析,掌握行业基本服务水平,寻求自己的物流市场定位,从而发展自身的核心竞争力,构筑合理的物流系统。

3. 地区市场差异

物流系统中物流节点结构直接同客户的特征有关,如地区人口密度、交通状况、经济发展水平等都影响着物流节点规划设计的决策。

4. 物流技术发展

信息和网络技术等对物流发展具有革命性的影响,及时、快速、准确的信息交换可以随时掌握物流动态,不但改进了物流系统的实时管理控制及决策,而且为实现物流作业一体化、提高物流效率奠定了基础。

5. 流通渠道结构

流通渠道结构是由买卖产品的关系组成的。一个企业必须在渠道结构中建立企业间的商务关系,而物流活动是伴随着一定的商务关系而产生的。因此,为了更好地支持商务活动,物流系统的构筑应考虑流通渠道的结构。

6. 经济发展

经济发展水平、居民消费水平、产业结构直接影响着物流服务需求的内容、数量、质量。集货、运输、配载、配送、中转、保管、倒装、装卸、包装、流通加工和信息服务等构成现代物流活动的主要内容。为此,物流系统应适应物流服务需求的变化,不断拓展其功能,以满足经济发展的需要。

7. 法规、财政、工业标准等

运输法规、税收政策、行业标准等都将影响物流系统的规划设计。

10.1.3 规划设计的内容

物流系统规划设计所涉及的内容广泛,从宏观到微观,从战略规划到具体设计方案,内容层次较多,具体概括为规划与设计两方面。

1. 物流系统规划

从规划所涉及的行政级别和地理范围看,物流系统规划可分为国家级物流系统规划、区域级物流系统规划、行业物流系统规划和企业物流系统规划。

①国家级物流系统规划。国家级物流系统规划着重于以物流基础节点和物流基础网络为内容的物流基础平台规划。物流基础平台的规划包括铁路、公路、航空等线

路的规划,不同线路的合理布局,综合物流节点——物流基地的规划,以及相应的综合信息网络的规划。

②区域级物流系统规划。区域级物流系统规划着重于地区物流基地、物流中心、配送中心3个层次的物流节点以及综合物流园区的规模和布局的规划。物流基地、物流中心、配送中心3个层次的物流节点是区域物流的不同规模、不同功能的物流节点,也是区域物流系统规划较大规模的投资项目。这3个层次物流节点的规划是区域物流系统运行合理化的重要基础。

③行业物流系统规划。在物流基础平台之上,将有大量的企业和经济事业单位进行运作,如供应、分销、配送、供应链、连锁经营等。要使这些运作做到合理化和协调发展,需要有规划的指导,如重要企业、重要产品的供应链规划,以现代物流及配送支持的分销及连锁规划等。

④企业物流系统规划。企业物流系统规划是最微观层面的物流体系规划,企业物流系统规划以上述物流规划为基础。上述物流规划最终是为企业物流系统规划服务的。企业物流系统规划包括生产企业、销售企业、服务企业等的物流规划。不同类型企业物流规划的要求也不同。因此,企业物流系统规划更要关注差异性和细节。当前,企业物流系统规划的理念也在不断发展,从“营销支持”和“流程再造”角度进行物流系统的建设规划,会有效地提高企业的素质,增强企业的运营能力。

无论是哪一个级别的物流规划,都由战略层规划、战术层规划和运作层规划组成。

2. 物流系统设计

物流系统设计是对物流系统规划的细化和具体实施,主要涉及企业层面物流活动的优化和整合,涉及物流系统各个环节的具体运行。

①发展战略。明确企业的发展方向以及物流系统的发展目标和策略,是设计所要开展的首要工作。在坚持规划的基础上,明确体现规划范围内物流系统的发展建设、运营运作、组织管理和政策环境建设等方面的内容,并且应该根据物流系统发展要求及其实际能力来确定物流系统发展的具体目标以及实现步骤,对物流系统建设所需的内外部条件提出系统整合的原则和思路。

②物流网络。物流网络是组织物流活动的基础条件,其设计在物流系统中占有极为重要的战略地位。具体地讲,物流网络设计需要根据物流运作实际要求,明确所构建的物流系统网络体系的功能定位,确定产品从原材料起点到市场需求终点的整个流通渠道的结构。其主要内容包括确定物流节点的类型、数量、位置和物流体系的网络功能。

③服务质量。主要任务是确定物流服务标准,并围绕已制订的服务标准,设计有

效的检测指标体系，按照客户需求，制订等级服务标准，扩展服务范畴。在此基础上需要建立职责明确、科学规范的服务质量考核体系，对服务过程进行绩效测定，使企业能够据此改善客户服务，以其特色鲜明的服务理念给客户提供全面、迅捷、亲切的服务，同时也为加强企业管理积累信息资料及管理经验。

④业务流程。物流业务流程描述了企业如何开展物流业务，是企业物流运作实施人员开展业务并相互配合的指南。一般说来，企业物流运营管理需要有明确的业务流程以及相关标准，而物流业务流程设计要解决的便是此问题。业务流程设计既要建立、理顺企业主要的物流业务流程，在允许的条件下，还要通过借助信息技术、计算机仿真技术模拟业务处理，从而检测可能存在的问题，完善和优化业务流程。

⑤方案设计。对物流系统规划的项目进行具体方案设计，为规划的实施提供依据。具体包括项目规模、平面布局、作业流程、设备选型、建筑结构等内容。

10.2　物流系统规划设计步骤

10.2.1　前期准备工作

物流系统规划设计前的准备工作充分与否，在一定程度上决定了规划设计工作能否顺利进行，所以必须予以高度重视。一般包括以下内容：

1. 筹建规划设计小组

规划设计小组主要由负责方案编制的规划设计人员和负责各个专项规划设计的专业人员组成。

2. 制订规划设计工作计划

初步拟定规划设计工作阶段或进度要求，各阶段的工作任务、规划内容和成果要求应十分明确。

3. 培训规划设计工作人员

对参加规划设计工作的人员进行培训，统一思想、提高认识、明确规划设计任务和工作方法。

10.2.2　规划设计步骤

满足一定服务目标的物流系统往往由若干子系统组成。物流系统设计包含了众多可能的选择，从物流网络构筑到仓库内部布局等，需要对每一个子系统或环节进行规划设计。每一个子系统的设计需要与其他子系统和整个物流系统相互协调、相互平衡。因此，需要形成一个总框架，在总框架的基础上采用系统分析的方法，对整个

系统的各个部分进行规划设计。

物流系统规划设计流程大致可分为4个阶段,如图10-1所示。

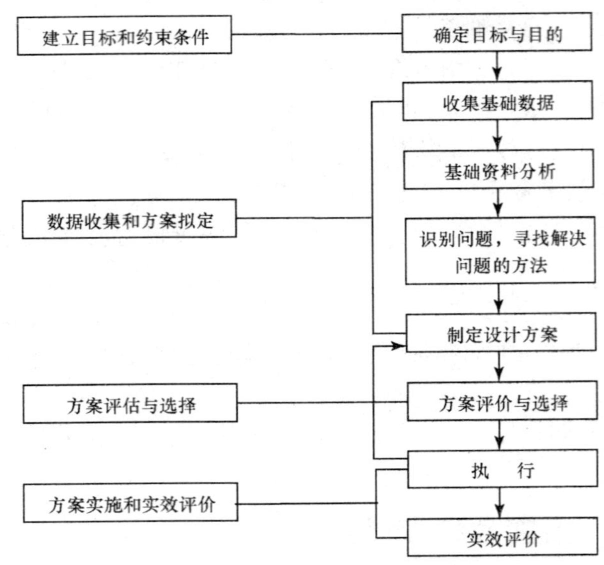

图10-1　物流系统规划设计流程

1. 建立目标和约束条件

在整个物流系统规划设计的过程中,首先最重要的是确定物流系统规划设计的目标。目标定位直接决定着物流系统的组成部分。例如,对于企业物流系统规划设计来说,资金成本降低旨在使物流系统中总投资最小,相对的物流系统规划设计方案往往是减少物流节点的数量,直接将货物送达客户或选择公共仓库而不是企业自建仓库;运营成本最低的目标往往需要利用物流节点实现整合运输;客户服务水平最高,往往需要配置较多的物流节点,较好的物流信息系统。其次,由于物流系统的庞大而繁杂,各子系统之间相互影响和相互制约也很明显,而且系统受外部条件的限制也很多,因此,在物流系统规划设计时需要判明各种问题和约束,特别是那些暂时无法改变的系统制约因素。

2. 数据收集和方案拟定

在物流系统规划设计中,要进行大量的相关基础资料的调查和收集工作,作为系统设计的参考依据。一个物流系统规划设计方案的有效性依赖于调查获得的基础资料的准确程度和全面程度。调查的内容根据规划设计目标、调查对象来确定。一般物流系统规划设计需要调查的基础资料包括以下几个方面:

(1)物流服务需求。

包括:①服务水平,如缺货率、送货时间、服务费用等;②客户分布,如现有的和潜在的客户分布等;③产品特征,如产品尺寸、质量和特殊的搬运需求;④需求特征,如客户的订单特征、客户订货的季节性变化、客户服务的重要性等;⑤需求规模,如 OD 流量等;⑥需求服务内容,如需要提供的服务;⑦其他。

(2)物流资源状况。

调查分析的项目包括:①物流节点及其设备状况,如物流节点分布、规模、功能、交通网络、运输设备、仓储设备、信息系统等;②物流系统的基本运营状况,如组织管理体系、服务模式、营业状况、服务种类、作业方式、单据流程、作业流程等。

(3)社会经济发展。

主要调查、分析物流服务区域的社会经济发展状况,具体包括经济规模、发展前景、产业构成、空间布局等。

(4)竞争状况。

调查竞争对手的物流资源配置、网络布局、服务方式、营业状况等。

调查方法主要有:访谈调查、问卷调查、查找相关统计资料、现场调查、计算机检索等。

在完成数据收集之后,剔除异常数据,确定数据样本容量,对数据分类归并、计算整理分析,结合系统目标制订若干可选方案。

3. 方案评估与选择

对物流系统进行方案评估的目的就是针对备选方案的经济、技术、操作等层面的可行性做出比较与评价,从而帮助决策者从若干可选方案中选择最优或最满意的方案。主要的评估方法有程序评估法、因素评估法和目标设计法。

1)程序评估法

程序评估法着重于设计过程的评价,目的在于确保能够得到正确且合乎基本条件的设计结果。程序评估法通过对物流系统设计的各个环节进行评估,以判别整个设计过程是否合理。评估过程需要根据不同的物流系统设计项目制订评价表,一般来说,评价的内容主要依据项目设计的过程或程序而定。通常,对物流系统设计的四个阶段进行评价,应注意以下 3 点:

①判定物流系统设计的目标定位是否正确,这就需要考察物流系统设计人员是否与相关人员进行充分沟通,是否在系统目标上达成一致。

②检验资料收集和分析程序是否合理且有效,确保系统设计的基础依据的可靠性。

③探讨设计方案产生过程是否符合系统分析设计原则,是否将第一阶段的目标

定位和第二阶段的资料分析结果融入设计方案之中。

下面给出一个实例,表10-1为物流中心内部节点设计的程序评估表。

物流中心内部节点设计的程序评估　　表10-1

阶段	检核项目	得分	改进方法
目标定位阶段	节点目标定位是否明确		
	节点目标定位是否和企业发展目标相协调		
	节点目标定位是否和市场定位相协调		
	节点目标定位是否得到各方认可		
	节点的功能设置和服务需求是否匹配		
	节点目标客户和服务项目是否一致		
资料收集与分析阶段	对客户需求是否明确		
	对进入物流中心的产品种类是否了解		
	作业流程是否清楚地进行了划分		
	收集资料是否具有完整性		
	需求预测方法是否切实可行		
	采用的分析方法与已收集资料特点是否一致		
方案产生阶段	方案产生过程是否遵循系统分析设计原则与理论		
	节点的布局是否配合作业流程		
	设备的选用是否配合作业流程		
	设备的选用是否符合节点作业要求		
	设备的容量是否满足需求预测需要		

2)因素评估法

因素评估法是针对方案建立一个完整的且具有逻辑架构的能够衡量方案成效的评价指标体系,并依照指标属性,将各指标因素分成不同的群组,进行综合分析,对方案给予总效果评估,以作为决策者选择的依据。因素评估法中评价方案优劣的因素可分为定量因素和定性因素。定量因素评估法中以经济评价法最为常用,主要是分析项目发生的费用与产生的经济效益等方面的经济特性,常选用的定量因素有成本、净现值、内部收益率、投资回收期、投资利润率等。定性因素评估法包括优缺点列举法、因素分析法、点评估法、层次分析法等。

3)目标设计法

目标设计法是美国对交通规划评价中常用的方法。该方法也可以用于物流系统规划与设计的评价。目标设计法的框架由价值、目标、任务、指标、标准五个层次组成。其中,价值是服务对象的定位,目标是价值的定位描述,任务是目标的具体分解,指标是任务的定量描述,标准是指标的数值界定。

一般情况下目标、任务、指标都可以是多个，而每个指标都对应一个标准，或分别表示现状值和目标值的两个标准。在进行方案评估时，可利用评价矩阵进行评价。

4. 方案实施和实效评价

物流系统方案的实施过程相当复杂，方案设计的实际可操作性将在本阶段得以验证。实施者根据决策者选出的最优设计方案，严格按照方案设计的要求逐步实施。实施过程中，可能会遇到各种实际问题，有些是设计者并未事先预料到的，因此在方案实施过程中，实施者首先要充分领会设计者的整体思路和设计理念，在遇到问题时尽可能最大限度地满足设计要求，如果确有无法满足的部分，需要对设计方案做必要调整，但要保证不影响物流系统整体目标的实现。

方案评估是在没有实施方案之前，凭借专家、实践者的经验预先检验模拟效果并加以评价，而本阶段的实效评价则是对实际方案实施结果的评价。实效评价方法和方案评估方法基本一致，最常用的评价方法是因素评估法和目标设计法。其中，对评估过程中指标打分的过程不再是专家经验的主观判断，而是实际结果的客观评判。实效评价的目的是实际检验方案设计的优劣，将作为今后物流系统规划设计的参考和借鉴。

10.3　物流网络节点选址方法

物流网络节点是指物流网络内货物运往最终消费者过程中临时经停的各点，如制造商、供应商、仓库、配送中心、零售商网点和服务中心等，其场址的确定关系到土地的使用和建筑费用、地方税收和保险、劳动力成本和可得性及其他节点的运输费用。所以物流网络节点选址一直是物流系统规划中非常重要的问题，主要包括确定物流节点的数量、地理位置、规模及分配方案。

10.3.1　单一物流节点选址

单一物流节点选址可采用最简单的模型。这里所介绍的模型考虑的是开放连续解空间和基于运输费用的目标函数。问题定义如下：给出现有节点位置、新节点和现有节点之间的运输量、运输费率，确定使总运输费用最小的最优选址方案。总运输费用是以运输距离乘以运输量和运输费率来确定的。

1. 直角选址模型

直角选址模型适合于解空间是一个工厂、仓库或城市，且货物沿直角形式移动的情况。其原理阐述如下。

设有 m 个现有节点($A_1,A_2,\cdots,A_m$),其中节点 $A_j(x_j,y_j)$ 与新节点 $P(x_0,y_0)$ 之间的直角距离被定义为:

$$d(A_j,P) = |x_j - x_0| + |y_j - y_0| \tag{10-1}$$

如图 10-2 所示:

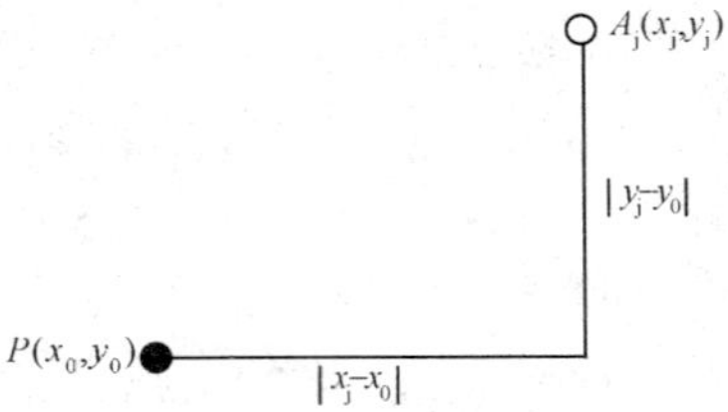

图 10-2 直角选址模型节点距离

则使总位移最小的新节点选址问题模型可表示为:

$$\min \sum_{j=1}^{m} r_j w_j \left(|x_j - x_0| + |y_j - y_0| \right) = \min \sum_{j=1}^{m} r_j w_j |x_j - x_0| + \min \sum_{j=1}^{m} r_j w_j |y_j - y_0| \tag{10-2}$$

式中:r_j—— 新节点 P 到现有节点 A_j 的单位运输费用;

w_j—— 新节点 P 到现有节点 A_j 的运量。

式(10-2)可分解为 2 个单独最小化问题,得到:

$$\min f(x) = \min \sum_{j=1}^{m} r_j w_j |x_j - x_0| \tag{10-3}$$

$$\min f(x) = \min \sum_{j=1}^{m} r_j w_j |y_j - y_0| \tag{10-4}$$

为了能够简易地确定新节点坐标,可假设式(10-3)和式(10-4)的最优解满足下面 2 个特性:

①新节点的 x 坐标将和某一现有节点的 x 坐标相同,新节点的 y 坐标也和某一现有节点的 y 坐标相同。

② 新节点的 x 坐标(y 坐标) 的最优位置是一个中间位置,不超过一半的运输量在新节点位置左边(y 坐标的下边),同时不超过一半的运输量在新节点的右边(y 坐标的上边)。

因为这两个假设条件,所以此方法又被称为中线法。

2. 欧几里德选址模型

欧几里德选址模型适合于解空间是一个国家、地区或一个城市,且货物沿可修改的欧几里德距离移动的情况。

设有 m 个现有节点($A_1,A_2,\cdots,A_m$),其中节点 $A_j(x_j,y_j)$ 与新节点 $P(x_0,y_0)$ 之间的直线距离被定义为:

$$d_j = k[(x_j - x_0)^2 + (y_j - y_0)^2]^{\frac{1}{2}} \tag{10-5}$$

式中 k 为将欧几里德距离变为实际距离的转换因子,它依赖于区域的实际调查情况。

设新节点到现有节点的总运输费用为 T：

$$T = \sum_{j=1}^{m} kr_j w_j [(x_j - x_0)^2 + (y_j - y_0)^2]^{\frac{1}{2}} \tag{10-6}$$

欧几里德选址模型可表示为求解 T 的最小值，该最小化问题可以用简单的求导来解决，对 x_0 和 y_0 各求偏导，并令其等于 0，得：

$$x_0 = \left(\sum_{j=1}^{m} \frac{x_j r_j w_j}{d_j}\right)\left(\sum_{j=1}^{m} \frac{r_j w_j}{d_j}\right)^{-1} \tag{10-7}$$

$$y_0 = \left(\sum_{j=1}^{m} \frac{y_j r_j w_j}{d_j}\right)\left(\sum_{j=1}^{m} \frac{r_j w_j}{d_j}\right)^{-1} \tag{10-8}$$

因为新节点位置未知，所以可用迭代方法解决此问题，且能保证收敛到最优值，这种方法也被称为重心法。其迭代步骤如下：

(1)用下式确定 x_0 和 y_0 的初始值：

$$x_0^0 = \left(\sum_{j=1}^{m} x_j r_j w_j\right)\left(\sum_{j=1}^{m} r_j w_j\right)^{-1} \tag{10-9}$$

$$y_0^0 = \left(\sum_{j=1}^{m} y_j r_j w_j\right)\left(\sum_{j=1}^{m} r_j w_j\right)^{-1} \tag{10-10}$$

(2)通过式(10-5)和式(10-6)求解 d_j^0 和 T^0。

(3)将 (x_0^0, y_0^0) 和 d_j^0 代入式(10-7) 和(10-8)，求解新节点的改善地点 (x_0^1, y_0^1)。

(4)通过式(10-5)和式(10-6)求解 d_j^1 和 T^1。

(5)将 T^1 和 T^0 进行比较，如果 $T^1 < T^0$，则返回(3) 进行计算，再将 (x_0^1, y_0^1) 代入式(10-7) 和(10-8)，求解新节点的再改善地点 (x_0^2, y_0^2)。如果 $T \geq T^0$，则说明 (x_0^0, y_0^0) 为最优解。

这样反复计算，直到 $T^{h+1} \geq T^h$，求得最优解 (x_0^h, y_0^h) 为止。

例 10-1：现有两个工厂 W_1 和 W_2，工厂 W_1 生产产品 A，工厂 W_2 生产产品 B，W_1 和 W_2 两工厂向某公司仓库 H 供货，再由仓库 H 供应给三个分销中心 D_1、D_2 和 D_3，工厂和分销中心的空间分布如图 10-3 所示，其相对位置坐标、运量及运输费率如表 10-2 所示，试确定使运输成本最小的单一仓库 H 的位置。(转换因子 k 取 10)。

分销中心和工厂的坐标、运量及运输费率　　表 10-2

代号	产品	总运量(t)	运输费率[元/(t·km)]	X 坐标	Y 坐标
W_1	A	2500	0.40	3	9
W_2	B	3500	0.40	9	2
D_1	A、B	2500	0.80	1	5
D_2	A、B	1500	0.80	5	3
D_3	A、B	2000	0.80	7	7

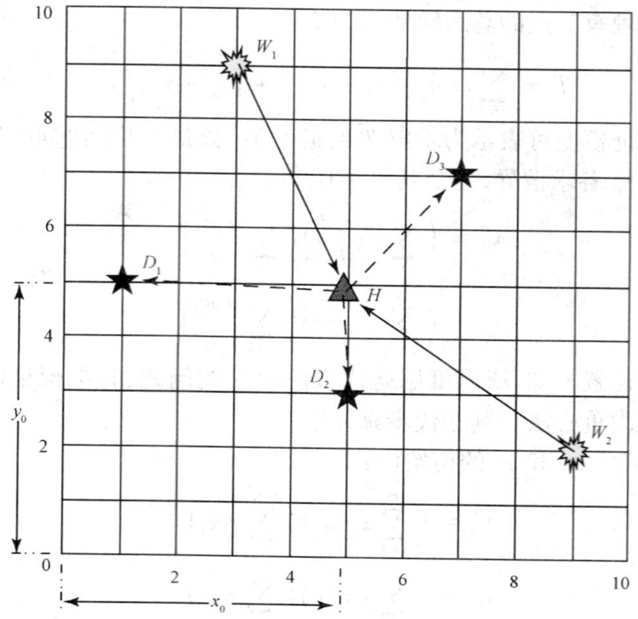

图 10-3　工厂和分销中心分布图

解:(1)确定仓库初始位置坐标:

利用公式(10-9)和(10-10),可以确定仓库的初始位置,以表格形式对方程求解,见表 10-3。

于是得到仓库的初始位置坐标值:

$$x_0^0 = \left(\sum_{j=1}^{5} x_j r_j w_j\right)\left(\sum_{j=1}^{5} r_j w_j\right)^{-1} = \frac{34800}{7200} = 4.8333$$

$$y_0^0 = \left(\sum_{j=1}^{5} y_j r_j w_j\right)\left(\sum_{j=1}^{5} r_j w_j\right)^{-1} = \frac{36600}{7200} = 5.0833$$

仓库初始位置计算数据　　表 10-3

j	x_j	y_j	w_j	r_j	$w_j \times r_j$	$w_j \times r_j \times x_j$	$w_j \times r_j \times y_j$
1	3	9	2500	0.40	1000	3000	9000
2	9	2	3500	0.40	1400	12600	2800
3	1	5	2500	0.80	2000	2000	10000
4	5	3	1500	0.80	1200	6000	3600
5	7	7	2000	0.80	1600	11200	11200
		$\sum$			7200	34800	36600

(2)求解 d_j^0 和 T^0 :

将 x_0^0 和 y_0^0 代入公式(10-5) 和(10-6),可求得 d_j^0 和 T^0 ,计算数据如表 10-4 所示。

初始位置运输成本计算数据　　表 10-4

j	x_j	y_j	w_j	r_j	d_j^0(km)		$w_j \times r_j \times d_j^0$ (元)
1	3	9	2500	0.40	$W_1 \to H$	43.25	43250
2	9	2	3500	0.40	$W_2 \to H$	51.83	72562
3	1	5	2500	0.80	$D_1 \to H$	38.34	76680
4	5	3	1500	0.80	$D_2 \to H$	20.90	25080
5	7	7	2000	0.80	$D_3 \to H$	28.93	46288
T^0							263860

(3)求解仓库的第一次改善地点坐标:

将 (x_0^0, y_0^0) 和 d_j^0 代入式(10-7) 和(10-8),求解仓库的第一次改善地点(x_0^1, y_0^1),计算数据如表 10-5 所示。

仓库第一次改善地点计算数据　　表 10-5

j	$w_j \times r_j$	$w_j \times r_j \times x_j$	$w_j \times r_j \times y_j$	d_j^0	$\frac{w_j \times r_j}{d_j^0}$	$\frac{w_j \times r_j \times x_j}{d_j^0}$	$\frac{w_j \times r_j \times y_j}{d_j^0}$
1	1000	3000	9000	43.25	23.12	69.36	208.09
2	1400	12600	2800	51.83	27.01	243.10	54.02
3	2000	2000	10000	38.34	52.16	52.16	260.82
4	1200	6000	3600	20.90	57.42	287.08	172.25
5	1600	11200	11200	28.93	55.31	387.14	387.14
$\sum$					215.02	1038.85	1082.33

于是得到仓库的第一次改善地点坐标值:

$$x_0^1 = \left(\sum_{j=1}^{5} \frac{x_j r_j w_j}{d_j^0}\right)\left(\sum_{j=1}^{5} \frac{r_j w_j}{d_j^0}\right)^{-1} = \frac{1038.85}{215.02} = 4.8314$$

$$y_0^1 = \left(\sum_{j=1}^{5} \frac{y_j r_j w_j}{d_j^0}\right)\left(\sum_{j=1}^{5} \frac{r_j w_j}{d_j^0}\right)^{-1} = \frac{1082.33}{215.02} = 5.0336$$

(4)求解 d_j^1 和 T^1 :

将 x_0^1 和 y_0^1 代入公式(10-5) 和(10-6),可求得 d_j^1 和 T^1 ,计算数据如表 10-6 所示。

第一次改善地点运输成本计算数据　　表 10-6

j	x_j	y_j	w_j	r_j	d_j^0(km)		$w_j \times r_j \times d_j^1$ (元)
1	3	9	2500	0.40	$W_1 \to H$	43.69	43690
2	9	2	3500	0.40	$W_2 \to H$	51.56	72184
3	1	5	2500	0.80	$D_1 \to H$	38.32	76640
4	5	3	1500	0.80	$D_2 \to H$	20.41	24492
5	7	7	2000	0.80	$D_3 \to H$	29.27	46832
T^1							263838

(5)比较 T^1 和 T^0 值:

因为 $T^1 < T^0$,所以返回(3)重复迭代计算,迭代计算结果如表 10-7 所示。

迭　代　结　果　　表 10-7

迭代次数	选定仓库位置	选定位置坐标	运输成本(元)
0	初始地点(重心)	(4.8333,5.0833)	263860
1	改善地点 1	(4.8314,5.0336)	263838
2	改善地点 2	(4.8303,5.0085)	263810
3	改善地点 3	(4.8294,4.9955)	263816
4	改善地点 4	(4.8289,4.9886)	263816
5	改善地点 5	(4.8288,4.9849)	263802
6	改善地点 6	(4.8289,4.9830)	263800
7	改善地点 7	(4.8289,4.9820)	263800
8	改善地点 8	(4.8289,4.9814)	263816
9	改善地点 9	(4.8287,4.9813)	263816

由上表可知仓库的最佳位置应为改善地点 6 或改善地点 7,即使运输成本最小的单一仓库 H 的位置坐标为(4.8289,4.9830)或(4.8289,4.9820)。

3. 加权因素分析选址模型

加权因素分析选址模型既可考虑影响节点选址的定量因素也可考虑定性因素,但在分析之前需要确定一系列候选场址,其具体步骤如下:

①确定选择场址需要考虑的因素及标准、各评价标准的权重或相对重要性。表 10-8 提供了一系列由 Chosh 和 Melafferty(1987 年)提出的影响地点选择较重要的一些因素。

②给每个候选场址的所有因素从 1 ~ 10 进行打分。

③计算每个候选场址加权分数,并选择加权评分最高的场址作为最优场址地点。

$$v(j) = \sum w(i) \times s(i,j) \tag{10-11}$$

式中：$v(j)$—— 加权评分；

$w(i)$—— 因素 i 的权重；

$s(i,j)$—— 候选场址 j 在因素 i 上的打分。

影响地点选择的主要因素　　表 10-8

分类	因　　素
费用结构	土地费用、建筑费用、税收、保险及其他
法律规定	分区规划、租借条款、地方商业规章
人口统计	人口基数、收入状况、劳动力供给
交通运输	运输类型及运量、运输方式、到达车站或港口的方便程度
竞争结构	竞争对手、类型
候选场址特征	停车的方便性、建筑物的状况、从其他主要街道看此地的能见度

10.3.2 多物流节点选址

多物流节点选址是指在存在 m 个现有节点的情况下，为多于一个的新节点进行选址，同时新节点（如 n 个）需服务于现有节点的问题。当 $m = n$ 时，只需在每个现有节点旁建一个新节点即可；当 $m > n$ 时，需要考虑开放连续解空间和运输费用。为现有工厂和市场服务的新仓库进行选址、为拼车装货网络建立装货站、在一个城市里建物流分拨中心都是多节点选址的例子。这些多节点选址问题同样可采用中线法或重心法求解。

1. 基于聚类的方法

聚类模型具体步骤如下：

①将 m 个现有节点按它们距离接近的程度分成 n 组。

②每一组中新节点的最佳场址地点通过使用中线法或重心法来确定。

例 10-2：某公司要建两个配送中心以满足市场需求，客户位置分为 4 个地区，表 10-9 给出了地区位置坐标、需求量及运输费率，求解两配送中心的最佳位置。

地区位置及需求量　　表 10-9

客户区域	位置坐标(km)	需求量(t)	运输费率[元/(t·km)]
1	(3,8)	5	0.40
2	(8,2)	7	0.40
3	(2,5)	3.5	0.95
4	(0,4)	3	0.95

解:(1)在这个例题中,$m=4,n=2$,所以将现有节点通过最近距离聚类方法聚类成两组。表10-10为以直角距离矩阵来表示的距离相似矩阵,表10-11为根据直角距离矩阵得出的聚类方案。

距离相似矩阵　　表10-10

	1	2	3	4
1	0	11	4	7
2	11	0	9	10
3	4	9	0	3
4	7	10	3	0

聚类方案　　表10-11

分组方案	第1组	第2组	总直角距离和(km)
1	客户区域1和2	客户区域3和4	11+3=14
2	客户区域1和3	客户区域2和4	4+10=14
3	客户区域2和3	客户区域1和4	9+7=16

根据表10-11应用最近距离聚类方法分组,可得两种最佳方案为:

方案1:第1组:客户区域1和3;第2组:客户区域2和4。

方案2:第1组:客户区域1和2;第2组:客户区域3和4。

(2)第1组和第2组可分别归为单一节点选址问题。

对于方案1,利用中线法求解第1组的新节点最佳位置:

①将新节点建在区域1,则建成后的总运输费用$=3.5\times0.95\times[(8-5)+(3-2)]=13.3$(元)

②将新节点建在区域3,则建成后的总运输费用$=5\times0.40\times[(8-5)+(3-2)]=8$(元)

③将新节点建在坐标为(3,5)处,则建成后的总运输费用$=5\times0.40\times(8-5)+3.5\times0.95\times(3-2)=9.325$(元)

综上,将新节点建在区域3处时,总运输费用最小,所以第1组新节点的最佳位置为区域3。

同理,应用中线法可求解出第2组新节点的最佳位置为区域4,建成后的总运输费用为28元。因此,两个配送中心分别位于客户区域3和4。

对于方案2,同样利用中线法求解,最终可得两个配送中心最佳位置分别位于客户区域2和3,建成后的总运输费用分别为22元和8.55元。

两种方案计算结果如表10-12所示。

中线法求解方案 1 和方案 2 的计算结果　　表 10-12

方案	第 1 组	第 2 组	配送中心 1	配送中心 2	中心 1 建成后运输费用	中心 2 建成后运输费用	中心建成后总运输费用
1	区域 1 和 3	区域 2 和 4	区域 3	区域 4	8 元	28 元	36 元
2	区域 1 和 2	区域 3 和 4	区域 2	区域 3	22 元	8.55 元	30.55 元

根据表 10-12 可知，方案 2 的总运输费用比方案 1 的总运输费用小，所以该公司最终应将两个配送中心分别建在区域 2 和区域 3。

2. 穷举法

在例题 10-2 中，还可采用穷举法确定最优位置，假设分配方案为：一个配送中心服务于一个区域，另一个配送中心服务于 3 个区域。不同的分配方案如表 10-13 所示。

新节点分配方案　　表 10-13

方案	新节点 1	新节点 2	方案	新节点 1	新节点 2
1	区域 1	区域 2,3,4	3	区域 3	区域 1,2,4
2	区域 2	区域 1,3,4	4	区域 4	区域 1,2,3

第二个配送中心可根据重心法，求解其最优位置坐标及其运输费用，如表 10-14 所示。

节点的最优位置及其运输费用　　表 10-14

方案	第二个节点位置	总运输费用	方案	第二个节点位置	总运输费用
1	(6,2)	3457.50	3	(6,4)	2550.00
2	(3,5)	2072.50	4	(3,2)	2930.00

第二个配送中心的最优场址为表 10-14 中最小运输费用（2072.50）所对应的位置，即（3,5），所以两个配送中心的位置应分别为（8,2）和（3,5），区域 2 由第一个配送中心（8,2）服务，区域 1、3 和 4 由第二个配送中心（3,5）服务。

10.4　运输线路的规划设计

在物流系统中，当物流节点位置确定后，在各个物流节点之间会形成若干条不同的运输线路，不同的运输线路的差异可能体现在线路上节点的数量，也可能体现为线路上节点的先后顺序。不同的运输线路由于节点数目或顺序的差异会产生不同的运输成本和运输效果。因此，运输线路的规划设计，也是物流系统规划设计中的一项重要内容。本书第 6 章中配送路线优化的“节约里程法”就是一种规划设计方法,下面再介绍 3 种常用的运输线路规划设计方法。

10.4.1 最短路线法

对分离的、单个起点和终点的网络运输线路选择问题,最简单和最直观的方法就是最短路线法。网络由节点和线组成,点与点之间由线连接,线代表点与点之间运行的成本(或距离、时间、时间和距离加权的组合)。初始时,起点作为已解点,而其他节点均被定义为未解点,计算方法如下:

1. 第 n 次迭代的目标

寻求第 n 次最近起点的节点,重复 $n = 1,2,3,\cdots$ 直到最近起点是终点为止。

2. 第 n 次迭代的输入值

$n - 1$ 个最近起点的节点是由以前的迭代根据离起点最短路线计算而得。这些节点以及起点成为已解点,其余的节点为未解点。

3. 第 n 个最近节点的候选点

每个已解点由线路分支通向一个或多个未解点,这些未解点中有一个以最短路线分支连接的即是候选点。

4. 第 n 个最近节点的计算

将每个已解阶段及其候选点之间的距离和从起点到该已解点之间的距离加和,总距离最短的候选点即是第 n 个最近的节点,也是起点到达该点最短距离的路径。

例 10-3:图 10-4 为一张高速公路网示意图,其中 A 点为起点,J 点为终点,B,C,D,E,F,G,H 和 I 为网络中的节点,节点与节点之间以线路连接,线路上标明了两个节点之间的距离,以运行时间(min)表示,求解一条从起点 A 到终点 J 的最短运输路线。

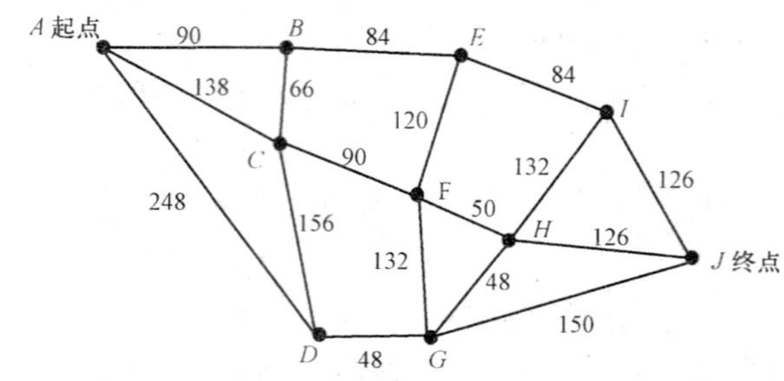

图 10-4　高速公路网

第一步：确定初始已解点为起点 A，因为与 A 点直接连接的未解点 B、C 和 D 点中，距 A 点最近的节点为 B，所以将 B 点划为第一次迭代的已解点。

第二步：找出距 A 点和 B 点最近的未解点，即 A-C 和 B-C；并计算从起点到该最近未解点之间的时间距离，即 A-C 的时间距离为 138min，A-B-C 的时间距离为 $90+66=156$min；将 C 点划为第二次迭代的已解点。

第三步：确定已解点 A，B，C 的候选点为 D，E，F，并求解出从起点到这三个候选点的时间距离分别为：A-D 的时间距离为 248min，A-C-F 的时间距离为 228min，A-B-E 的时间距离为 174min，因为 A-B-E 的时间距离最短，所以将 E 点划为第三次迭代的已解点。

重复上述过程直到到达终点 J，如表 10-15 所示，即可求得最小的路线时间为 384min，最优路线为 A-B-E-I-J，以 * 号标出。

最短路线法求解过程　　表 10-15

步骤	直接连接到未解点的已解点	与其直接连接的未解点	相关总时间	第 n 个最近节点	最小成本	最新连接
1	A	B	90	B	90	A-B *
2	A	C	138	C	138	A-C
	B	C	90 + 66 = 156			
3	A	D	248			
	B	E	90 + 84 = 174	E	174	B-E *
	C	F	138 + 90 = 228			
4	A	D	248			
	C	F	138 + 90 = 228	F	228	C-F
	E	I	174 + 84 = 258			
5	A	D	248	D	248	A-D
	C	D	138 + 156 = 294			
	E	I	174 + 84 = 258			
	F	H	228 + 50 = 278			
6	D	G	248 + 48 = 296			
	E	I	174 + 84 = 258	I	258	E-I *
	F	H	228 + 50 = 278			
7	D	G	248 + 48 = 296			
	F	H	228 + 50 = 278	H	278	F-H
	I	J	258 + 126 = 384			

续上表

步骤	直接连接到未解点的已解点	与其直接连接的未解点	相关总时间	第 n 个最近节点	最小成本	最新连接
8	D	G	248 + 48 = 296	G	296	D-G
	F	G	228 + 132 = 360			
	H	G	278 + 48 = 326			
	I	J	258 + 126 = 384	J	384	I-J *
9	G	J	296 + 150 = 446			
	H	J	278 + 126 = 404			
	I	J	258 + 126 = 384			

注：* 号表示最小时间距离

10.4.2 经验试探法

物流管理人员还会经常遇到的另外一种线路选择问题，即：起点与终点重合的线路选择。该问题的求解可采用经验试探法，其原则为：

①在运行路线不发生交叉的前提下，从起点出发，依次经过各节点，最终再回到起点。

②尽量使最终运行线路成菱形形状。

图 10-5 为通过各节点的运行路线示意图，其中 a）为不合理的运行路线，b）为合理的运行路线。根据经验试探法的两项原则，物流管理人员就可以很快画出一张路线图，而如果用计算机计算反而需要花费的时间更长。

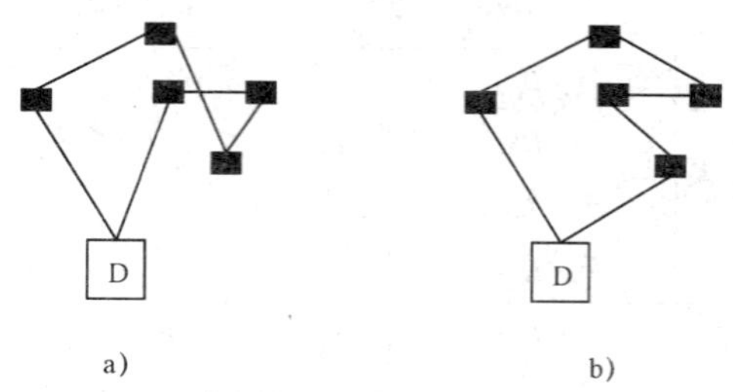

图 10-5　起终点重合的运输路线

10.4.3 图上作业法

如果有多个供货地服务于多个目的地，如多个供应商、工厂或仓库服务于多个客户，那么该类问题可归为多起讫点问题。此类运输问题的求解可采用图上作业法，其

原则可以归纳为：流向划右方，对流不应当；里圈、外圈分别算，要求不能过半圈长；如若超过半圈长，应去运量最小段；反复运算可得最优方案。

与运输距离、线路有关的不合理运输有两种现象，一种是对流现象，所谓对流，就是在一段路线上有同一物品在往返运输；另一种是迂回现象，所谓迂回，就是成圈的道路上，从一点到另一点有两条路可以走，一条是小半圈，一条是大半圈，如果选择的路线距离大于全回路程的一半，则就是迂回现象。图上作业法可以避免上述的对流和迂回现象，找出运输线路最短，运力最省的运输方案。

任何一张交通网络图，其线路的分布形状均可以分为成圈和不成圈两种情况。下面分别介绍运输线路不成圈和成圈最优运输方案的图上作业法。

1. 运输线路不成圈的图上作业法

运输线路不成圈，就是不构成回路的“树”形线路，包括直线、丁字线、交叉线、分支线等。直线为图上作业法的基本路线。不论哪种路线，都要采取一定的方法，将此转化为一条直线的运输形式，以便做出流向线。对于运输线路不成圈的流向图，只要不出现对流现象，即是最优调运方案。

运输线路不成圈的图上作业法较简单，从各端点开始，按“各站供需就近调拨”的原则进行调配即可。

例 10-4：某地区物资供应情况如图 10-6 所示，其中○表示供货地（起运站），□表示目的地，○旁的正数表示供应量，□旁的负数表示需求量，通过图上作业法求解物资调运的最优方案。

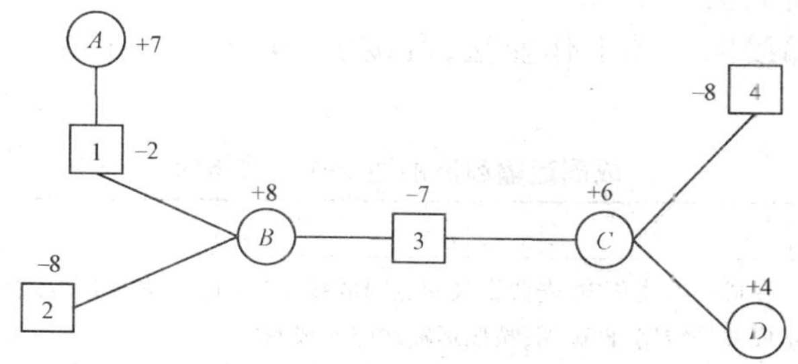

图 10-6　某地区物资供应交通线路

为了便于检查对流现象，把流向箭头统一画在线路右边（按行车方向），调运量用数字表示，标注在箭头旁边，如图 10-7 所示，具体步骤如下：

（1）从起运站 A 开始，把 7 个单位的物资供应给目的地 1，剩余 5 个单位的物资再调运给 B。

（2）起运站 B 的 8 个单位的物资，供应给目的地 2。

（3）从 A 调运到 B 的 5 个单位的物资，供应给目的地 3，此时目的地 3 缺 2 个单位的物资。

(4)起运站 D 的 4 个单位的物资调运给 C,连同 C 原有的 6 个单位的物资,此时 C 共有 10 个单位的物资。

(5)将 C 中的 8 个单位的物资供应给目的地 4;剩余的 2 个单位的物资供应给目的地 3,填补目的地 3 所缺的 2 个单位的物资。

在图 10-7 中没有出现对流现象,故此图为最优线路流向图,所对应的方案为最优调运方案。

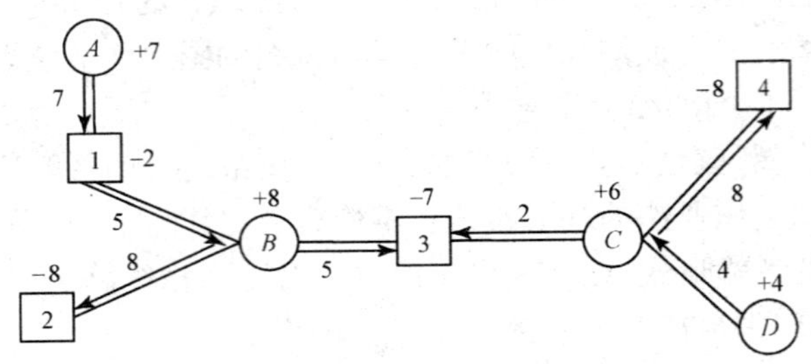

图 10-7　某地区物资调运方案

2. 运输线路成圈的图上作业法

运输线路成圈,就是形成闭合回路的“环”形路线,包括一个圈(有三角形、四边形、多边形)和多个圈。成圈的线路流向图要同时达到既无对流现象,又无迂回现象的要求才是最优流向图。

对于成圈运输线路的图上作业法,可按表 10-16 中所述的 3 个步骤寻求最优方案。

成圈运输线路的图上作业法步骤　　表 10-16

步　骤	详　述
去段破圈确定初始运输方案	在成圈的线路中,先假设某两点间的线路“不通”,去掉这段线路,把成圈线路转化为不成圈的线路,即破圈;按照运输线路不成圈的图上作业法,即可得到初始运输方案
检查有无迂回现象	因为流向箭头都统一画在线路右边,所以圈内圈外都画有一些流向,分别检查每个小圈,如果圈内和圈外流向的总长度都不超过全圈总长度的 1/2,那么,全圈就没有迂回现象,这个线路流向图即是最优的,对应的就是最优运输方案,否则转向第三步
重新去段破圈,调整流向	在超过全圈总长 1/2 的里(外)圈各段流向线上减去最小运量,然后在相反方向的外(里)圈流向线上和原来没有流向线的各段上,加上减去的最小运量,这样可以得到一个新的线路流向图,然后转到第二步检查有无迂回现象。如此反复,直到得到最优线路流向图为止

例10-5：某地区物资供应情况如图10-8所示，其中○表示供货地（起运站），□表示目的地，○旁的正数表示供应量（单位：t），□旁的负数表示需求量（单位：t），线路间括号中的数字表示起运站与目的地之间的距离（单位：km），通过图上作业法求解物资调运的最优方案。

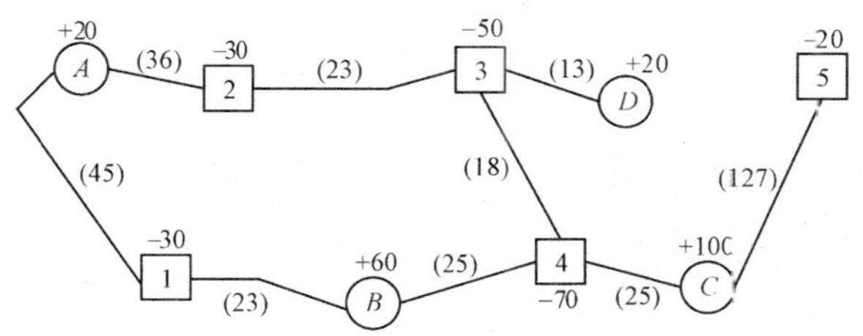

图10-8　某地区物资供应交通线路

解：图中有一个圈，由 A、1、B、4、3、2、A 构成，下面按照运输线路成圈的图上作业法3个步骤，求物资调运的最优方案：

（1）去段破圈，确定初始运输方案。

去掉 A 到2的线路，然后根据各站供需就近调拨的原则进行调运，即可得到初始运输流向线路图，如图10-9所示。

（2）检查有无迂回现象。

虽然图10-9中不存在对流现象，但要检查里外圈流向线长是否超过全圈总长的1/2，全圈总长：$45+23+25+18+23+36=170$（km），半圈长：$170/2=85$（km），外圈流向总长：$45+25+18+23=111$（km），里圈流向总长：23km，因为外圈流向总长（111km）超过全圈总长的1/2（85km），所以此初始运输线路存在迂回现象，该方案不是最优方案，需进行优化调整。

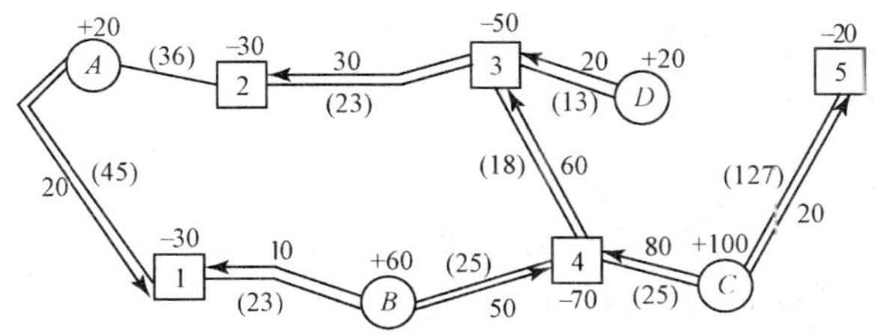

图10-9　某地区物资调运初始方案

（3）重新去段破圈，调整流向。

初始方案中里圈符合要求，而外圈流向总长超过全圈总长的1/2，故需缩小外圈，因为外圈流向线路中运量最小的是 $A\rightarrow1$ 的20t，所以去掉 $A\rightarrow1$ 的线路，并在外圈各段流向线上减去 20t 的运量,同时在里圈各流向线上以及原来没有流向线的 $A \to 2$ 上各加上 20t 的运量,即可得到新的运输线路流向图,如图 10-10 所示。

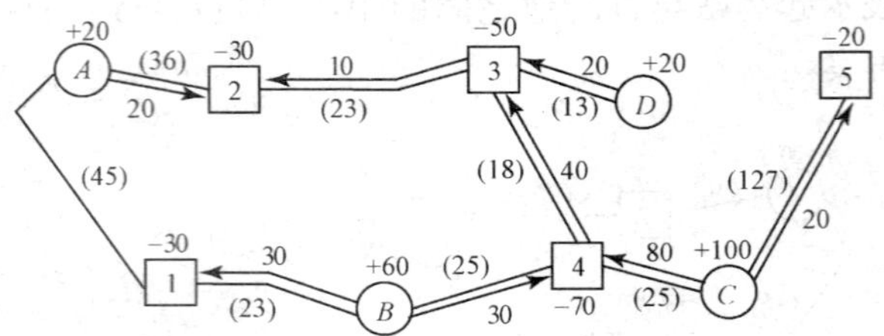

图 10-10　某地区物资调运调整方案

图 10-10 中外圈流向总长:25 + 18 + 23 = 66(km),里圈流向总长:23 + 36 = 59(km),两者都没有超过全圈总长的 1/2(85km),所以调整后的新线路流向图所对应的方案为最优运输方案。

按调整后方案组织运输的运力消耗为:

$$20 \times 36 + 10 \times 23 + 20 \times 13 + 30 \times 23 + 30 \times 25 + 40 \times 18 + 80 \times 25 + 20 \times 127 = 7910(\mathrm{t \cdot km})$$

按初始方案组织运输的运力消耗为:

$$20 \times 45 + 10 \times 23 + 50 \times 25 + 80 \times 25 + 20 \times 127 + 60 \times 18 + 20 \times 13 + 30 \times 23 = 8950(\mathrm{t \cdot km})$$

由此可知,调整后的运输方案比初始运输方案减少运输周转量为 1040 t · km。

物流系统规划设计内容很多,除本章介绍的节点选址和运输线路优化外,还有配送中心布局、作业流程设计、设施设备规划设计、车辆配载优化、运输方式的选择等,更多的规划设计知识将在后续专业课程中介绍。

思考题

1. 简述物流系统规划设计的原则和影响因素。
2. 简述物流系统规划设计的内容。
3. 简述物流系统规划设计的步骤。
4. 物流节点的选址方法有哪些?
5. 运输线路选择的方法有哪些?每种方法分别适合于哪种线路的规划设计?

第 11 章　物流标准化

标准化规则是企业作业流程中共同遵守的无声语言，而物流标准化规范则是物流过程中相关企业相互衔接的作业工序应当共同遵守的作业指令。如果说信息化从技术层面上提升物流的效率，那么标准化则从管理层面上提升物流的效率。建立物流标准化的目标是建立一套完整的物流标准化体系，将各类与物流相关的专业术语标准、物流的计量单位标准、物流基础模数尺寸标准等物流基本要素单元上升为一种产业环境，使物流的各个工作环节都有据可依，实现效率最高化。

11.1　概　　述

11.1.1　物流标准化的概念

物流是一个大系统，对这样一个大系统的管理是非常复杂的。系统的统一性、一致性和系统内部各环节的有机联系是系统能否生存的首要条件。因此，除了需要有一个合适的体制形式来保证统一性、一致性及各环节的有机联系外，要实现有效的指挥、决策和协调大系统的关系，还需要有许多方法、手段。标准化就是物流管理的重要手段，物流标准化对降低物流成本、提高物流效益有重要作用。

物流标准化是指以物流为一个大系统，制订内部设施、机械装备、专用工具等各个分系统的技术标准；制订各分领域（如包装、装卸、运输等）各类作业标准；以系统为出发点，研究各分系统与分领域中技术标准与工作标准的配合性要求，统一整个物流系统的标准；研究物流系统与其他系统的配合性，进一步谋求物流大系统的标准统一。

11.1.2　物流标准化的必要性

现代物流业的高度综合性决定了标准化和信息化是产业发展的重要基础。物流标准化是现代物流建设的基础，是提高物流效率的关键。近年来，随着现代物流在我国的迅速发展，物流标准化基础薄弱、建设滞后、工作分散，物流标准总体质量不高的问题越来越突出。对物流标准化进行总体研究，建立科学的物流标准体系，制订物流标准中长期发展规划,指导物流标准化工作有计划、有重点、协调性地进行,已成为加快推进我国现代物流发展的迫切需求。

①物流标准化是现代物流管理的基础和重要手段。现代物流是一个综合的大系统,标准化是使这个大系统中各个子系统间有机结合的纽带。

②物流标准化可以降低物流成本,提高企业的经济效益。标准化加快运输、仓储、包装、流通等各个环节的速度,提高工作效率。这是市场经济的必然要求。

③物流标准化也是我国物流与国际物流接轨的基础。实现物流标准化有助于消除国际贸易中的技术障碍,促进国际贸易的发展。

11.1.3 我国物流标准化的现状

加强物流标准化建设,不仅受到物流业各方面的广泛关注,也得到国务院领导和各有关部门的高度重视。2001 年,原国家经贸委等6 个部门联合印发的《关于加快我国现代物流发展的若干意见》,提出要大力加强我国的物流标准化工作。2003 年 12 月,全国政协在向中办和国办报送的《关于我国现代物流情况的调研报告》中,再次提出我国物流信息化、标准化程度不高的问题,建议加强物流标准化和信息化建设,国务院领导专门批示有关部门进行研究。2004 年 8 月,国家发改委会同商务部等 9 个部门联合印发了经国务院批准的《关于促进我国现代物流业发展的意见》,将物流标准化列为国家扶持和发展现代物流业的基础性工作,明确提出要建立和完善物流技术标准体系,加快制订和推进物流基础设施、技术装备、管理流程、信息网络的技术标准,尽快形成协调统一的现代物流技术标准体系。

截至 2003 年底,已发布国家标准、行业标准 522 项,其中:国家标准 331 项,行业标准 191 项;国家标准中,涉及物流通用基础标准 1 项,物流设备 40 项,物流技术方法 36 项,物流管理153 项,物流信息 101 项;行业标准中,涉及物流设备49 项,物流技术方法 27 项,物流管理 112 项,物流信息 3 项。在已发布的国家标准中,强制性标准 105 项,占 31.7%,推荐性标准 226 项,占 68.3%;行业标准中,强制性标准 65 项,占 34%,推荐性标准 126 项,占 66%。近几年,我国发布了商品编码、物流术语方面的国家标准,如《中国物流标准化体系规范》、《物流术语》、《商品条码》、《物流单元格条码》等一些重要的国家标准已投入实施,建立了全国物流标准化技术委员会和全国物流信息管理标准化技术委员会,表明物流标准化开始起步。

尽管近几年来,我国的标准化工作取得了一定的进展,但由于诸多原因,目前我国的标准化状况仍不容乐观,存在着诸多问题:

1)物流标准制订内容上存在的问题

(1)条块分割、部门分割、地区分割。

我国物流运输、仓储、包装、配送、货运代理等物流环节的管理涉及商务部、计委、

交通部、铁道部、民航总局、海关、质检总局、工商等十几个部门,涉及物流标准化技术委员会,很多从属于不同的部门。这就必然导致了在标准制订内容上的条块分割、部门分割。同时由于在长期计划经济体制的影响下,各地区各行业各自为政,物流标准不一致,跨区域性、多式联运物流效率下降。

(2)货物的仓储、装卸和运输等过程中缺乏基本设备的统一规范。

目前,我国物流系统货物的仓储、装卸和运输等各环节因缺乏统一的规范而难以实现有效的衔接。如托盘的尺寸、卡车的大小、仓库货架的尺寸等无法配套使用。其中托盘标准存在的问题较为典型,我国的物流企业有的采用欧美标准,有的采用日韩标准,还有的干脆自己定义,由于与产品包装箱尺寸不匹配,严重影响了物流系统的运作效率。

(3)信息标准化落后。

目前我国许多部门和单位都在建自己的商品信息数据库,但数据库的字段、类型和长度都不一致,形成一个个信息孤岛。严重影响了作为物流管理基础的信息交换和电子商务的运作。

(4)采用国际标准的比例低。

在长期计划经济的影响下,我国的标准包括物流相关标准在制订过程中较少考虑与国际标准的一致性。因此,目前能与国际标准接轨的物流标准所占比例很低,这必将为我国的国际贸易设下障碍。

2)有利于物流标准化发展的政策法规环境尚未形成

过去由有关部门制订的众多法规及规章很难适应现代物流发展的要求,亟待建立新的适应形势发展需要的法规和规章。一些已与国际接轨的、非常重要的物流标识标准(如《商品条码》、《储运单元条码》等),在推广使用中仍存在一些问题,有些标准(如《储运单元条码》)应用的正确率不足15%。

3)物流标准化人才极其匮乏

由于中国的物流及物流管理的思想诞生较晚,历年来在计划经济体制的影响下,对物流重视的程度不够,导致物流人才极其缺乏。目前物流行业的从业人员,绝大部分是从相关行业转过来的,真正具有扎实的现代物流理论基础与实践经验的人少之又少。特别是对于物流标准化而言,人才匮乏现象更为严重。

为贯彻落实经国务院批准、发展改革委等九部门联合印发的《印发关于促进我国现代物流业发展的意见的通知》精神,建立统一、科学、完整的物流标准体系,推动我国物流业健康发展,国家标准委同发展改革委、商务部、铁道部、交通部、国家质检总局、民航总局、国家统计局等部门,编制了《全国物流标准2005年—2010年发展规划》(以下简称《规划》)。《规划》从我国物流业和标准化工作的实际出发,旨在密切物流各相关产业在物流标准化方面的衔接,推动物流业基础性、通用性标准和当前社

会急需标准的制修订工作,解决物流标准管理分散、标准体系不统一,制修订工作不能满足社会需要等问题,充分发挥物流各相关部门、行业、技术组织的作用,共同推进物流标准化工作的深入开展。《规划》细化了我国物流标准近五年的工作目标,即到2010年将完成300项左右的物流标准制订和修订,实现与国际接轨。

11.2 物流标准化的内容

11.2.1 物流标准体系

物流标准体系是指在物流标准化活动范围内,各类标准按其内在联系形成科学的有机整体。

物流标准体系应具有以下特点:

1)全面性

物流系统分析是以系统方法论、系统理论和系统工程方法研究物流系统状态和规律的科学。物流系统的角度具有全面性的特点。根据已经确定的物流标准化活动对象进行综合分析,力求形成门类齐全、全面成套的标准体系。"全面"是一个相对概念,在一段时间内,根据物流工作需要,物流标准体系应包括现有的、应有的和预计发展的标准。

2)稳定性

物流标准体系应具有稳定的特点,不因时代的变迁而轻易增减。

3)层次性

物流的大系统由子系统构成,子系统间的相互关系决定系统的划分。如果子系统越多,系统的网络越复杂,导致突出系统局部的特殊性,而忽略了整体性。系统是无限可分的,所以必须对要素、过程、状态进行有效规范。国家标准是从宏观角度来规划的,把分散的各环节中的要素构成各模块,构成标准体系总表。允许子系统形成行业标准。共性产生标准,国家标准体系的建立"宜大不宜小"。

层次性反映出标准适用的范围。适用范围大的标准处于层次的顶端,反之处于较低层次上,具体的个性标准处于最低层次。

4)协调性

物流标准体系中的模块是相互独立的,也是相互依存的,模块有边界,也有交叉。同一标准不要列入两个以上子体系中,避免同一标准由两个以上单位重复制订,有些标准具有跨类性质,如有的标准即可作为技术标准,又可作为管理标准,要注意组织协调。

11.2.2 物流标准化的基点

物流系统的各个主要环节(运输、装卸、搬运、储存、流通加工、包装、配送)在以往都有局部的标准或与物流某一局部有关的横向标准。但这些标准之间缺乏配合性,不能形成物流系统纵向的标准化体系,因此,要形成整个物流体系的标准化,必须在这些局部中寻找一个能贯穿物流全过程的共同基点,形成物流标准化工作的核心,而这个基点的标准化应成为衡量物流全系统的基准,成为各个局部标准化的准绳。

物流过程是“物”的流动过程,而进入物流领域的物品基本上可分成 3 种形式,即:集装货物、零担货物及散装货物,在物流“节点”上,例如:换载装卸时,都必然发生组合数量及包装形式的变化,要在这些“节点”上实现操作及处理的标准化比较困难,而集装货物在物流过程中始终都是以一个集装体为基本单位,其包装形态在装卸、输送及储存的各个阶段都基本上不会发生变化,集装货物在“节点”上容易实现标准化处理。因此,采用集装单元化技术,把物品的包装、储存、装卸、搬运和运输等环节作为一个整体——物流系统来考虑,是实现物流标准化的途径。

通过对国内外物流现状的调查和物流发展趋势的预测,可以认为,集装形式是未来物流的主导形式,散装只在某些专用领域有发展,而零担货物一部分可向集装靠拢,另一部分还会保持其多样化的形态而存在。因此,集装系统使物流全过程贯通而形成体系,是保持物流各环节中所使用的设备、装置及机械之间整体性及配合性的核心。所以,集装系统是使物流过程连贯而建立标准化体系的基础。

11.2.3 物流系统各环节标准化的配合性

配合性是建立物流标准化体系必须体现的要求,是衡量物流系统标准化体系成败的重要标志。以集装系统为物流标准化的基点,其作用是:即以此为准来解决各个环节之间的配合性问题,包括以下具体内容:

①集装与生产企业最后工序(也是物流活动的初始环节)——包装环节的配合性。即以集装的“分割系列”来确定对包装的要求(包装材料、包装强度、包装方式、小包装尺寸等)。

②集装与装卸机具、装卸场所的配合性。

③集装与仓库的搬运机械、保管设施、仓库建筑(净高度、门高、门宽、通道宽等)的配合性。

④集装与保管条件、工具、操作方式的配合性。

⑤集装与运输设备(载重、有效空间尺寸)、设施的配合性。如托盘与集装箱、托盘与卡车车厢尺寸的倍数关系。

⑥集装与末端物流的配合性。末端物流是送达消费者的物流,是以消费者的要

求为转移的,衔接消费者的"分割系列"与衔接生产者的"分割系列",有时是有矛盾的,因此,要考虑首尾两端都适用的"分割系列"。

⑦集装与国际物流的配合性。

11.2.4 物流与环境的关系

物流量的加大、物流速度的增加、物流设施及工具的大型化会使环境受到影响,如噪声、废气的污染。因此,在推行物流标准化时,必须将物流对环境的影响放在标准化的重要位置上,对安全标准、噪声标准、排放标准、速度标准做出具体规定。

11.3 物流标准化的方法

目前,物流体系的标准化工作在各个国家都处于初始阶段,标准化的重点在于通过制订标准规格尺寸来实现物流系统的贯通,提高物流效率。因此,物流标准化的方法,主要是指初步规格化的方法。

11.3.1 物流基础模数

标准化的基础是物流基础模数尺寸,它的作用和建筑模数尺寸的作用大体相同,考虑的基点主要是简单化。基础模数尺寸一旦确定,设备的制造、设施的建设、物流系统中各个环节的配合、物流系统与其他系统的配合就有了依据。目前国际标准化组织(ISO)中央秘书处及欧洲各国已基本认定600mm×400mm为基础模数尺寸。至于我国采用多大物流基础模数尺寸,目前尚在研究中。

由于物流标准化比其他标准化系统建立得较晚,因此,在确定基础模数尺寸时,主要考虑对物流系统影响最大而又最难改变的输送设备,采用"逆推法",由输送设备的尺寸来推算最佳的基础模数,同时也考虑到现在已通行的模数和已使用的集装设备及人体可能操作的最大尺寸等因素。

11.3.2 物流模数

物流模数(logistics modulus)是"物流设施与设备的尺寸基准"(GB/T 18354—2006)。

集装单元基础尺寸,可以从600mm×400mm按倍数系列推导出来,也可以在满足600mm×400mm的基础模数前提下,从卡车或大型集装箱的"分割系列"推导出来。物流模数尺寸以1200mm×1000mm为主,也允许1200mm×800mm及1100mm×1100mm等规格。物流基础模数尺寸与集装单元基础模数尺寸的配合关系,可用集装单元基础模数尺寸1200mm×1000mm为例说明如图11-1所示。

从图 11-1 中看出,集装单元基础模数尺寸可以用 5 个物流基础模数尺寸组成。

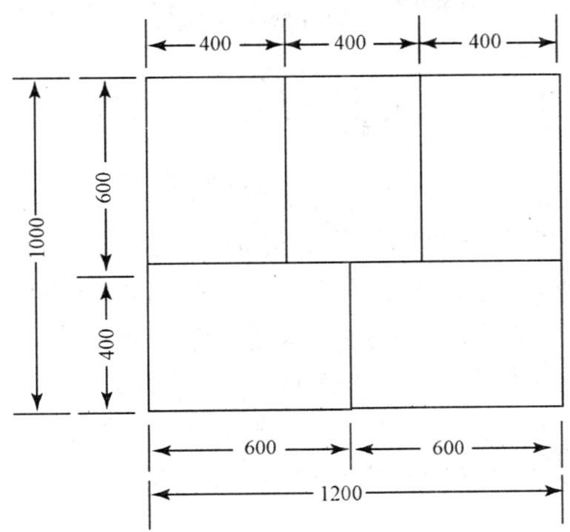

图 11-1　物流基础模数尺寸(mm)与集装单元基础模数的关系图例

11.3.3　分割及组合的方法

物流模数作为物流系统各环节标准化的核心,是形成系列的基础。依据物流模数进一步确定有关系列的大小及尺寸,再从中选择全部或部分,确定为定型的生产制造尺寸,这就完成了某一环节的标准系列。

图 11-2 为物流模数体系构成图。根据图 11-2 所示关系,可以确定各环节的系列

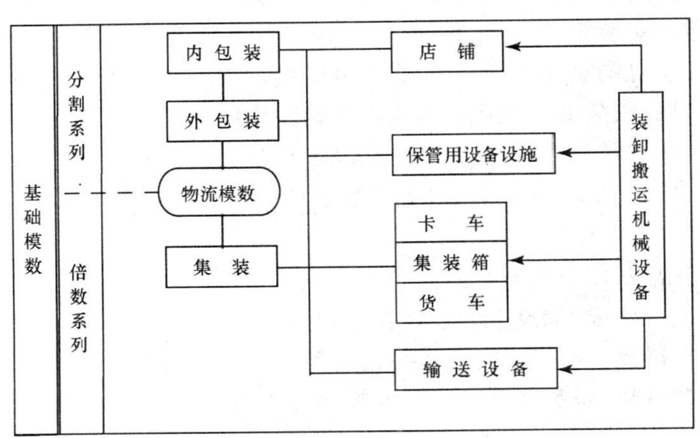

图 11-2　物流模数体系结构图

尺寸。例如:日本工业标准 JIS 规定的"输送包装系列尺寸",就是以 1200mm × 1000mm 推算的最小尺寸为 200mm × 200mm 的整数分割系列尺寸确定的。

11.4 物流标准目录节选

我国现行的国家标准是按照"中标分类码"进行分类的。中标分类码包括综合、农业、医药、机械、铁路、水路、航空、石化等类别,基本上是按照计划经济时期国民经济各部门的分类进行划分(除"综合"外基本上都可以一一对应)。按照标准体系表的编制原则,体系表内不同的行业、专业、门类间或不同的分系统间的划分,主要应按社会经济活动性质的同一性划分,而不是按行政系统划分。这一原则恰好可以应用在物流标准体系的构思和建立上。我们之所以将传统的运输、仓储、包装等活动归入物流,是因为它们具有共同的社会经济活动性质。而我国目前的标准体系恰恰是按照行政系统进行划分的。

按级别,我国标准分为国家标准、行业标准、地方标准、企业标准 4 级。如:GB 表示国家标准,JT 表示交通部行业标准,DB33 表示浙江省地方标准,Q/XXX 为企业标准。

按性质,我国标准分为强制性标准和推荐性标准。如 GB 表示国家强制性标准,GB/T 表示国家推荐性标准。

我国物流标准化基础是在引用和吸收 ISO(国际标准化组织),UN/ECE(联合国/欧洲经济委员会)等相关标准的基础上,进行了大量的探索和研究,先后制订了应用于运输行业、仓储业、装卸搬运业的集装单元运输标准,电子数据交换(EDI)标准。其中,交通行业的集装箱、搬运车辆和装卸机具标准,大多以港口作业为主。在物流中已有托盘、叉车等国家标准,但对于仓库、站台、货架、储罐等专业技术标准,以及与仓储相关的标准还很欠缺。现代物流强烈依赖现代信息网络技术,因此,数据传输格式、接口的标准化非常重要。目前,我国在电子数据交换(EDI)、电子单证(报文)、代码、自动识别(条码、扫描、识别卡等)方面都已制订了一系列的国家标准,有待进一步完善。

物流标准化涉及以下几个方面:

物流通用基础标准:物流术语。见表 11-1。

物流设施标准化:托盘标准化、集装箱标准化等。见表 11-2。

物流作业标准化:包装标准化、装卸/搬运标准化、运输作业标准化、存储标准化等。见表 11-3。

物流信息标准化:EDI/XML 标准电子报文标准化、物流单元编码标准化、物流节点编码标准化、物流单证编码标准化、物流设施与装备编码标准化、物流作业编码标

准。见表 11-4。

物流通用基础标准　　表 11-1

标　准	代　码
物流术语	GB/T 18354—2006

物 流 设 施 标 准　　表 11-2

标　准	代　　码		
托盘标准	GB/T 3716—1983	GB/T 2934—1996	GB/T 4995—1996
	GB/T 4996—1996	GB/T 10486—1996	GB/T 15234—1994
集装箱标准	GB/T 1413—1998	GB/T 1835—1995	GB/T 1836—1997
	GB/T 4992—1985	GB/T 3218—1982	GB/T 3219—1995
	GB/T 3220—1982	GB/T 3817—1983	GB/T 4290—1984
	GB/T 5338—1995	GB/T 7392—1998	GB/T 11602—1989
	GB/T 12418—1990	GB/T 12419—1990	GB/T 12420—1990
	GB/T 13145—1991	GB/T 14783—1993	GB/T 15360—1994
	GB/T 15360—1994	GB/T 15361—1994	GB/T 15419—1994
	GB/T 15419—1994	GB/T 15846—1995	GB/T 16299—1996
	GB/T 16561—1996	GB/T 16563—1996	GB/T 16564—1996
	GB/T 16905—1997	GB/T 16956—1997	GB/T 17271—1998
	GB/T 17272. 1—1998	GB/T 17272. 2—1998	GB/T 17273. 1—1998
	GB/T 17274—1998	GB/T 17382—1998	GB/T 17423—1998
工业搬运车辆标准	GB/T 4695—1984	GB/T 5140—1985	GB/T 5182—1996
	GB/T 5142—1985	GB/T 5143—1985	GB/T 6104—1985
	GB/T 5183—1985	GB/T 5183—1996	GB/T 17910—1999
	GB/T 7593—1987	GB/T 10827—1999	JB/T 2391—1994
	GB/T 17938—1999	JB/T 2390—1984	JB/T 3247—1991
	JB/T 2785—1994	JB/T 3244—1999	JB/T 3299—1999
	JB/T 3248—1991	JB/T 3298—1996	JB/T 3341—1999
	JB/T 3300—1992	JB/T 3340—1999	JB/T 3773. 3—1999
	JB/T 3773. 1—1999	JB/T 3773. 2—1999	JB/T 6127—1992
	JB/T 3811. 1—1999	JB/T 3811. 2—1999	JB/T 50885—1996
	JB 6131—1992	JB/T 9012—1999	JB/T 51059—1994
	JB/T 51005—1992	JB/T 51006—1992	JB/T 53478—1994
	JB/T 53475—1994	JB/T 53477—1994	
	JB/T 53480—1994	GB/T 5141—1985	

续上表

标　准	代　码		
仓储机械标准	GB 17907—1984	JB/T 2960—1999	JB/T 5323—1991
	JB/T 5319. 2—1991	JB/T 5320. 4—1991	JB/T 8713—1998
	JB/T 6130—1999	JB/T 7016—1993	JB/T 9018—1999
	JB/T 8909—1999	JB/T 8910—1999	JB/T 3773. 1—1999
	JB/T 9229. 1—1999	JB/T 3341—1999	JB/T 3811. 1—1999
	JB/T 3773. 2—1999	JB/T 3773. 3—1999	
	JB/T 3811. 2—1999	JB/T 5319. 1—1991	
输送机械标准	GB/T 987—1991	GB/T 988—1991	GB/T 990—1991
	GB 9075—1988	GB/T 10595—1989	GB/T 10596. 1—1989
	GB/T 10596. 2—1989	GB/T 10596. 3—1989	GB 11341—1989
	GB 12141—1989	GB 12352—1990	GB/T 12738—1991
	GB/T 12739—1991	GB/T 12740—1991	GB/T 12741—1991
	GB/T 13676—1992	GB/T 13677—1992	GB/T 13678—1992
	GB/T 14521. 1—1993	GB/T 14521. 2—1993	GB/T 14521. 3—1993
	GB/T 14521. 4—1993	GB/T 14521. 5—1993	GB/T 14521. 6—1993
	GB/T 14521. 7—1993	GB/T 14521. 8—1993	GB/T 14521. 9—1993
	GB 14784—1993	GB/T 15388. 1—1994	GB/T 15388. 2—1994
起重运输机械标准	GB/T 793—1987	GB/T 790—1995	GB/T 3811—1983
	GB/T 4307—1984	GB/T 5905—1986	GB/T 6974. 1—1986
	GB/T 6974. 2—1986	GB/T 6974. 3—1986	GB/T 6974. 4—1986
	GB/T 6974. 5—1986	GB/T 6974. 6—1986	GB/T 6974. 7—1986
	GB/T 6974. 9—1986	GB/T 6974. 10—1986	GB/T 6974. 11—1986
	GB/T 6974. 12—1986	GB/T 6974. 13—1986	GB/T 6974. 14—1986
	GB/T 6974. 16—1986	GB/T 6974. 17—1986	GB/T 6974. 18—1986
	GB/T 6974. 19—1986	GB/T 7592—1987	GB 13308—1998
	GB/T 14405—1993	GB/T 14406—1993	GB/T 14407—1993
	GB/T 17908—1999	GB/T 17909. 1—1999	

物流作业标准　　表 11-3

标　准	代　码		
包装单元货物标准	GB/T 15223—1994	GB/T 4857. 22—1998	GB/T 4892—1996
	GB/T 13201—1997	GB/T 13757—1992	
集装单元运输应用标准	GB/T 8674—1998	GB/T 6382. 1—1995	GB/T 6382. 2—1995
	GB/T 10454—1999	GB/T 17448—1998	

续上表

标　准	代　　码		
集装单元运输主要相关标准	GB/T 16471—1996 GB/T 6388—1986 GB 12463—1990 GB/T 4857. 18—1992	GB 190—1990 GB 6944—1986 GB 11860—1989 GB 191—1990	GB/T 15098—1994 GB/T 9174—1988
作业管理标准与安全规范	GB 11602—1989 GB 12602—1990 GB/T 13145—1991 JT 3130—1988	GB/T 14784—1993 JB 7233—1994 GB 6944—1986 JB/T5319. 2—1991	JT 135—1994 GB 11806—1989

物流信息标准　　表11-4

标　准	代　　码		
物流设施与装备编码标准	GB/T 1836—1997 GB/T 17272. 2—1998 GB/T 18366—2001	GB/T 15119—1994 GB/T 17273. 1—1998 TB/T 2966—1999	GB/T 17272. 1—1998 GB/T 15419—1994 JT 0010—1984
条码技术标准	GB/T 17172—1997 GB 12904—1998 GB/T 12907—1991 GB/T 15425—1994 GB/T 14258—1993 GB/T 12906—2001	GB/T 18284—2001 GB/T 12905—2000 GB/T 12908—1991 GB/T 18283—2000128 GB/T 18348—2001 GB/T 16827—1997	GB/T 16986—1997 GB/T 16829—1997 GB/T 14257—1993 GB/T 18347—2001 GB/T 16830—1997 GB/T 18410—2001
物流单元编码标准	GB/T 18354—2001 TB/T 2690—1996 GB/T 16828—1997	GB/T 16472—1996 JT 0019—1988 GB/T 15422—1994	GB/T 14945—1994 GB/T 16736—1997

思考题

1. 为什么要实行物流标准化？
2. 物流标准体系具备哪些特点？
3. 说明物流模数的概念及物流基础模数尺寸。

参考文献

[1] 丁立言,张铎. 物流基础[M]. 北京:清华大学出版社,2000.

[2] 马士华等. 供应链管理[M]. 北京:机械工业出版社,2000.

[3] 何明珂. 电子商务与现代物流[M]. 北京:经济科学出版社,2002.

[4] 秦同瞬,杨承新. 物流机械技术[M]. 北京:人民交通出版社,2001.

[5] 欧阳文霞. 物流信息技术[M]. 北京:人民交通出版社:2002.

[6] 丁立言,张 铎. 仓储规划与技术[M]. 北京:清华大学出版社,2001.

[7] 胡怀邦等. 现代物流管理学[M]. 广州:中山大学出版社,2001.

[8] 周全申. 现代物流技术与装备实务[M]. 北京:中国物资出版社,2001.

[9] 中华人民共和国国家标准——物流术语(GB/T 18354—2006)[S]. 北京:中国标准出版社,2007.

[10] 现代物流管理课题组. 物流库存管理[M]. 广州:广东经济出版社,2002.

[11] 王长琼. 逆向物流[M]. 北京:中国物资出版社,2007.

[12] 董维忠. 物流系统规划与设计[M]. 北京:电子工业出版社,2006.

[13] 董千里. 物流工程学[M]. 北京:人民交通出版社,2005.

[14] 陈秋双等. 现代物流系统概论[M]. 北京:中国水利水电出版社,2005.

[15] 我国物流标准化发展建议[OL]. http://tech. it168. com.

[16] 物流标准化现状分析以及建设对策[OL]. http://www. snet. com. cn.